U0466173

同与不同

50个中国孤独症孩子的故事

孙旭阳　姜英爽 / 主编

图书在版编目（CIP）数据

同与不同 ：50 个中国孤独症孩子的故事 / 孙旭阳， 姜英爽主编 . 北京 ：华夏出版社有限公司， 2025（2025.3 重印）.
ISBN 978-7-5222-0762-9

Ⅰ . G76；G78

中国国家版本馆 CIP 数据核字第 2024RR4357 号

同与不同：50 个中国孤独症孩子的故事

主　　编 孙旭阳 姜英爽
责任编辑 陶　鹏
责任印制 周　然

出版发行 华夏出版社有限公司
经　　销 新华书店
印　　装 河北宝昌佳彩印刷有限公司
版　　次 2025 年 1 月北京第 1 版
2025 年 3 月北京第 2 次印刷
开　　本 710mm × 1000mm 1/16 开
印　　张 20.5
字　　数 320 千字
定　　价 59.00 元

华夏出版社有限公司　地址：北京市东直门外香河园北里 4 号 邮编：100028
网址：www.hxph.com.cn　电话：（010）64618981
若发现本版图书有印装质量问题，请与我社营销中心联系调换。

《同与不同》
编写委员会名单

主　　编：孙旭阳　姜英爽

编　　委：王吉陆　刘　丹　朱春桃

韩眉沙　李力立

推荐序一

1982 年南京脑科医院陶国泰教授在中国内地首次报道四例儿童孤独症。四十二年来，对于曾经罕见，如今却是常见的孤独症，中国专业人员诊治水平在提高，家长意识在改善，科学干预尤其是家庭干预理念在普及，社会层面的理解和接纳在进步，党和政府对这个群体的关心、关爱和支持也在加强。

体现在孤独症孩子身上，就是他们的预后、生存状况和生存质量在不断改善。但与此同时，存在的问题也还不少，我们也还有很长的路要走，这是阅读《同与不同：50 个中国孤独症孩子的故事》后，我的最深感受。

一个个生动的案例，让我们看到，虽然每个孩子都有一个相同的孤独症诊断，但每个孩子的孤独症表现、缺陷、优势、进步和预后，如赤橙黄绿青蓝紫光谱一般各不一样。

一句句发自肺腑的心声，让我们深刻体会到，虽然不同的父母都有不同的文化职业背景、社会经济状况和价值观，但她（他）们对孩子的爱、期待和努力是类似的。

我坚信，孤独症孩子的家长们，孤独症行业的从业者、其他有兴趣的读者可以从阅读中获得很多的感悟，汲取丰富的经验和教训，学到有用的方法和技巧。

我也更加坚信，面对孤独症群体，必须毫不动摇地奉行科学精神和人文关怀的宗旨，坚持孤独症教育或干预三原则：即对这个群体理解、接纳、包容、尊重和赏识；用快乐、适度、巧妙的方法去改善孤独症群体的社交缺陷和可能出现的情绪、行为问题；坚持发现、培养和转化孤独症群体的特别兴趣和能力。

孤独症儿童，这个复杂的神经少数族孩子们，也一定能够和所有其他所有儿童一样，健康、快乐、有自信、有自尊地成长。

邹小兵

中山大学附属第三医院儿童发育行为中心主任医师

大米和小米研发总顾问

推荐序二

本人为很多书写过序言或导读，大部分是信手拈来，我要么对作者熟悉，要么对主题熟悉，序言也好，导读也罢，总是有话可说。华夏出版社的这本《同与不同：50个中国孤独症孩子的故事》，成稿在侧，文字在目，约期无多，却难下手。为什么呢？

其一，自己也算业余的“自媒体”和出过书的人。出过书，写过博客，发过订阅号，微博和朋友圈也时不时更新一下。然而粉丝不过一万、五万，篇读不过数百一千。虽自视若珍馐，然读者如嚼蜡，偶获嘉许，难得众心。要待我等提高民众对孤独症的意识和知晓度，恐使“不知有汉”也！而《同与不同》的作者大都是真正的媒体人，其文章动辄得数万人次的阅读，几百、上千点赞。以我之“无闻”，序评人之“众赏”，真是既“不自知”也“不自量”！

其二，本书篇章架构恢宏周至，以孤独症患者为主题，从入学到就业，从早期干预到婚恋嫁娶，从融合发展到特长发挥，从家庭奋斗到社会倡导，无一不摄，无一不关，无一不述。但其摄、其关、其述，又无一不是由个案的深入采访而来，以点代面，与一般教科书以面概点完全是不同的套路。读此书易动人心，功却在动心之外。点在书中，面在读者思考之中。

其三，以点代面，难免以偏概全。故事越是生动鲜活，越是有血有肉，越是个体的、个性的，有一般代表性却不能代表一般，虽可引人深思、启发借鉴，却不能硬套照搬。如果仅仅通过序言，我希望能影响读者什么的话，就是上面这句话了。

最后，孤独症儿童和其家庭的康复之路，需要全社会的动员和参与。去伪存真，去粗取精，推广经验，汲取教训，是一个过程。既然是在过程中，现实就是真伪难辨，精粗不分，经验无多，教训不少。引中山先生的话作为结题：革命尚未成功，同志仍需努力！

郭延庆

北京大学第六医院儿童精神科主任医师

中国残疾人康复协会应用行为分析专业委员会名誉主任委员

大米和小米研发顾问

推荐序三

本书的案例来自大米和小米的公号文章，在大米和小米这几年，我曾负责过新媒体，编辑们每周一块儿开选题会，讨论孤独症领域又出现了哪些科技突破，又有哪个孤独症孩子成功走向社会，哪里发生了侵害残障人士权益的事件，哪位家长又写来了求助信等等。编辑们还曾委派我去探望孤独症家庭，和一些家长建立了联系。所以本书不少案例我看着很熟悉，读的时候勾起了很多回忆。

人们会对人生中的第一次记忆深刻，我还记得接触过的第一个孤独症孩子的母亲，她是云南人，三年前的一天，她给我写来邮件，想参加大米和小米组织的公益家长培训，由于没人照顾 4 岁的儿子，她不得不带儿子一块儿参加。这位妈妈从曲靖出发，花了 28 个小时到达东莞的培训地。我吃惊地问她为什么花这么长时间，她说到达东莞时已经半夜，不舍得花钱住旅馆，就带着儿子在车站睡了一夜。这是一位单亲妈妈，单位照顾她，允许她请假带孩子看病，为了多挣一些钱，她还要兼职打工。

她是我认识的第一位“蜗牛”，背上的壳确实很重，走得很艰难，但倔强的她从不认输，为了让儿子好起来，跟生活玩命。后来认识的家长越来越多，我才发现蜗牛壳的重量是上不封顶的，而且很多时候，与生活的博弈是看不到希望的，明知其不可为而为之。生活有多艰难，家长拼搏的意志就有多惊人。尼采说："当我们勇敢的时候，我们并不如此想，我们一点也不认为自己是勇敢的。"家长们英勇地奋斗而不自知，事实上他们根本顾不上评价自己，他们甚至会责备自己的软弱。

这本书是一部"家长故事集"，是有几十位家长和他们孩子的故事，有干预成功的"鸡汤"，也有干预失败的教训，有轻症孩子顺利考上大学的"炫耀"，也有重症孩子终于学会了如厕的"苦笑"，有心大的家长差不多就行，也有心重家长的各种扼腕长叹，有的十年花费千万，有的一天都不去干预自己在家带娃，有的遍访名医偏方，有的牢牢拿定一个主意，有的站在桥上想跳河，有的忽然顿悟笑看人生……孤独症家长读这本书的时候当然五味杂陈，而那些毫不相干的读者，读这本书的时候也会惊讶不已，这是一个非常独特的世界。

社会对孤独症孩子的关注，往往集中在 4 月 2 日那一天，不用解释家长们都能意会；往往集中在一两岁到七八岁，因为这是一个"黄金干预期"；关注往往集中在"小天才""小怪才"。这就造成了一些偏见，以为孤独症孩子都是最强大脑，能够背圆周率后面几百位，长大就能成为马斯克，以为孤独症孩子长大以后就"消失"了，跟这个社会再没有关系了。实际上越不被关注的地方越难，农村的、重症的、大龄的、失去亲人的、进入老年的孤独症人士，需要更多的关注与扶助。本书的内容既有早期干预、入学融合，也有社会就业和大龄生存，还有特长发展和社会倡导。这是一部孤独症家庭的奋斗史。

这也是一本孤独症孩子家长的入门书，在诊断结果出来后的一段时间内，很多家长是彷徨无计的，通过阅读本书，家长可以初步了解孤独症孩子整个生命周期是什么样的，可以避免走一些弯路，减少时间和金钱上的浪费，还可以在家长这个群体中汲取力量，知道自己不是一个人在战斗。

但愿这本书能让家长们既减少恐惧心，建立希望，同时又能降低不切实际的希望，相信科学，知晓孩子天然拥有的权利，不灰心，不沮丧，不听天由命，让孩子更好地成长，让自己正常地生活。这样就很好。

潘采夫

资深媒体人、作家

曾长期担任大米和小米首席品牌官

自序一

在各种身份标签里，我对自己的角色、职业认知排在首位的是，我是一个记者。铁肩担道义，妙手著文章，是我自从踏入复旦新闻学院就铭刻在骨髓和血液里面的一种本能和价值观，永远为弱势群体鼓与呼。也唯有这种本能和价值观，才能诠释我为什么当新闻深度报导记者一当就是十几年，又在小米误诊孤独症后，又去做公益家长组织深圳市四叶草孤独症家长支持中心，专门为小龄孤独症患者提供科普和帮助，成为公众号大米和小米的前身。

2014 年 9 月 16 日，大米和小米发出了第一篇文章，里面说："在这里，我会分享我和小米相处的点滴，也会科普谱系孩子的干预训练方法。"

我没想到，这个公众号大受欢迎。小米的医生、我心中如师如友的邹小兵教授盛赞"在 ASD 领域终于出现了一个像你这样的人，把科学的东西用老百姓喜欢的口吻、用家长能懂的方式传达出去。谢谢你！"

后来，我去采访我的师兄吴晓波，他听完我的想法说，你辞职去做吧，大不了失败了再去做记者。他从自己的稿费中拿出 10 万给我做创业基金，还有几位同事和同学也马上拿出钱，就这样，我开始专职运营大米和小米。我的想法很简单，我觉得这事有需求，应该有人去做，如果我不做，我会后悔。为了让自己不后悔，我就去做吧！

那时，孤独症领域的信息匮乏又混乱。家长们对它的认识不足，很多人认为孤独症是罕见的、可怕的疾病。机构的发展也处于草莽期，诸多无效的、昂贵的、对孩子有伤害性的、缺乏循证医学支撑的，甚至是错误的治疗或干预大行其道，例如高压氧、神经营养、排毒、大剂量维生素、干细胞移植、粪菌移植、经颅磁刺激、针灸、中草药等等。

2016 年，大米和小米就报道过一个离谱的案例，3 岁 10 个月的孤独症孩子嘉嘉，从遥远的东北被送到炎热的南国广州郊区一家训练机构去训练，在 30℃高温的天气下，让孩子穿着棉袄，每天拉练 20 公里。两个月后，嘉嘉因为热射病死亡。这个事件，我们跟踪报道很久，带来了很大反响，也推动了广东省康复行业的整改。

那个时候，家长们还面临着孩子上学的困境，怕被拒收、怕被退学，大米和小米写了很多各地家长为此做出的努力。例如广州扬爱的融爱行项目，帮助很多特殊孩子实现了随班就读。2018 年 2 月，我们发布全国心智障碍者家长组织联盟理事长戴榕（她曾经担任广州扬爱理事长）的一封信，希望全国人大代表、政协委员在两会上通过提案或议案推动融合教育，后来有 9 名代表、委员主动跟我们联系，并在两会为特殊孩子发声。

我们报道了深圳孤独症少年雷文峰的走失并被某救助站送往广东一家托养中心而死亡的案例，后来，被救助者异地托养的相关规定被改革和禁止。

……

10 年来，我们就这样参与或见证了进步一点点地出现。

我们也欣喜地看到孩子们、家长们的变化。

例如森森，我闺蜜、广州扬爱副理事长卢莹的儿子，智商 62 的孤独症患者，因为一路都得到支持，2022 年大学毕业已经工作了。

再比如跟我一起做四叶草的娘闺妈、大文妈，她们的孩子分别在 2022 年和 2024 年大学毕业，如今都是母子俩一起在大米和小米工作。娘闰妈刚踏进大米小米工作岗位的时候，很认真地对我说：“大米！我是要在这里退休的。当然最好娘闰可以接班。”2023 年，娘闰 23 岁的时候，终于也加入了大米和小米，不是接班，而是和他的妈妈成为同事。邹小兵教授去看过娘闰，认为“娘闰可以成为一个合格的康复师”。

10 年来，大米和小米已经从一个提供知识分享、经验交流、抱团取暖的公众号，发展为国内儿童康复领域领先的服务平台。我和同事们在全国 20 多个城市开设了 50 多家儿童康复中心。也早已不只是为孤独症儿童提供干预服务，每天成千上万的各类发育迟缓、语言障碍、学习困难的儿童，在这里接受着干预康复服务。

如今，大米和小米有 9 位孤独症员工，还为近百位孤独症家长提供了工作岗位。

相比于 10 年前，对孤独症的很多科学认识已经深入人心，例如：孤独症不可怕；孤独症的核心障碍是社交沟通；早期发现、科学干预可以改善大多数孤独症孩子的预后；社会包容和支持力度的提高，可以改善孤独症人士的生活状态。

而我们身边、我们报道中已经越来越多例子在折射，孤独症人士的生存状态在一点点改善。10 年来，国家对孤独症出台了许多的支持政策，诊断筛查、康复干预、入学支持、社会包容等都有了极大改善。孤独症人士已不像过去那样寸步难行。

这样的进步，离不开医生、教育工作者、政策制定者、公益组织、媒体等等各环节的努力，很荣幸，大米和小米在其间做了一点微小的工作。

罗曼·罗兰在他的名著《米开朗其罗传》中说：“世上只有一种英雄主义，就是认清生活的真相之后依然热爱生活。”这些家长就是英雄。

而这，也就是《同与不同》这本书的由来，从大米和小米公号 10 年的报道中筛选出一部分家长和孩子的故事，写下他们现实的困境，也记录他们为改变困境做出的努力。

每一个努力生活的人，都值得被歌颂。

姜英爽

大米和小米创始人

曾任《南方都市报》报社首席记者

自序二

我们的故事，“我们”看

我有俩儿子，老大孙云起在 9 年前被郭延庆教授确诊为孤独症，轻度。

在大米和小米公众号上，孙云起化名“皮皮”，我成了“皮皮爸”。

是的，大多数孤独症孩子在公共传播中，都丢掉了自己的姓名。他们的父母也在他们的化名后边，加一个“爸”“妈”“奶奶”“外婆”，成为他们的代号……一个个含辛茹苦的身影，一路沉默着走过时代。

本书的 50 个故事，首次以合集成书的方式，记录传播中国孤独症家庭的生存群像。我们期望这本书可以打破沉默，鼓舞更多孩子和家长敞开胸怀，有尊严地站在时代的舞台上，让自己而非孤独症本身，成为人生的主角。

据统计，中国有将近 1300 万个孤独症谱系家庭。跟一般家庭相比，他们都过于艰难。他们甚至会羡慕仅仅肢体有残疾的孩子。无论孤独症被定义为生理疾病，还是精神障碍，都催逼着他们走上了一条比鸡娃内卷更揪心的路。

我曾为孙云起的“轻度”暗自庆幸，即使如此，刚确诊的那个秋天，我也躺了一个多月，每天生不如死。我曾这样描述那段日子：

在那套建造于 1980 年的出租屋里，我晨昏颠倒，夜里睡不着，白天起不来，只喝水不吃饭，干眼症似乎也好了。稍微一想儿子，眼泪就刷刷地流。

当孩子回到郑州，我去他所在的私立幼儿园退费，理由是他要治病。在他们班门口，我看到全班的花名册上，还留有外婆给他送咳嗽药的记录，热泪顿时模糊了双眼。

我瘫坐在地，等班主任下课后在退费条上签字。有几十个孩子在听音乐，“可爱的一只小青蛙，啦啦啦啦啦……”。

“永别了，同学们。”我替儿子在心中对他们说。儿子在那个班就待了半个多月，那个班的QQ相册我一直没有删除，却再也不敢翻看。

和我的这段经历一样，痛苦、耻辱、不甘、迷茫、绝望……大多数孤独症家庭就像一个大烧杯，里面激荡着人类的各种负面情绪，每一秒都在被现实无情炙烤。

死，我想过无数次。如果死可以换回一个“正常”的孩子，我早就去了另外一个世界。

另一个我离死亡很近的关口，是在2019年暑假，孙云起小学入学前。他2018年就该去读小学，我们推迟了一年，在幼儿园里拍了两遍毕业照，每一张上他都在帅帅地笑。他的老爹我，则只能将毕业照塞进书柜的最里层。离报名日期越来越近，我每一天起床，脑袋都快要爆裂。

求爷爷告奶奶之后，我给他争取到一个定点学校的面试机会。十几分钟后，那位四十岁左右的女老师——孙云起在测评中一直喊她“奶奶”的女士“宣判”说，能力太差，只能去特殊学校。

我拉上孙云起，沿着郑州市中州大道走了五六公里才停下脚步。那是个赤日灼心的下午，我浑身淌汗，阳光扇得我双脸火辣辣地疼。我不止一次想拽着他冲入车流，一了百了……

五年后的今天，我早已拒绝情绪烧杯炙烤我的命运。大多数日子，我即使不太开心，也不会抓狂。孙云起在读小学五年级，每天按时上下学，从不用我接送。教室里，有的科目他能听懂，有的听不懂，但他都会端坐着。

他会和弟弟聊天吵架，经常一个人跑超市里买一大堆零食，用儿童手表扫码买单。他还会偷偷告诉我，班里有几个女同学喜欢逗他开心。

小学毕业后怎么办？成年后做什么？他的未来在哪里？有女孩和他谈恋爱吗？……一个个关于明天的难题，我都交给了明天。今天，我们且快乐玩要吧。

本书的 50 个故事，讲的就是在“昨天刚确诊”到“明天到来”之间，孩子们的倔强成长，以及家长努力与命运和解的经验与感动。

中国 1300 万孤独症家庭，每一家都可以在这本书中看到自己，从心路到实操，都能寻到更坦荡的那条路。更多的中国人，也能以一本书的阅读量，深入了解孤独症及其人群，接纳“他们”，终成“我们”。

现实或有苦难，人性终有美好。观完众生，方知众生即我，我即众生。我们在这本书里相遇，再从这本书出发，一起爱这个世界吧！

孙旭阳

资深媒体人、专栏作家

曾长期担任大米和小米新媒体负责人

目录

第一章　早期干预 / 001

第二章 入学融合

第三章　特长发展 / 113

第一章
早期干预

干预成功的秘诀在于“高强度”“高密度”

——清华爸爸养育3个谱系娃的经验之谈

19岁时，小詹考入清华大学自动化系。59岁，老詹早已成为一位卓有成绩的孤独症康复师。他带过8个孤独症谱系娃：3个是他的儿子，5个来自其他家庭。

老詹的二儿子小宝是最先确诊的，这孩子出生于2013年，两岁确诊孤独症。同一年，老詹最小的孩子阳阳出生。两年后，阳阳也确诊了。后来，老大也被发现有孤独症谱系障碍。就在阳阳确诊后，身为北大精神学博士的阳阳妈断定，老詹本人也患有阿斯伯格综合征。老詹认为她说得对，因为她的博士论文研究的就是孤独症。

老詹这个“老谱系”为8个“小谱系”做康复干预，效果一直不错。他成功的秘诀是什么，孤独症如何干预才更有效呢？他的经验可以总结为两个词，那就是“高强度”“高密度”。

“两高”非常重要

2015年，老二小宝确诊后，我们尝试过很多干预方法：电磁疗法、生物疗法、药物疗法……只要市面上能听到的，都试了个遍，结论是几乎没用。在反复摸索实践中，我发现孤独症干预最有效的方法是“高强度”“高密度”

的训练！

我们都知道，孤独症谱系障碍是神经发育异常导致的，而想要克服神经系统障碍，就需要“高强度”“高密度”的训练。举个例子，有不少人是左撇子，这给生活和工作带来很多不便。当然，现在认为左撇子右撇子是一种神经多样性结果，不必纠正。但如果迫于形势，必须纠正呢？有没有什么药物或是手术可以让左撇子变成右撇子呢？答案很明显——没有！想让左撇子学会用右手，唯一的方法就是训练，直至他习惯用右手。

大家再想想，左撇子如果每天只腾出一小时训练，专门用右手，他能形成习惯吗？答案也很明显——不能！吃饭、刷牙、写字、做家务……生活中能意识到的，以及意识不到的场景，我们都需要用手。如果练习只集中在一小时内，左撇子也许能学会用右手，但不会形成习惯。

那么，一天24小时强迫左撇子使用右手，持续一周，然后就放任不管呢？当然也不行。持续一周的高强度训练，可能会在短时间内保持有效，但过段时间就会恢复原样。想让左撇子变成右撇子，需要大量的长时间的练习，直至形成条件反射，在任何场合跟别人打招呼，他不用思考，自然而然就伸出右手。

再提一个问题，请大家思考，如果一个左撇子已经50岁了，这时候想纠正他，会成功吗？可能会，但非常难。对于孤独症孩子来说，也是如此。我们想改变孩子的一些行为特征，就需要“高强度”“高密度”的持续训练，而且越早越好。

目光交流和听指令

“高强度”训练的内容是什么？自然是针对孤独症的核心问题——社交障碍。

什么会影响社交呢？我认为主要是两个方面：目光交流和听从指令。一方面，人和人之间的互动主要靠天生的目光交流。我们在人际交往中，会自然而然地用目光去寻找、观察、阅读别人的面目、表情、眼神，但是孤独症孩子缺乏这些天然能力，需要外界帮助才能建立。另一方面，人与人互动更重要的是听从指令。只有能听进去、听懂别人的话，才能回应，这样一来一回才能形成社交。因此我认为社交是一座大厦，目光交流和听从指令是地基，需要优先加以训练。

具体怎么做呢？比如，孩子眼神交流不好，可以通过传球、击掌等活动不断训练眼神。

小宝喜欢玩小汽车，最初训练他的眼神时，我会跟小宝面对面坐下来，然后把所有的小汽车都拿走，引导着小宝看我。小宝看我一眼，给他一辆小汽车；再看我一眼，再给他一辆；再看我一眼，再给一辆……就这样，从刚开始一天只有几次目光接触变成有十几次，再变成有几十次、上百次……现在，小宝已经形成习惯，有时候我跟他说话看向别处，小宝立刻会说："看着我，看着我说话。"

我是阿斯伯格理工男，在日常干预中，我喜欢把一切任务都数字化，比如训练小宝进行目光交流，他看我一次，我就记录一次。根据我的经验，孤独症孩子每天训练如果能达到 150 次目光交流和 50 次听从指令，坚持一年后，就能看到明显而稳定的效果。

在实践中积累经验

在孩子有了稳定的目光交流和听从指令的能力后，家长再给孩子叠加更高级的社交技能训练，比如：掌握社交语言、理解潜台词。当然，这两个过程并不是完全独立的，也可以交叉在一起。让孩子学会礼貌的问候语很关键，这可以促进他们跟其他人建立友好关系。常用的社交用语有：早上好、晚上好、请、谢谢、你好……在日常生活中，家长一定要引导孩子多多使用这些社交用语。

但是，大家需要明白，孤独症孩子的核心障碍是社交，而社交中有很多说不清道不明的东西，普通孩子可以自然体会，孤独症人士却很难明白。比如，理解潜台词。在生活中，我们去别人家做客，当对方不断看手表时，我们会意识到，对方想结束这场拜访。

当然，在不同的情境中，“看表”可能有不同的寓意，不过对很多孤独症人士来说，很难体会其中的细微差别，所以需要碰到一个教一个。美国的孤独症名人天宝·葛兰汀在一次演讲中说过这样一次经历：有一次她跟朋友聊天，朋友一直吐槽：“空气味道不太好。”天宝很奇怪，明明没有什么味道呀！后来才得知，原来对方在提醒她注意个人卫生。

高级社交技能，除了极个别高功能的孩子能举一反三，大多数孤独症孩子都需要一项一项学习，一样一样累加，所以再次强调：生活情境和经验很重要。

70% 的孩子有可能大为好转

孤独症最常见的分类是按照高低功能来的，而划分标准就是智商，以 70 为分界线，达到 70 或 70 以上就属于高功能。根据目前统计，70% 的孩子都在这个范畴。高功能的孩子经过训练是有极大可能走出来的。

在这里，我想说的是，对于功能或者智力，不要急于给孩子下定论。有很多看似低功能的孩子，其实是受到了非智力因素的干扰。什么意思呢？一个人的记忆力、逻辑推理能力、智商等通常都是固定的，就像爱因斯坦智商值很高，这是训练不出来的。但是，很多因素和方法能够影响它们的展示。比如，有些孩子严重多动，导致他无法专注，学习难度因此增加。当把多动的问题解决以后，他的学习能力就会立刻提高，就像我们俗语常说的“开窍了”。

有的家长可能会问，那是不是要尽早给孩子做智力检测？不要，至少小学三年级以前不建议检测智力！太小的孩子在测试过程中很难排除其他因素的干扰，测出来的结果往往是不准确的。就像邹小兵教授在多次讲座中提及的：“小年龄的孩子的智力是否正常，家长的直觉比测试更准确！”当然，如果真的是智力受损的低功能孩子，家长的目标一定不要定太高，就如 2021 年年底《柳叶刀》发表的文章所说，这类孩子首先需要实现生活自理。

有效破除多动

前面提到，多动是干扰学习的一个方面。我在实践中发现，很多孤独症孩子都伴有多动，这导致他们注意力无法集中，训练起来难度变大。因此，对于伴有多动的孩子，在训练目光交流和听从指令之时，还需要进行强制性专注训练。我要强调的是，强制性专注训练并不是强制训练，不是把孩子按着、逼着、打着，而是用一些巧妙的方法，让他们不能分心。比如，走平衡木时，多动的孩子可能会东张西望，磨磨蹭蹭，或念念有词，这时，家长可以把平衡木摇晃起来，让他没有空闲分神。

最后再强调一点，任何训练都需要保证孩子在训练时是快乐的，因此最好的方式是让人物融入游戏。

首发日期：2022 年 4 月 21 日

好机构不会固守一种方法

——重度孤独症儿子居家干预 4 年后，BCBA 妈妈最想讲的话

华林，80 后，上海人，现居美国湾区硅谷，有一个患重度孤独症的儿子和一个活泼可爱的女儿。

她的儿子原本 8 个月时就会叫爸爸妈妈，1 岁 6 个月识字，抱出去很招人喜爱，可从 2 岁起，却开始“断崖式倒退”。他越来越难带，会说的词汇量越来越少，到了 4 岁，除了疼叫“哇哇”（上海话），其余词一个也不会了。如果生活越来越难，往哪个方向努力都是黑暗，这条路又该如何走下去？

因为孩子，她改道学习行为分析学，并考取 BCBA 证书。辅助儿子的同时，她也盼望能陪伴和帮助其他孤独症孩子和他们的家庭。现在就让我们跟随华林，倾听一个重度孤独症儿童的家庭发出的声音！

在儿子被诊断为重度孤独症后，我非常纠结用什么方法干预他。那些天里，我一直在想：如果我选错方法了呢，孩子的治疗不就被我耽误了吗？或者就算没有对错，如果我没有选到最优的方法呢？如果我选的这个方法恰恰对孩子治疗效果不明显呢？

我相信，很多家长也有类似纠结。作为一名康复师，在干预患重度孤独症的儿子 4 年后，我又系统学习了应用行为分析，对孤独症的各种疗法有了更全面的理解，在此就这个问题说说我的经验。

不知道给孩子选什么方法

在儿子确诊为重度孤独症后，我用很短的时间看完了专家推荐的书单，学习了孤独症的特点、主流的治疗服务、行为分析干预的核心理论以及方法。其他的还好，如何选择干预方法让我很紧张：回合式训练、语言行为训练、核心反应训练、自然情境教育、丹佛模式……就好像武当、峨眉、少林、昆仑、华山……派别如此之多，我怎么知道我的孩子应该用哪个？

孤独症干预在 5 岁前是黄金干预时期，2~3 岁更是钻石干预期。我儿子 2 岁 3 个月时确诊，正处于干预最宝贵的时期。机会只有一次！他的人生只有一次 2 岁、一次 3 岁，我只能做一次选择。对我这个有选择障碍的人来说，这是一种很大的压力。虽然这些训练都已经是科学实验证明有效的，但是这些方法之间的差异很大。

最害怕听人说某方法好

也许有的家长会说："是机构和老师在对你的孩子进行干预，有什么好担心的？"没错，但机构是我选的。打电话去机构排队前，我通常会先了解这个机构主要用什么路数。我还特地咨询了几位专家，究竟什么样的方法有用。更重要的是，什么样的方法适合我儿子。

我做了所有可以做的功课，为他做选择，安排治疗团队：行为干预（机构和家庭）、语言治疗、感统治疗。同时，我自己也一直学习孤独症干预的技能，和老师交流孩子的课业进度，找各种机会带他练习、泛化。

尽管如此，在孩子 4 岁前，这些干预的效果微乎其微，语言甚至还倒退到了只会讲一个词的地步。那些天，我最害怕听到有人说某方法好；某机构出来的孩子大部分都在幼儿园、小学成功融合；某位小朋友在某老师的机构"脱帽"了；某老师带了几个月，孩子就说话了……每次遇到这些，我就会马上质疑自己是不是选错了干预方法和机构，是不是当时选了另一个，他现在就很好了？次数多了，再遇到自我怀疑，我就会做一个长长的深呼吸，放缓思考。

我需要回到当时的情境，告诉自己我的选择是有根有据的。我会分析给自己听："我选的机构老师很有经验，这个机构里也有很多孩子成功在小学融合，除了我儿子和极个别的另外几个孩子，其他孩子也都说话了。"

孩子不同，方法不同

不同的孤独症孩子问题不一样，有的孩子社会功能很差，方方面面都需要提高。有的孩子只是存在情绪问题，主要在情绪管理和社交规则学习上下功夫就可以。

不同的干预方法有不同的侧重，适合不同的孤独症孩子。以我最近了解到的自然发展行为干预法（NDBI）为例，它非常适合还没形成固定问题行为的低幼孤独症孩子。这种干预方法是指在自然环境中，让成人和孩子共同参与，利用事态发展的自然结果以及行为干预策略来训练孩子掌握符合年龄和发展轨迹的能力与先决技能。

它主要有三个特点：

第一，干预目标的整合性。自然发展行为干预法的具体技能练习不是孤立、单一的，不是服从10个指令、认识50个名词，而是包括认知、社交、语言、游戏和运动系统在内的整个发展。在这种干预方法中，家长和老师通过孩子典型的日常互动和生活，用多种材料在多人场合中对孩子进行综合训练。

第二，学习环境的自然性。只有在自然的日常生活中学习，孩子才能更好地明白这项技能的意义，更有动力去学，效率也更高。

第三，技能发展策略的连续性。举个例子，当家长指示孩子"去拿你的衬衫"时，孩子就必须从所有衣服中选择一件衬衫。在达成指令后，家长鼓励孩子表达（可能需要辅助）："妈妈，看，我的红衬衫！"在使用演示、辅助、链接式塑造和差异强化等策略后，孩子的语言得以拓展。家长也可以增加游戏的复杂性，从而增加孩子的社交需求，让孩子串联起各项单个技能以完成更复杂、更多步骤的常规任务。

自然发展行为干预法关注的几个核心能力是注意力、模仿能力、在共同关注情境下分享情感和兴趣的能力，以及与他人互动的能力等。其中最为重要的是共同关注以及模仿能力。有共同关注，才能分享信息，与他人互动。会模仿才可以学习其他一系列具体的技能。

这种干预与生活融为一体的方法很适合全面发育迟缓的低幼孩子。它可以增加孩子的社交兴趣和能力，又不会养成对辅助的依赖。在自然场景中，孩子可以逐渐增加语言能力，从而真正理解语言的意义。不过对于更适合回合式训练和结构式训练的孩子来说，自然发展行为干预法反而天马行空，让孩子摸不着头脑。

好机构绝不会固守一种方法

几度春秋后，我儿子已经 6 岁 9 个月了。他依然是一个中重度的孤独症孩子。即便和不少同龄的孤独症孩子相比，他也有很大差距，特别是语言能力，落后很多。但我也看到了他的很多进步，比如会用最简单的句式表达他的需要，可以坐下来在大人的引导下学习点什么，自理行为也在增多。

我现在是孤独症干预领域的从业者，需要一直关注干预理论、方法以及新的实验数据。可惜我并没有就此停止质疑自己，有时还会因为一个“如果”的念头大哭一场，不过更多的时间，我可以比较平静地度过。

在行为干预领域的这几年，我可以很负责地说，一个好的机构绝不会固守一种方法，而是将几种主流方法融会贯通，采纳各家之所长，根据每个孩子的特点制订合适的干预方案；同时，根据数据反馈，必要时调整方法，及时更新具体目标。

就像上文介绍的自然发展行为干预法，它的倡导者也不会否定回合式训练的有效性和必要性。对于有些孩子来说，回合式训练更有效，因为他们适应有固定结构框架的教学模式，并且在教授某些特定技能时，回合式训练也会是首选方法。

回合式训练，作为行为干预界的鼻祖，也有其局限性。在一些高功能孩子身上，它容易引起一些问题，或像我们常说的“把孩子教傻了”。这些年，我也在不断调整，通过强调泛化，增加自然环境的因素，不断改善干预孩子的方法。

我终于释怀了

我知道，在孩子的早期干预中，他的干预老师都是有经验的，并非故步自封，也针对我孩子的特点、能力制订过个性化的方案。但我还是有些遗憾和难过，因为干预强度还不够。像我儿子这样起始能力很低的孩子，在黄金干预阶段，学术界建议一周至少进行 25~30 小时的干预，但是我们当时并没有达到这个干预强度。只是过去的已经无法改变。

而现在作为从业人员，我会对我负责的家庭强调干预强度的重要性。这并不是为了机构收入稳定，现在孤独症孩子越来越多，真正好的机构并不缺客户。真正的问题是，无论在中国还是美国，一般情况都是机构因师资有限而无法给一个家庭提供足够时长的干预服务，通常能保证一天 3 小时就不错了。这就凸显培训家长的重要性，不过这又是另一个话题了。

回到方法层面，上面提到的回合式训练、语言行为训练、核心反应训练、自然情境教育、丹佛模式都是经科学验证有效的行为干预方法。

同时，市面上还有一些疗法，比如音乐疗法、宠物疗法、骑马疗法及脑电波治疗、脐带血治疗等，并未得到科学认证。我不是说这些方法一定没用。作为家长，你总可以听到一两个真实故事说明这个方法的有效性，比如孩子的确是养了一只狗之后开始有语言了，或者注入脐带血后孩子就说话了。

但是这种故事性的个案见证与大量科学实验的验证是两回事，望广大家长多做了解咨询再掏腰包。我把我的挣扎和释怀分享给大家，是希望家长们，尤其是那些孩子刚确诊不久的家长，不要过于纠结某个机构、某个方法、某种强度、某个“最好”。适当地了解和学习很有必要，然后按照自己的节奏和可承受的程度，踏踏实实地做就好了。绷得太紧会适得其反。

首发日期：2022 年 1 月 2 日

怎样让智商 36 的孤独症女儿学会自理和赚钱
——央企妈妈有高招

欧阳，拿到的牌可能比绝大多数家长的要差。

她的双胞胎女儿于 2010 年出生。其中的妹妹，在 2 岁时确诊孤独症，6 岁 3 个月时进行韦氏智商检测，得分 36。也因此，欧阳常常亲昵地喊妹妹“闭小姐”。闭小姐无法进入普通学校读书。为了帮助女儿，欧阳辞去了央企的工作，当起了全职妈妈。

12 岁的闭小姐学会了打理自己的日常生活，还能帮助我洗碗、扫地、择菜、折衣叠被，做一些力所能及的日常家务。在学习方面，她可以阅读和抄写小学六年级的部分课文，还能理解大意，能在我的辅助下写写小日记，记录生活片段，还能不看图纸独立完成 2000 片以内的成人拼图，并通过这个特长挣到了钱。

圈内一位朋友评价说，我的孩子是她见过的程度最差，但训练得最好的个案。的确，我们从小就没有去过任何机构，没有上过幼儿园和小学，能达到今天这个程度，并且还有上升空间，作为家长，我的确倍感欣慰。

在此，我想谈谈自己的经验和体会。

孩子不上学，也没啥

有句老话讲："孩子永远都是自己的好。"正因为"敝帚自珍"，不少家长往往不能正视孩子的实际能力，对未来盲目乐观。我也有过这种心理阶段。特别是在我们自己做干预取得了一系列进步，孩子慢慢出语言，可以认字读绘本，理解了不少日常生活中的基本概念之后，我们当然是相对亢奋的。我肯定愿意孩子去正常的学校跟同龄孩子一起接受正常的教育。特别在她六七岁的当口，我几乎天天设想孩子去上学，不断加大马力助推。

然而，孩子的实际程度就摆在那里。她的确会认字阅读，只是普通的六七岁的孩子已经在读情节复杂的绘本，甚至更高层级的读物了，她还只能读情节简单的绘本。正常的六七岁的孩子早就可以看图说话，回答简单的情节问题，她还望着图片不知道怎样回答"小兔子在干什么"这种基本问题。正常的六七岁的孩子哪怕不会书写数字，也早就知道"2+2=4"的逻辑关系了，而我的孩子面对"2+2=？"的问题，甚至会像猜谜一样，一口气给出几十个不同的答案……

有阵子我选择无视现实，不断提醒自己她在进步，但当我真正拿到她的韦氏智力诊断分数的时候，让她上学的美梦就被彻底击碎了。学校教育以理解语言文字和数理逻辑关系为核心。正常孩子的思维能力在学龄阶段飞速发展，而我的孩子只能慢慢地爬，就算有影子老师陪读，也不能解决孩子的核心问题。想明白这个道理之后，我放弃了把孩子送去学校的念头，继续老老实实从孩子现有的能力出发，扎扎实实进行自己的日常训练。

我们花了九年多的时间，从认知卡片到短语短句，从简单情节的绘本到复杂情节的绘本，从小学一年级教材到六年级的部分课文，一步一步慢慢推进到今天。很难想象，如果这些年我的孩子都在学校按部就班地学习那些超出她的认知能力，并且她无法吸收的知识，她会不会有今天这个状态。

当然，学校教育有着家庭教育不可比拟的优势。但是，如果我们想让孩子真正学习和掌握一些必备的文化知识和生活技能（尤其是中低功能的孩子），不论选择哪条道路，都一定要从孩子的实际能力出发，脚踏实地、循序渐进，说他们能懂的话，做他们能明白的事。要知道，最终孩子能懂多少道理，会做多少事情，养成多少良好的行为习惯，具备多少学习和生活的技能，凡此种种，都将直接关系到整个家庭的生活品质，甚至父母晚年的生活状态。

不能一切指望机构

不少家长把孩子送去机构或学校，依托专业力量塑造和提升孩子的能力，这当然无可厚非。但是，仅仅依赖外部因素是远远不够的。尤其是中低功能的孩子，他们人生中的绝大多数时间一定还是在家庭中度过。

不少孩子在特殊学校待上十年八年，十八九岁毕业之后，找不到工作，兜兜转转又回到家里，重新适应在家庭环境下的生活和学习，这时候一部分孩子是相当不适应的。所以，从孩子小时候起，我们就一定要充分发挥家庭教育这个主阵地的作用，帮助他们在家庭环境中尽量多学一点，多做一点，教会他们过平静愉快的家庭生活。

不少家长非常苦恼，不知道该怎样进行家庭干预。我想给出一个建议，那就是教你最擅长的。如果你擅长烹饪，就带着孩子从认识锅碗瓢盆、肉蛋蔬菜开始，慢慢教他锅头灶脑、切菜颠勺。烹饪这个过程你本身并不排斥，而带上孩子，只需要你耐心一点而已。如果你喜欢运动，就带着孩子闻鸡起舞，“耳后生风”。长跑、游泳、乒乓，选一两项最擅长的项目坚持下去，慢慢培养孩子强健的体魄和坚强的意志，身体好、生病少，这是最棒的省钱之道。如果你钟爱手工，就带着孩子穿针引线、妙“手”生花。

动手就是动脑，学习的过程不但可以和谐亲子关系，更能开发和锻炼孩子的各种能力。

我认为，就学习知识和技能而言，所有的前备能力无非安坐、听指令、目光的对视和追视这三种。孩子只要具备了这三种基础能力，任何自主的学习都可能发生。其实，孩子在机构里训练，起步期都会涉及这些能力的塑造。

因此，在家庭干预上，我们只需要不断帮助孩子运用和拓展这些能力，不断扩展范围边界就可以了。

不要听风就是雨

如今，我们生活在铺天盖地的信息洪流之中。专家的说法、机构的解读、家长的心路历程，等等，不断冲击着我们的认知和感受。甚而，你会觉得每个人都有道理，尽管很多观点似是而非，甚至相互矛盾。你不知道该怎样取舍和吸收，迷失在各路信息之中，始终找不到适合孩子的成长之路。

其实，所有干预得好的家长都是走自己的路，照抄和模仿人家的教育方式是行不通的。因为孩子并非流水线上的产品，每个孩子有自己独特的个性气质和成长环境。他人之酒杯无法浇自己心中块垒，最终还是要依靠自己的智慧解决自家孩子的问题。

我也非常羡慕很多孤独症男孩的家长可以任由自己的孩子独自出去闯荡。我朋友患孤独症的儿子在十五六岁的时候，因为经常在喜欢的商场门店闲逛，被怀疑偷盗多次扭送派出所。朋友把孩子接出来之后，照样让孩子外出。她就是要利用这样的机会让孩子体验各种社会规则和禁忌。现在孩子就很清楚自己该怎样逛商场，也就极少再发生被送去派出所的情况。还有很多孤独症男孩的家长努力训练孩子自己上下学，也有不少成功的案例。

但是，我能够用这样的方式教育教养我自己的孩子吗？我能鼓励和训练我的女儿单独外出吗？我能为了所谓的融合，不容分说把她扔到一个陌生的环境之中让她去锻炼吗？显然不行啊！对女孩子而言，人身的安全永远是第一位的。所以，我只能为她营造一个安全温暖的环境，让她在熟悉的环境中学会应对各种突发事件。

人家的案例仅供参考，这就叫“穿别人的鞋，走自己的路”。我们要做的就是结合孩子和家庭的实际情况，开动脑筋，形成自己的干预理念和思路。自己有想法和目标了，就按照自己的节奏去努力实践，这样的干预一定比依赖外界、相信道听途说和朝三暮四的干预有效得多。

同时，家长们，特别是妈妈们，切不可因为有一个特殊的孩子，就像个未成年的小女生那样，整天捧着一颗“玻璃心”，期待和四处招揽外界的安慰和帮助。众生皆苦，没人有时间过多关注你。如果偶有关注，也只是批发一些廉价的同情，而这些同情并不能为你解决任何实际问题。正因为你有一个特殊的孩子，你就更应该收起“玻璃心”，披挂上铠甲，担起责任来，帮助孩子进步。

此外，个人以为在科技高度发展的今天，用工业时代的思维去理解未来的生活是错误的。科技一定会颠覆我们传统的生活方式，为此，我们要不断提升自己的认知能力，看向未来。

努力发现孩子的天赋

教育教养特殊需要儿童，其实就是一个帮助孩子不断解决问题的过程。

记得孩子还小时，我发现她的抓握能力极差，我们就努力训练她的动手能力。用勺子、使筷子、穿衣扣扣、画画写字……在我发现她可以不看图纸拼出 300 片的拼图之后，我买来大大小小近百幅拼图让她练习。我真的从没想过她可以独立拼完那么多漂亮的图案，并且还能挣到钱。有时候我甚至觉得，她可能上辈子就是个手艺人，这辈子不想上学，只想安安静静做自己的手艺。

因此，我一直建议家长一定要自己带孩子，哪怕刚开始的路难走一点，也别忘记用心去发现孩子身上的相对优势。我始终认为每个孩子都有天赋，我们的任务就是努力去激活这些天赋。生活真的不缺乏美，而是缺乏美的发现。

社会早就不提倡“没有功劳有苦劳”的状态了，那种为了面面俱到而辛苦付出并没有价值。“一招鲜”就是能够“香天下”。爱迪生只会发明创造，谁会在乎他聋了一只耳朵？霍金只研究宇宙，谁会嘲笑他身体的残疾？乔布斯靠苹果公司名扬天下，没有人会拿他有私生女轻薄于他……只要孩子拥有一技之长，就有可能改变命运。正常人如此，特殊群体亦然！家长如果有一双慧眼，孩子的才华就一定不会被埋没。

最后，教育教养特殊孩子其实并不困难，绳锯木断，水滴石穿。努力的方法莫不如此。

首发日期：2022 年 9 月 6 日

过好当下，快乐地活着

——博士妈妈养育重度孤独症儿子的人生思考

与星同行，“211”本硕、“985”博士，31岁评上副教授，任职于一所大学，某系副主任。老公“211”本科毕业，程序员。家里有两套无贷的房子，存款200多万。她前半生可谓顺风顺水，直到38岁，生下一个孤独症儿子。

虽然历经磨难，但是她现在的生活目标很简单，那就是过好当下，快乐地活着。让孩子的生活更丰富一些、质量更高一些，让将来照顾他的人更轻松一些。她说：“也不是感激厄运，但确实是厄运转换了我的视角，让我对生命多了一层思考。”

真相是残酷的

在我以前的认知里，孤独症的表现就是不爱说话，但心里什么都明白，需要我们耐心帮他们打开心扉。例如，电影《雨人》的主人公雷蒙。他是一位孤独症患者，从小被父亲送进了精神病院。弟弟查理为了得到父亲的遗产，将雷蒙带离了精神病院。在相处中，两人逐渐生出感情。孤独症患者最害怕的就是与人接触，在影片最后，雷蒙即将回精神病院，憨憨傻傻的他却眼眶含泪，主动和弟弟额头相贴。

可当孤独症真正到来时，我才发现，真相远比想象的残酷得多。

2 岁时，我儿子被诊断为孤独症；4 岁时，我被告知儿子患的是重度低功能孤独症。那时，他才知道小便要去找痰盂，但有时玩疯了常常来不及，会尿在身上。夜里他常常被小便憋醒，抱他起来小便他又很不开心，大哭大闹，闹得所有人都无法再入睡。他没有语言，只会发出各种各样的噪音。带他去坐公交车、地铁，他会一直发出“呜噜呜噜”的怪声，怎么制止都不听。在家里，他喜欢跳来跳去，为了不打扰楼下邻居，我只好让他在床上跳，床已经被他跳塌过两次（后来，专家评估他不适宜蹦床，因为会导致过度兴奋）。

越是不能做的事情，他越是喜欢。带他出去容易，带回家却很难。有一天，他发现在楼道里喊叫回声会放大，兴奋不已，开始频频在楼梯上大喊大叫。怕打扰邻居，我费尽力气才把他扛进屋子。

我有时叫他“小狗子”，但其实他更像一只猫。看到我下班回来，他从不会兴奋地扑过来让我抱抱。他会瞥我一眼，然后该干吗干吗。我喊他过来，有时候他其实听到了，也听懂了，但就是不愿听从我的指令。他跟我也没有互动，除了有需求的时候，他会拉着我的手到他需要帮助的地方。例如：打不开的盒子、够不到的玩具跟前。

带不来快乐的儿子

在照顾他的过程中，我感觉不到什么快乐。正常的孩子会跟你互动，会跟你撒娇，会跟你分享他的喜乐，在你的调教下慢慢变成你希望的样子，并时不时给你一些惊喜。你能看到他在成长，慢慢独立，交新朋友，对生活有新的认知。然而，孤独症孩子就像永远不会成长似的，在养育他的过程中，一点成就感也没有。只有他睡着了，看着他漂亮的小脸蛋，抚摸着他娇嫩的皮肤，我才体会到内心的一点点柔软。

说实话，如果知道孩子生下来是这样，就是倒贴给我很多钱，我也不会生。怀孕时，我做了所有能做的检查，并且跟老公说，如果有先兆流产，我们一定不要保胎，那是大自然在淘汰不合格的生命。

可是，我的孕期非常顺利。我和老公也从来不抽烟喝酒，我有独立办公室，所以连二手烟的环境都没有接触过。所有的检查结果都非常好，宝宝非常健康。可惜孤独症无法通过孕检检查出来。另外，我家也没有孤独症家族史。后来我发现老公似乎有阿斯伯格综合征的特征，但他家里也从来没有过孤独症先例，而且老公生活上也没有任何障碍。

我们没有做错任何事，但悲剧还是发生了。很多人会说，孩子是你生的，没有人逼你生，既然生了，你就要对他负责。说实话，母爱不是万能的，母亲也是个人，让母亲做到完美，那就是逼母亲早点死。可母亲死了，对儿子有什么帮助呢？

不要被拖垮

“大米和小米”发布过一篇文章，一位90后妈妈把6岁的孤独症孩子遗弃在肯德基。因涉嫌遗弃罪，她被警方刑事拘留。警方表示，孩子母亲找到后，警方立即依法对双方进行了DNA鉴定等，虽然他们十分同情这位母亲的遭遇，但遗弃是犯罪行为，做任何事都不得逾越法律的红线。警方会依照法律规定，对这位母亲采取刑事强制措施，接下来会移送检察院批捕起诉。

这位可怜的妈妈，衣服上满是破洞。她把孩子留在身边，结果可能是孩子与母亲一起死。她遗弃了孩子，为孩子找一个出路，结果是母亲进监狱。这位母亲做错了什么呢？就是生下了一个不想要的孩子！

照顾婴儿大家都知道有多累，而照顾一个婴儿般心智却有着成年人一样身体的孤独症孩子，那就如入地狱。我们大部分人都是普通人，普通人维持普普通通的生活就已经用尽了全力，如果再遇到这样的孩子，那更是坠入了深渊。现在，社会还没有办法为这种终生无法自理的生命提供完全可靠的照顾，而照料一个终生无法自理的人，足以拖垮一个家庭，不管是经济上、身体上，还是精神上。

我不会再生二胎

这时，很多人劝我再生一个，这样等我老了，至少还有人来照顾我们和那个可怜的孩子。很多家庭也的确想再生一个，这样，照顾孤独症孩子的责任就能转移给下一个孩子了。甚至很多有残障的女孩子，家人会利用她还残存的一点生育价值，让她结婚生子。虽然明知道她根本无法照顾孩子，也不可能给孩子带来幸福，但这个孩子长大了就可以继承照顾她的责任。孩子自身的幸福呢，孩子是否愿意要这样的人生？没有人在意。我不愿苛责这样的人，因为他们又能指望谁呢？

但我不敢冒险，理论上说，任何人都有可能生下生活不能自理的残疾孩子，无论你做了多么充足的预防工作，都有可能抽中命运之神发的这支下下签。如果再生一个孤独症孩子或者其他无法自理的残障孩子，我该怎么办？或许足够幸运，孩子是健康的，可看到他未来要继承我那沉重的负担，我忍心吗？最主要的是，再生一个肯定也是我们的心肝宝贝，我们承受过的苦难，又怎么忍心让孩子再承受一遍？所以，我家决定不再生二胎，所有苦难我们自己承担。

又有人建议我把孩子送去农村，或者送去一个 24 小时托养的地方，用这种自然的方式来淘汰他。我舍不得，虽然他跟我没什么互动，但我也舍不得他受苦。我们家这样的孩子，没有太高的智商，也认识不到自己的缺陷，虽然啥也不懂，但他很快乐，很多普通的孩子也未必有我儿子快乐。

所以，现在我的生活目标就是过好当下，快乐地活着。让他的生活更丰富一些、质量更高一些，让将来照顾他的人更轻松一些。我这样想，也不是感激厄运，但确实是厄运转换了我的视角，让我对生命多了一层思考。如果不是经历这些苦难，又怎会知道平凡的生活有多么珍贵，怎会感恩老天给我们的所有好东西：拥有健康的身体；父母尚且健康，还不需要我们照顾；有不错的闺蜜，当我累了的时候，帮我带孩子，让我喘口气。

最后，我也希望孤独症家庭能多站出来发声。我们发出的声音越大，得到的帮助才会越多。现实就是这样。现在，国家对孤独症的投入要比 10 年前大多了，福利越来越好，那是我们的前辈努力的结果。

对于需要海量帮助的人来说，得到一点点的帮助也比没有帮助强。即便现阶段不能解决所有问题，但能做一点是一点。悲剧有可能发生在任何人身上，帮助弱势群体，就是帮助我们自己。

首发日期：2022年9月23日

特教老师带自家娃会更轻松吗？

——当特教夫妻生了一个中重度孤独症孩子

在曦曦爸从事孤独症康复工作的第 6 年，也即曦曦妈从事孤独症康复工作的第 5 年，他们家迎来了一个新的小生命——曦曦。曦曦 2 岁时在当地医院确诊为中重度孤独症，对人、对玩具都不感兴趣，认知发育也迟缓。

为此，爸妈对曦曦展开特训。如今，圈外人很难看出曦曦是一个特殊需要儿童，这学期的期中考试，曦曦语文 97 分，数学 93 分！

当特教康复之家生了一个孤独症孩子

在特教康复的岗位上，曦曦爸妈一直都游刃有余，从业几年，他们带过的孤独症孩子已不下 100 个。虽然很多人觉得和孤独症孩子沟通很难，但在他们看来，孤独症儿童的行为与心理发展其实也有迹可循，如果能够抓住他们的特点，干预起来并不难。就算是功能特别低的孤独症孩子，加以有效训练也会有明显变化。

但事情真砸过来，他们却很难冷静下来。曦曦 2 岁时，在当地医院确诊为中重度孤独症，对人、对玩具都不感兴趣，还存在认知发育迟缓。“确诊那天，我都没有力气读完儿子的医学评估报告。”曦曦爸很崩溃。

孩子怎么才能进步更快？预后怎样？以后能上学吗，能工作吗？这些都是家长曾经问他们的常见问题，可现在，他们自己面对这些问题，却无从回答。

为此，曦曦爸做了最坏的打算："如果曦曦长大了，能上特校，我就很满足了。"另一方面，由于工作原因，曦曦爸妈曾见证过很多孩子惊喜的转变，对儿子，他们也心生期待。"孤独症孩子不是幼年什么样，长大就什么样，他们的成长过程充满不确定性。"曦曦妈说。她和丈夫都坚信，努力去改变，孩子也许会呈现给我们一个意想不到的结果。

特教康复老师带自家娃会更轻松吗？

很多人可能认为，特教康复老师有了孤独症孩子，应该可以轻松带好孩子。但事实是，带自己的孩子要比带其他孤独症孩子难得多。面对孤独症小朋友的障碍与不足，比如不会说话，作为特教康复老师，他们能够运用专业特教知识辅助小朋友沟通。但作为家长，他们很难抛开焦虑、绝望、宠溺、怜惜等情绪理智地继续教学目标。

为了获得喘息调整的时间，曦曦爸妈将曦曦送去了自己工作的机构。另外，每天凌晨 4 点，曦曦一醒，曦曦爸妈就从起床、刷牙等生活小事开始，融入干预目标，根据孩子的能力发展循序渐进提升教学难度。用了一年的时间，曦曦爸妈才走出孩子确诊的阴影，随着干预的进行，曦曦的能力也不断提高，一切似乎都在向着好的方向发展。

但曦曦 4 岁时参加集体课，进入了很长一段停滞期。"那段时间，不管教什么，曦曦都很难学会。"曦曦爸说。于是，焦虑又一次侵袭曦曦爸妈，他们只能一遍一遍地重复教，今天教不会，就明天、后天继续教。

就这样扛到曦曦 4 岁 6 个月，他的学习能力明显提升了不少。等到曦曦 6 岁，曦曦爸妈决定送儿子去参加小学入学面试。

为此，曦曦爸妈专门为曦曦做了特训：趁着疫情期间学校没开门，曦曦爸去学校拍了很多照片，用实景教他认识教室、食堂、厕所等；让曦曦学习学校的课堂纪律和生活常规，如上课要安静坐好，吃饭要排队……提前学习拼音和 10 以内的加减法；模拟入学面试的情景，教他回答老师的提问等。

面试当天，曦曦爸妈比曦曦更紧张，但看着儿子根据老师的提示，独立出示户口本，回答老师的提问，最终通过了学校面试，曦曦爸妈终于暂时安心下来。

入学新挑战

入学后，一切都在按部就班地进行。圈外人很难看出曦曦是一个特殊需要儿童。这学期的期中考试，他语文 97 分，数学 93 分。即便孩子成绩优异，作为孤独症孩子的父母，曦曦爸妈也丝毫不敢放心。因为曦曦爸妈知道，儿子的社交和理解能力还有些落后，学习时容易走神、小动作不断，独自应付普校事务还有些吃力。

另外，根据他们多年特教康复生涯的所见所闻，曦曦还没迎来普校中真正的挑战——课堂之外，从二三年级开始暴露的同学间的矛盾等。面对这些挑战，他们只能继续学习，见招拆招。曦曦爸妈相信，迎难而上是应对困难最好的办法。

首发日期：2020 年 11 月 9 日

6 年密集干预后，重度孤独症男孩融入普校

——妈妈最想分享 4 个经验

“小蜜蜂，嗡嗡嗡，大家一起来做工……”看着弹钢琴的儿子，路易妈妈笑着笑着就流下了眼泪，这眼泪有幸福、有欣慰、有心酸，这是经历漫长煎熬，终于看到曙光的激动的泪水。

路易一家来自中国北方某城市，现居法国。2015 年，路易被诊断为重症孤独症，到如今他能融入普校，还有些拿得出手的特长。一路走来，路易妈妈表示，一切都是不幸中的万幸。

是什么改变了这个孩子？路易妈妈有什么干预经验可以分享？不幸中的万幸是什么？今天，我们就来听听路易的故事！

换了 3 个医生，确诊孤独症

在路易一岁多的时候，儿科医生告诉我，孩子有点孤独症倾向，让我带他去看专业医生。当时我的第一反应是：怎么可能？这个医生太不靠谱，我要换掉他。

路易 1 岁到 2 岁期间，因为这个问题，我换了 3 个儿科医生。其实，我心里很清楚，路易不开口说话，跟人没有目光交流，稍不顺心就大喊大叫，换个路线就崩溃大哭……的确疑点重重。即使这样，我宁愿相信他有听力障碍或是比较难带，也不愿意承认他可能有孤独症。

直到 2014 年圣诞节，一位被换掉的医生给我打电话，再次提醒我带着孩子去看专业医生。一如既往，我的态度很差。这位医生耐心听我发泄完，坚定又礼貌地说："今天是圣诞节，我用假期给您打这个电话，女士，我不缺病人！"

这句话，突然像电击一样刺痛了我的心，往事一幕一幕浮现了出来：在路易一岁多的时候，因为外出时换了一辆车子，他尖叫大哭了 35 分钟，怎么哄都不行，直到最后哭累睡着了；路易出门，必须走固定的台阶，变化一下就会大喊大叫；路易还从未开口喊过我一声"妈妈"……儿科医生的电话把我拉回我一直在逃避的现实，我决定带着孩子去做专业检查。

圣诞节的这通电话，是不幸中的万幸！我们生活在法国，在这里看专业医生都是需要预约的，当时可以预约到的最早时间是半年以后。没想到在排队就医的过程中，幸运之神再次降临。预约申请一周后，我们接到了医院的电话，说考虑到路易刚刚 2 岁，如果是孤独症，早发现早干预效果好，于是给我们安排了两周后看医生。

在法国这家最好的孤独症诊断医院，我和先生带着孩子住了 10 天院。这期间，医生护士们并不是给他输液打针吃药，而是单纯地围着孩子转，陪吃、陪喝、陪上厕所、陪玩，观察并记录孩子的行为。10 天后，主治医生把我们叫到办公室，神情严肃。他告诉我们，路易的孤独症评分为 37 分！孤独症等级评分越高，程度越重。0~9 分为发育正常，10~13 分为轻度孤独症，14 分以上则为重度孤独症。

那一刻，我再也忍不住了，在医生的办公室号啕大哭！

6 年密集干预，孩子从重症到看不出患孤独症

先生相比我理智了很多，在跟医生分析了各种干预方案的利弊之后，他果断选择等待时间最短的私人干预，这也意味着我们不能申请法国国家津贴。

幸运之神第三次降临，我们家附近很有名的一家干预中心因为一个孩子

回美国空出了名额，我们很快顺利插班。在这里，路易进行了一年的全天密集干预。

机构采用的是ABA（应用行为分析法）教学，在专业康复师的引导下，路易学会了第一个词“这个”，慢慢地开始说出更多词语，还有了眼神对视，能够简单对话……一年后，机构通过评估表示，孩子可以去融合幼儿园了，这里的位置要留给更需要的孩子。

虽然孩子顺利入园，但干预并没有停止，除了融合幼儿园里的专业老师进行干预，我们还单独报了机构的语言辅导课。新康复师的教学方法很独特，她虽然是语言治疗师，却不教孩子语言，而是每天跟路易一起玩，撕纸、扔球、捏泡沫塑料……别管是啥，到了她手里都能变成玩具。

除了折腾孩子，这位康复师还很喜欢“折腾”家长。每节课后，她都会给父母布置家庭作业，其中一项就是写干预日记和孤独症科普文章读后感。在硬着头皮做作业的过程中，我学习了很多干预知识，也养成了陪伴孩子的习惯。

在康复师的影响下，我慢慢意识到，语言不是单纯讲出很多字词，而是应该注重对世界的感悟，当孩子的大脑储存了足够多的信息，他自然而然就会输出。

2021年，路易上三年级了，因为疫情的关系，影子老师辞职，这让学校和我们都担心不已。然而令大家吃惊的是，在没有影子老师的日子里，路易竟然各方面表现都不错：课堂上能跟随老师，作业可以按时完成，成绩还取得了进步……此外，他还有了虚荣心，竟然时不时要求妈妈把自己的绘画作品拍下来，把自己弹钢琴的样子录下来，发给班上的同学和老师。

最想分享的经验

三年级的路易八岁半，看着他每天开心地上学放学，我真不敢想象这跟当时被诊断为重症孤独症的孩子是同一个人。一路走来，我深知孤独症谱系家庭的不易，故而把自己的经验分享给大家。

第一，迎合孩子的兴趣。干预需要持续进行，每个阶段的重点不一样，但前提都是要保证孩子的兴趣。在快乐的状态下干预孩子，才能事半功倍。此外，把孩子的兴趣爱好培养成特长非常重要，路易学过画画、钢琴、马术，我发现迎合了他的兴趣爱好，他学习起来就会很轻松，也容易掌握这项技能，变得更有信心，从而更加愿意学习，慢慢地就形成良性循环。

第二，做个“多事”的妈妈。想要帮助孩子交朋友，做一个“多事”的妈妈绝对有用。这些年来，不管是兴趣班还是学校，每次接送孩子上学时我都会想着法儿跟老师、家长、同学搭讪，并在他们需要帮助的时候第一时间伸出援手。就这样，尽管儿子还有些小问题，但班上的同学看在我的面子上，也会尝试跟他做朋友。更令我感动又惊喜的是，马术班的老师为了照顾儿子，破例在升班时开设了半级班，而班上原本可以升一级的同学为了陪伴路易，也选择跟他一起升半级班。

第三，告诉周围人孩子的真实情况。有位医生说过一句话，我一直印象深刻。他说：“如果把孤独症孩子比喻成法庭上的一方，想让他被接纳，可以为他辩护一辈子的唯一律师就是家长。作为孩子的父母，首先要发自内心地接受孩子，然后才能感染周围人让他们接受孩子。”受这个观点启发，我从来没有跟路易以及身边人隐瞒他的真实情况。在我的不断科普下，邻居家孩子来我家玩时，看到路易有一些奇怪举止也不会大惊小怪，只是简单说一句：“我知道路易是孤独症，妈妈让我帮助他。”

第四，照顾好自己的情绪。还有最重要的一点，父母的情绪非常重要！不论孩子怎么样，首先要调节好自己的情绪。在孩子确诊后，我一直纠结要不要辞职全身心陪伴他。考虑到我们身处法国，家人和朋友都不在身边，如果只围着孩子转，那么我一定会情绪崩溃。我需要有自己的社交，需要有人帮忙打气支持，而这些人就是我的同事，于是我选择继续工作。但同时我把孩子的情况真诚地告诉了上司和同事，这让我在必要的时候可以获得一定的理解和相应的帮助。

首发日期：2021 年 5 月 18 日

理解和执行“爱的三原则”

——一位家长的自我成长

MM 很小的时候，一家人就注意到了她的异常。

月子里，MM 就不太好带，达不到正常婴儿的睡眠标准；四五个月时，MM 妈心里就嘀咕，这孩子怎么不像其他宝宝那样容易逗笑呢？

MM 八个月时，有医学背景的奶奶提示 MM 妈，MM 应名有问题，担心她是孤独症孩子。而且，同月龄的宝宝已经可以熟练地用身体表达意图，比如用手指着要出门，要回家，但 MM 没有这样的非语言表达。

从小奶奶就不断跟 MM 互动（算是早期干预），出语言后，她也不断教 MM 看、指、听、说，教她回应、表达。因此，MM 虽然有让人担心的地方（比如脾气大、睡眠不太好），但发育大标准跟上了：一岁多叫爸爸妈妈，两岁多能表达自己要什么，问她东西在哪儿会用手指，也认识一些物品……到了两岁半，奶奶发现，不管怎么教，MM 的能力依旧停留在一岁多的水平。

好在经过及时干预，MM 的能力后来获得了很大提升。MM 妈妈向我们分享了她的一些体会和做法。

正视孩子的问题，早诊断，摆正心态

入圈以来，我见过形形色色的家长。有对诊断结果完全逃避的家长，心里清楚孩子的问题，也在训练语言、社交、感统、认知，但就是不找医生诊断：一会儿觉得孩子是孤独症，一会儿觉得孩子仅仅是感统失调，还幻想着干预好了，直接带去医院“摘帽”。其实，与其把时间浪费在无谓的纠结上，不如早做诊断，全家人齐心协力及早干预孩子。有孩子已经确诊但依旧否认结果的家长，觉得孩子症状不典型，寄希望于找到更宽松的专家，给个不同的诊断。

孤独症的诊断确实依赖医生的经验，同样是名医也可能给出不同的诊断结果，不过这些家长在遍访名医时，其实心里已经清楚自己孩子与普通孩子的差异。家长与其质疑医生为什么“草率”下诊断，不如换个思路，思考孩子的障碍为什么会被医生一眼诊断为孤独症，如何帮助孩子克服现有困难，把能力提升到严格的医生也不愿意再贴标签。

还有一些宁愿自己的孩子是发育迟缓，也不接受孤独症的家长。在特殊家长中间，存在着一条鄙视链，发育迟缓鄙视孤独症，孤独症鄙视智力障碍；而在孤独症谱系中，阿斯伯格综合征鄙视高功能孤独症，高功能孤独症鄙视中低功能孤独症……

首先，发育迟缓的孩子预后并不比孤独症孩子好多少，我见过很多发育迟缓的孩子，有的已经6岁了，依然没有2岁孩子应有的能力。其次，虽然不同障碍的孩子的预后和本身程度相关，如轻度智力障碍的孩子预后可能比重度孤独症的孩子好，但孤独症儿童的状态是经常变化的，经过家长老师的共同努力，有些中低功能的孤独症孩子很可能反超轻度孤独症的孩子，而有些轻度孤独症的孩子，也可能因为父母的盲目自信和忽视，程度越来越重。

MM就曾因为半年的“放羊”，程度从中轻度掉入中度；有很多智商极高的阿斯伯格孩子，因情绪和行为问题被退学；也有很多智力较低但性情温和的孩子在付出极大努力后完成了学业。所以我真诚地奉劝各位家长，正视孩子的问题，努力帮助他提升他，才是我们要下功夫的地方。

有成功的信念和坚持的勇气

孩子确诊的那一刻，无论有多悲痛，我们都注定走上了一条艰辛的道路。没有人能告诉我们这条路有多长，怎样才能到达终点。甚至，当我们在这条路上狂奔时，还会不断有人告诉我们，孤独症无因可查，无药可医，没有终点。当初他也很努力，可惜花费了无数金钱、精力，结果却不尽如人意。与其这样，还不如多赚点钱，安安静静过日子。

还有人说，你别信那些成功案例，那不是误诊就是孩子程度好，别人的经验对你帮助不大。其实“大米和小米”报道过很多成功的案例，如小军、小骏，都是很好的榜样，他们的程度一开始也并不是轻度。不管别人怎么说，我一直相信有彼岸。我认为这是我做得最正确的地方。

熟悉我的家长，经常说我很乐观。但他们不知道多少次我在夜里辗转难眠，多少次我忍不住崩溃流泪。记得 2016 年母亲节，我正在中山三院参加家长培训班，幼儿园老师发来视频，班里每个小朋友都“比心”对妈妈说祝福语，只有 MM 一直沉默。老师让她跟着说，她不肯，最后只好直接略过她。

一年多来，无数类似甚至更惨的情形像针一样扎在我的心上。NT（检查后排除孤独症，即非孤独症）孩子轻而易举能做的一件小事，对我们的孩子来说却那么难，我一边难过流泪，一边继续整理讲座笔记，分享给我的战友们，给大家鼓气。

不是因为有希望才坚持，而是因为坚持才有了希望。既然无法改变要走的路，那我何必要哭哭啼啼、悲悲戚戚地走过。相信有彼岸，这份信念是支撑我走下去的所有动力。

诚然，因为各种综合因素的影响，比如孩子本身的程度、家长努力的程度与专业性、老师的专业性、社会的包容程度等，每个孤独症谱系孩子的“最佳结果”不同，但是我努力了，在孩子身上也看到了进步，这就值得我去奋力一搏。

家长自我成长与专业帮助

每一位家长都经历过从确诊的恐慌期到新手的迷茫期。

确诊期，我们要面对孤独症康复领域五花八门的干预手段，包括主流的科学教育，以医学手段支撑的生物疗法、经颅磁刺激、听筒疗法、针灸、按摩……我们要面对各种理论学派，甚至各种互相矛盾的说法。比如邹小兵教授说，不让孩子独自闲着，很多专家又说应该训练孩子有质量地独处；邹小兵教授说孤独症患者可以达到“最佳结果”，又有一批专家说不能；有专家说孤独症孩子的训练要以社交为核心，又有些“老家长”说要适度放弃……

我们到底该如何甄别、选择？

在干预手段选择上，我觉得大家可以参考邹小兵教授主编的《与你同行》，里面对各种疗法及效果都有详细介绍，可帮助大家避雷。在理论知识的吸收上，我们可以在充分学习的基础上，根据孩子自身的情况，取百家之长，为我所用。

孤独症康复领域两大权威专家邹小兵与郭延庆，很多家长说他们一个太乐观一个太悲观。在我看来，邹小兵教授是从大量成功的人身上总结如何让孤独症谱系孩子达到“最佳结果”甚至做出贡献，而郭延庆教授是从大量失败的人身上学到教训，告诫家长从小怎么训练孩子才为社会所接受。他们的理论、方法，比如邹小兵教授的 BSR 干预模式（B 代表行为疗法，S 代表结构化教育模式，R 代表社会交往）、郭延庆教授的行为管理，都值得家长去学习。

在新手期，家长面对孩子的问题揪心不已，却不知如何下手；专业书籍、专业讲座多如牛毛，但不知如何筛选；学习了很多理论，却不知如何应用在孩子身上。这时候，我们需要寻求专业帮助，把孩子暂时交给专业的机构训练，为自己赢得学习充电的时间。

在学习途径上，无法外出的家长可以选择各种优质网课，但有条件的家长还是需要出门去寻求更好的资源。“名师出高徒”不是一句虚言，在特教行业，一场优秀的讲座、一位有爱心又优秀的特教老师，对家长、孩子的改变是肉眼可见的。

一个孤独症谱系孩子，可能要训练很多遍才能习得一种技能，家长也是在听过许多讲座、看过许多专业书籍后，才能渐渐从百家观点中找到共性的地方，形成相对完整和客观的认知和思路。

同时，我也认为，兼听则明，偏信则暗，家长学习时要学会容纳不同的观点与方式。行为学派 ABA 的确是一门实证有效、有数据支持的干预技术，而发展学派 PCI 偏重从孩子内在需求出发，也可以为我们干预孩子提供很多好的思路与技术解决方案。

家长成长，不仅能带给孩子更专业的干预，做优秀的引导者，同样也能帮助孩子筛选机构和老师，及时发现教学的问题。

当然，就如同不是每个机构都是好机构，不是好机构的每个老师都是好老师，也不是每个家长都是孩子合适的引导者。

有些家长，自始至终无法接受孩子的行为，也无法控制自己的情绪，动辄对孩子施以暴力；有些家长，对孩子认识不客观，在教学方面自己急于求成，反而怪孩子怎么都教不会；有些家长已经成了孩子的厌恶刺激，导致孩子的问题行为愈演愈烈；更有些家长仍在迷信一些被名医诟病无数的手段……

可见，寻求专业的帮助与家长的自身成长同样重要。

理解与执行“爱的三原则”

邹小兵教授提出的孤独症孩子教育三原则（也叫“爱的三原则”），大家都很熟悉：

原则一，尊重、理解、包容。

原则二，适度地转变。

原则三，特殊兴趣的培养。

我对“爱的三原则”的理解是，有爱有原则。

不得不说，尊重、理解、包容，非常考验家长的智慧。如果孩子一发脾气就打头，难道我让他打？尊重他打头的需要，理解他打头的意图，包容他打头的行为？

尊重孩子，从了解孩子开始。无论哪种障碍类型的孩子，他首先是个孩子，是个人，是个独立的个体。在成长过程中，他有基本的心理需求，遵循着普通孩子发展的规律。我们对孩子做的任何干预训练，都应该建立在此基础之上。

刚入圈时，我病急乱投医，花钱请一位知乎名人帮 MM 做了干预方案，其中有很多让我怀疑的地方。比如，尽量少抱孩子，抱多了不利于孩子社交的开展；让两岁半的 MM 每天练习近百组蹲起和箱式爬，不能因为孩子反抗就放弃。这多么像带着孩子做针灸的家长，无论孩子如何恐惧、痛苦，甚至几针下去并未见效，他们依旧义无反顾，认为这是对孩子的爱。

还有上面提到的运动训练，家长们也要注意。大概 60% 多的孤独症孩子合并有感统问题（包括视觉、听觉、嗅觉、味觉、触觉、前庭觉、本体觉 7 大感觉），有感统问题的孩子需要请专业人员帮助做感统训练。并且感统训练也只是治疗孤独症并发的感统问题，而非治疗孤独症。

何况市场上很多感统老师并不专业，对孩子的训练仅限于走量，比如做了几次平衡木、荡了几下秋千、滑了几次滑梯。这样的训练长期做下来有很多坏处，既耽误孩子的干预时间，还可能带给孩子厌恶刺激。一个专业的感统老师一定是根据孩子的状态科学调整训练的。

尊重孩子，把他当成有思想的独立个体

很多时候，恰恰是家长引发了孩子的情绪。有一次出门前，MM 正在玩玩具，我们急着出门，于是家中老人直接上来拿走了 MM 的玩具。MM 很生气，就动手打了老人。老人也很生气，非常不理解：我叫她别玩了，难道错了，就该挨打？后来我举了个例子，假设你玩手机正玩得津津有味，别人好心提醒你，突然抢走你的手机，你是什么感受？

其实，这事很简单，除了平时做好指令、配合、强化等训练外，我们还

应时时谨记：获取孩子的注意力，同孩子商量，征得同意后再行动，这样就会大大减少孩子情绪爆发的诱因。

类似情况还有很多，我们都可以有更好的解决办法。比如，MM 每次上完课后，老人都希望 MM 在机构上完厕所再回家，这样就不用半路找厕所。有时候孩子没尿，也给强行拉到厕所解决。这样控制型的家长很多，打着爱的旗号，却从未想过孩子要不要这样的爱。

在 MM 的成长过程中，我们花了很长时间解决她的小便自理问题。这之中有她自身发育的因素，也有我们担心她尿湿裤子，时常强行将她按在马桶上尿的原因，这等于剥夺了孩子学习喊“我要尿尿”的机会。我们成人出门会提前上厕所，这是多年的经验告诉我们的，如今我们却没给孩子这个体验机会。

我们让孩子提前上厕所，孩子不听，那最后她得到的不仅是一个自然结果的惩罚，也可以是一次学习机会：在路上想上厕所怎么办？哪里可能有厕所？怎么有礼貌地向他人借用洗手间？在地铁站，如何寻找洗手间标识？哪些地方是没办法上厕所的？比如公交车。没到站我们可不可以下车？我们是不是要备上尿不湿？等等。

尊重孩子，也是向孩子示范应当如何处事，我们学会事事征求他们的意见，他们也能学会去征求别人的意见。

理解，从知道孩子的困难开始

我推荐大家多看看孤独症患者的传记，多去了解他们到底是怎么想的，比如《我想飞进天空》《这世界唯一的你》《阿斯伯格综合征完全指南》，等等。他们会告诉你，为什么他们有那些奇怪、极端的行为，他们的困难是什么，他们对这个世界的看法是什么，他们需要怎么样的帮助……

当你真正读懂孩子，孩子的问题就解决了一大半。理解了孩子，我们就不会对孩子提出过分的要求，不会对孩子有不切实际的期望，也能管理好自己的情绪。

很多家长常常在群里问：我的孩子如何如何，怎么办？我想问问：你有没有找出孩子出现这种行为的原因？除了极个别棘手的案例，大部分的行为都能观察出原因。查出原因才能对症下药，而不仅仅是“头痛医头，脚痛医脚”。

了解孩子的需求、困难之后，我们该怎么包容孩子？

孤独症孩子伴随着多种障碍，有的孩子会有一些自我刺激行为，如盯着风扇看、摇晃身体。这样的行为，我们不需要一味去堵，可以用社会能接受的方式去满足孩子：比如在孩子完成一个小任务时，给孩子一个风车看一会儿；带孩子坐秋千；做一些摇晃身体的游戏去提前满足孩子。

有的孩子寻求规律，打破常规就哭闹，结构化教学法便是合适的干预方案；有的孩子伴随很多刻板行为，比如喜欢电梯、火车、汽车……其实在行为学派干预中，只有影响到他人和生活的刻板行为才需要干预。

关于刻板的问题，我也曾咨询过邹小兵教授。MM 从小有个问题，如果她会的某个东西，你问多了，她就不肯说了，或者她觉得你在逼她说什么，她死都不会屈服。比如“飞机”这个词，她不愿意说很久了，我想尽了办法，威逼诱惑也没用。我问邹教授要怎么解决。邹教授直接怼回：“首先威逼利诱就不是教育原则！其次你知道她会说飞机，为什么还要逼她？这不是个问题，你应当藐视这个问题！”

尊重、理解、包容孩子，体现在与孩子相处的点滴中。与孩子的情绪和问题行为做斗争时，家长和专业老师除了要有极高的行为管理能力外，更要注重从孩子的心理需求出发去解决问题。

首发日期：2019 年 12 月 2 日

一个雷特综合征女孩的成长

——爸妈用美好弥补不幸

如果说有什么事比养育一个孤独症孩子更难，那养育雷特综合征孩子肯定算得上。

它是由 MECP2 基因（还有少数别的基因）的突变或缺失引起的先天性儿童神经系统疾病，与典型的孤独症相似，但症状远比其严重。此病患者几乎全是女孩，6~18 月龄左右开始发病。初期会经历身体和能力上的明显的、多方面的退步。待整体机能稳定后，可以重新习得一些技能，但发展仍会有很多障碍。也有一部分患儿从出生开始，运动发育、认知、言语方面就严重滞后。雷特综合征发病率在 1/10000 ~ 1/15000，属于罕见病，尚无可以治愈的药物或医疗方案，公众对其知之甚少。

2013 年，辽宁大连的 3 岁小女孩雨鑫确诊了雷特综合征，一家人陷入苦战。3 年后，雨鑫爸妈决定站出来，在抖音上展现一家人的真实生活。

她重新退化成了婴儿

“女儿长大后，全家一起出门，该多么热闹。”雨鑫刚出生时，妈妈曾无数次设想和女儿一起出门的情形，可奇怪的是，雨鑫迟迟学不会走路，她的身子骨很软，根本支撑不住自己。

雨鑫 2 岁时，妈妈带她去医院求诊，医生误认为她是出生时缺氧导致的发育迟缓，嘱咐妈妈多带她出门转转，多和其他小朋友一起玩，会成长得快些。

可没想到，过了 2 岁，雨鑫的身体和能力反而退化了。最明显的是手越来越不好用，她慢慢拿不起自己喜欢的玩具，甚至连抓握都不会了。她小时候很喜欢看绘本，可后来却怎么也翻不开书页。然后是语言，不知从哪一天起，雨鑫连“爸爸妈妈”都不会叫了。

当妈妈带她再次去医院就诊，医生很严肃地表示，雨鑫可能是患了雷特综合征，并为她做了基因检测。在查阅了大量资料，了解到雷特综合征的严重性后，雨鑫爸妈背着孩子和家里老人半夜哭过无数次。

很快，雨鑫开始丧失咀嚼能力，原本她可以自己抱着黄瓜啃，后来只会舔和抿了。接着她的脊椎和呼吸也出现了问题，雨鑫妈妈顾不得绝望，整日守在她旁边，精心照料。她不会咀嚼，营养吸收不好，妈妈每天都需要准备高热量高蛋白的食物；她呼吸不均，半夜有时因呼吸受阻，突然惊醒，神奇的是，妈妈总能同时醒来，及时安抚。

她的不幸，需要用更多美好弥补

4 岁时，雨鑫的退化终于停止。“已经退化成了婴儿，退无可退了。”雨鑫妈妈形容道。雨鑫不会说话，也不会用手表达了。雨鑫妈妈需要重新去了解孩子，更多地站在她的角度，去考虑她的问题。虽然女儿丧失了行动能力，但爸妈不想把她圈养在家里。“女儿的不幸，需要我们用爱弥补，我们要带她去见识这个世界更多的美好。”

她不会走路，爸妈就是她的腿。妈妈辞了职回家照顾雨鑫，每天上午带她去医院做训练，做大动作干预和语言干预；下午带着她出门玩，去街口喂鸽子，去公园喂锦鲤。其间，妈妈会一直和她保持交流，跟她描述她们正在做什么，问她开不开心。只要她有回应，比如眼神看过来，妈妈就会立刻夸奖她，有需求也会及时满足，让她觉得妈妈和她有交流。

每天 24 小时的持续相处中，妈妈破解了雨鑫对外发出的沟通信号：开心时，她会亲近人，舞动小手；不开心的时候，她就会目光逃避，频繁眨眼。

另外，雨鑫妈妈也将在医院“偷学”的干预技能用于生活，出门时刻注意锻炼雨鑫的大动作。雨鑫的腿没有力气，锻炼她走路上台阶时，妈妈需要分担雨鑫一半的体重，用手扶着她迈步向前。普通小朋友一蹿一跳，眨眼就走完的台阶，雨鑫摇摇晃晃走得很慢。这样的练习锻炼了雨鑫的腿部肌肉，也让雨鑫妈妈学会了屏蔽路人不友善的目光。“只要对雨鑫好，外界的一切（不友好）都无所谓。”

妈妈总和雨鑫念叨：“咱们要坚强，要加油。好好练习，你走的每一步都是给自己走的，你付出多少努力，你的腿就有多少力气。”

上万人见证了她的成长

很多人以为雷特综合征孩子不懂事，但雨鑫妈妈知道，女儿什么都明白。每次出去玩，她的眼神经常会追逐那些自由奔跑的孩子。

练习走路虽然很累，小小的她却一直坚持，也不闹脾气。从第一次听到雨鑫叫“爸爸妈妈”，到她退化后重新学会叫爸妈，雨鑫爸妈等了一年多。遗憾的是，雨鑫到了 8 岁，还没有学会更多词语。

妈妈可以读懂她的情绪，知道她也想象普通孩子一样行走，却不清楚她每时每刻在想什么。

2020 年 2 月 26 日，雨鑫妈妈购入了一台眼动仪。它可以通过对眼动轨迹的记录和分析来传递使用者的想法。雨鑫开始学着用眼睛讲话。

3 月 21 日，妈妈给雨鑫读完故事后，问女儿开不开心。这次通过眼动仪，她听到了女儿的心声：“我很快乐，让我考虑一下。”

妈妈问她：“你考虑什么呢？妈妈很开心，妈妈给雨鑫读故事很开心。”

雨鑫回复说：“我累了。”紧接着又连说了两次，“不好意思，不好意思。”

雨鑫其实很好强，也不想让妈妈失望。那一刻，妈妈很感动。妈妈知道她正在改变、进步。

雨鑫因为雷特综合征错过了很多人生体验。遇到些硬点儿的食物，如花生、蚕豆，雨鑫爸妈都会因为雨鑫没法吃而感到心酸。当得知雨鑫被特校拒绝，就算陪读也不能入校时，雨鑫妈妈哭了很久。一次，雨鑫爸爸在抖音上刷到了一个普通小女孩的日常，竟不知不觉看哭了。这个场景正好被雨鑫妈妈捕捉到，她知道雨鑫爸爸是想起女儿了。

在一次又一次的心疼、难受、遗憾中，他们学会了放下，跟自己和解。因为最美的风景不在终点，而在路上。

首发日期：2021 年 5 月 14 日

有一个孤独症儿子要不要做全职妈妈？

——圈内“女神”卢莹的选择

卢莹，广州扬爱特殊孩子家长俱乐部的副理事长，她有一个患孤独症的儿子。多年来，她对孩子进行了卓有成效的干预和教育，也一直为推动孤独症群体的福利和影响力而奔走，成为国内孤独症康复圈颇为知名的“女神”。

在儿子森森刚确诊时，卢莹也面临着所有家长都会面临的难题。而她的应对方式，值得每一位家长参考。

我的前半生和孤独症这个圈子没有半点关系。大学从国际贸易专业毕业后，我找到了一份满意的工作，然后在该结婚的年龄结婚，在该生孩子的年龄生孩子，人生一片坦途，前途一片光明。

儿子森森 2002 年出生于广州中山三院，我至今都还记得生了个漂亮儿子的那种喜悦心情。不承想，1 年 9 个月后，在同一家医院，他被邹小兵教授（时任中山三院儿童发育行为中心主任）诊断为中度孤独症。

那时候，孤独症领域的信息还比较匮乏，我毫无心理准备就掉入了深渊。

好在，我很幸运，在专业领域得到了邹小兵教授的指引，并参加了中山三院组织的孤独症“扫盲”培训班；在组织上，我很快找到了广州扬爱特殊孩子家长俱乐部抱团取暖，一些有经验的家长给了我正向的支持。我比较快地就接受了现实，现在想想也就两个星期左右的时间。两个星期之后我们就朝着“用康复训练去提高孩子能力”的方向努力了，先后跨越了四个层次。

第一层：接受现实，接纳孩子

孩子确诊孤独症之后，最常见的第一重难关往往是家长自己。因此我们首先要做的，就是接受现实，接纳孩子。我们的孩子患了孤独症不是谁的错，也不是我们上辈子造了什么孽，而是新生儿发育障碍本身就有一定的概率，只不过这一次落到了我们头上。就权当是人生遭遇了一场意外，遇到了一个坎儿吧。

我接受这个孩子得了孤独症，接纳这个孩子。对这个孩子所有的爱、所有的不离不弃，不是因为他以后可以康复得怎么样，能不能“摘帽”，而是因为这孩子是我自己生的，他是我的亲生骨肉，他是我的心肝宝贝，不管他会不会说话，不管他以后好不好，不管他以后成为什么样的人。

接纳，也意味着我们要勇敢把孩子带出去，不畏惧异样的眼光。我从未逃避过这个问题，因为他就是我的孩子我的标签。森森本来不喜欢外出和交际，但从小到大我带着他满世界跑，去参加各种活动，为的是打开他的眼界。

你对自己孩子的态度绝对会影响别人对你孩子的态度，这是一个双向影响的过程。有障碍的孩子是我们遇到的一个劫，渡过这个劫，下一步我们才能做得更好。

第二层：勤于学习，做孩子的老师

我经常对学前的家长说：“有了一个有障碍的孩子，从此你就辅修了一门专业课程叫特殊教育。”

孩子刚确诊的时候，我们把他送去机构训练，是因为再差的机构、经验再少的老师都比自己专业，但送孩子去的主要原因并不是他能把你的孩子带好，而是你可以跟着他们学习什么是特殊教育，怎样教孩子。

半年以后，你可能比机构的一般老师资深。这时候，你就要向机构里更资深的骨干老师学习。当然，读书和听讲座也是很好的途径，但是跟着机构的老师学习怎样教孩子是最直观的。还有非常重要的一点就是，我们可以要求机构老师布置作业，回家后带着孩子继续练习。因为机构训练最终是要过渡到家庭训练的。

关于学习这部分，我们还要特别重视一点，就是练就一双慧眼去分辨五花八门的疗法。很多案例告诉我们，一旦走上歧路，断送的或许不仅仅是孩子的未来，还有可能是生命。

那救子心切的我们，怎么才能避免被一些“高效”疗法蛊惑？还是接纳。我们真正爱这个孩子，就会为他选择主流医学认可的方式和方法，而不是那些偏门的、号称“先进”但没有科学依据的疗法。不能把我们的孩子当小白鼠。

无论如何，所有孩子都需要教育，只是我们的孩子需要的是特殊教育，而特殊教育也不是多难，不外乎把普通教育做得更细碎一点。普通教育一天的课程，我们可以花一年把它学完。我知道特殊教育对我的孩子一定是有利无害的，所以我一直在这条路上坚持。

第三层：调整生活，做好平衡

有一个特殊孩子，生活不受影响是不可能的！我们的生活一定要因为他而调整。

森森刚被诊断为孤独症就有人建议我：“你辞职回家吧，孩子需要妈妈全天候的陪伴。”但我没有，一方面因为我的工作非常好，前途无量，我舍不得；另一方面我当时思绪很乱，我觉得要是我辞了工作专门带孩子，那我必定会对孩子抱有很高的期望。如果牺牲了那么多但没有达到我的预期，我就会因此失落，糟糕的心情就会影响到孩子。

因此我没有马上辞职，但我给自己做了一个 5 年计划，5 年以后再辞职。因为 5 年后森森上小学，需要我花更多的时间和精力。而我要用这 5 年来完成我的职业梦想，实现家庭经济目标！5 年后，我达成了 15 年职业生涯中期望的所有目标，画上一个句号，然后开始新的人生。虽然是孩子改变了我的人生轨道，但我没有任何在为孩子作出牺牲的感觉，只是觉得自己选了另外一条路，这条新的路将带给我不一样的风景。

现在回过头来看，我得感谢我们家森森，我觉得自己现在过得比从前更好，而这一切都是我的孩子带来的。

在我忙事业的这 5 年，孩子怎么办？因为我们家没有老人帮忙，只能请保姆小姐姐。那我就把小姐姐培育成家庭教师，我们去听讲座去机构都带着她。我上班的时候，小姐姐在家教孩子，下班后我就利用晚上和周末训练、陪伴孩子。

森森 2 岁 4 个月就上了幼儿园，但只上午上，下午在家由小姐姐给他做训练。小姐姐毕竟不是专业人士，为此我们还从特殊学校请了一位特教老师，每个星期给我们上一节课，给我们布置森森一个星期的训练内容，教我们怎么操作。到了家里，我和小姐姐就按照老师交代的内容，轮流练习，这样我们都可以喘口气，孩子也不至于因为一直面对同一个人而感到枯燥。

第四层：降低期望值，找到长处

森森的孤独症程度是中度，虽然情况不是很严重，但也没有轻到训练一段时间就可以“脱帽”。他还有轻度智力障碍，智商测试为 62 分。有个前辈跟我们说过，智商 60 足以应付人生所有的需要，多出来的智商都是用来“人斗人”的。

中度孤独症加轻度智力障碍，肯定不能有多出色的成绩，但我觉得独立生活是没有问题的。他有手有脚有力气，能动手操作完成东西，这都会是我们孩子的强项。

说到降低期望值，重点是在学业这一块儿。森森现在读职业高中的高二，上学这条路已经走过 10 年。对他来说，学业跟不上那是天经地义的，毕竟智商摆在那儿，让他跟上高中的学业那是不可能的，所以我们要接受现实。但接受现实并不是没有要求，更不是放弃学业。

我们可以做的是，筛选课程，判断孩子能学什么、需要学什么，根据这些情况给他安排一些能学的东西。比如能上普校的孩子都要求识字，那我们就把目标放在识字、四则运算。而且家长要在心态上调整好自己，我对森森的期望通常都是比他能达到的水平低一点。一开始进普校，我只要求他能混下去，结果他还学了点东西回来，我就觉得赚了。

家长还有一个任务，发展孩子的优势能力。比如我发现森森的动手能力比较强，可以从事体力劳动，而且这有助于身心健康，我们就刻意引导和鼓励他多做些力所能及的事。

森森从小到现在都很典型，就是不喜欢跟别人交往。我一直认为一个人待着就挺好，不想和别人有交集，也不是什么大问题。

这么多年走过来，我相当有信心，孩子现在成长得比我们想象中好很多，他读完了小学、初中，考上了职业高中，接下来可能通过职高高考，还能读大专。

首发日期：2017年12月25日

儿子儿媳离婚，不影响我带孤独症孙子

——六旬老夫妻 4 年总结 11 条训练经验

2019 年，六岁半的泽宇的认知理解能力已经趋于普通孩子！

在湖南省孤独症儿童学龄前融合教育高级研讨会上，泽宇爷爷含泪说："我愿用余生训练培养孤独症孙子，直到终老。"

老先生有的不仅是决心和毅力，还有办法。在"大米和小米"组织的一场线上分享中，泽宇爷爷在将近两个小时的时间里，总结了 11 条训练经验，让群内家长深感佩服。而这是泽宇确诊孤独症后的 4 年时间里，爷爷奶奶一点点总结出来的。

诊断书，让全家蒙圈

我们是湖南娄底市的一户普通人家，2012 年年末，我们家添了一位新成员——泽宇，我的孙子。

我只希望孙子可以平平安安、健健康康，不求什么大富大贵、才华横溢。泽宇刚出生那会儿，我 55 岁，仍在娄底市双峰县水利局上班，妻子已经退休。考虑到儿子儿媳的工作要紧，我们老两口还算年轻，就接下了带孙子的重任。

泽宇 2 岁时，一些奇怪的表现开始慢慢显露——他从来不主动说话，只会鹦鹉学舌，而且只能说两个字；我们喊他他也没啥反应，好像大人都不存在一样；该大小便时，他从来不作声，都拉尿在尿裤里；闹情绪的时候，还会转圈圈、敲自己的头……

对于这些苗头，我们起初都没放在心上。因为老家那边很多小孩子说话都比较晚，有七八岁才开始说话的，也有 12 岁才说话的。

直到 2015 年 3 月，我们夫妇俩到海南旅游了 4 天，回到家后我们开始纳闷。按理说，泽宇从出生就由他奶奶带着，应该会对奶奶有所依恋吧。但分别 4 天归来，我们仍然得不到泽宇的一点儿关注。他对我们不理不睬，我们说话他也充耳不闻。

“泽宇是不是有点问题啊？”做幼师的儿媳提议带泽宇到医院检查。怀着忐忑的心情，我们全家立刻带着泽宇前往了湖南省儿童医院。经过一系列的检查和评估，最终，一张“疑似孤独症”的诊断书交到我们手里。全家人都蒙圈了，我们根本不知道孤独症是什么。当时，只记得医生建议我们带孩子去做干预训练。

奶奶曾经想跳江

回到家，我们赶紧上网查资料。一查，全家人都崩溃了，妻子更是整日流泪。北京、广州、青岛……我在网上咨询和对比了好几个城市的儿童干预训练机构，最终选择去广州。泽宇确诊孤独症的第三个月，我向单位请了长假，在广州租了房，与妻子一同陪着爱孙开始了一场磨难之旅。儿子儿媳则留在湖南老家工作挣钱，偶尔前来探望我们。

机构里的孩子很多都不说话，行为还有些怪异。从未接触过孤独症孩子的妻子心里有些承受不了，情绪很不稳定。一天晚上，我们带着泽宇到珠江桥上游玩。回到出租屋后，她说：“刚刚真想从那桥上跳下去，可是看到咱们家小宇子这么可怜，我又狠不下心。”

作为孩子的爷爷，我也时常独自流泪。但在妻子面前，我还要保持自己的理性，鼓励她要有信心。“生活本来就是这样，有条件好的，有条件差的，有平平安安的，也有历经磨难的。但不管怎样，我们都无法从头选择。困境既然来了，我们就要学会面对，坚强地过下去。”不知道这番话是否给当时的她带来一些勇气。

尽管文化水平不太高，但妻子为了泽宇下了不少功夫。她把泽宇每天的生活学习情况用本子记录下来，细致到泽宇上厕所的时间规律、感兴趣和不感兴趣的事物，做了哪些训练，有了哪些进步，还有哪些欠缺……

泽宇上课时，她也跟着老师学习怎么训练。在广州待了一段时间后，原本只会说湖南方言的她，还学会了说普通话。她的努力让我意识到，与其把希望全部寄托在机构老师身上，不如自己多学习干预知识，毕竟长久陪伴在孩子身边的是我们家长，最了解孩子的人也是我们家长。

第一次主动喊“爷爷”

我们两个年过半百的人最担心的问题是孩子走失。带他出门时，假如我们不牢牢牵着他，他就会漫无目的地跑掉。“爷爷，我要到那边玩！”“奶奶，我要到对面去！”这些话，泽宇都不会说。

“他的认知理解能力还很差，没法儿跟你们说话交流。”机构老师说只能慢慢训练。但我们夫妇俩很着急，万一把孙子搞丢了怎么办？我们开始自己琢磨法子。每天机构下课后，我们都争取在傍晚六点把晚饭解决，接着就带泽宇去逛超市，教他辨认牙膏、牙刷、杯子、蔬菜、水果……

为了防止他乱跑，我们一前一后，把他夹在中间。妻子牵着他走在前头，我走在他们俩的后面。接着，我会逐渐放慢脚步，和他们拉开距离。当我拉开距离时，妻子也同时把手松开。如果他往前跑，妻子就往前追，如果他往后跑，我就在后面逮住他。

平时牵着他走路，我也会给他这样的指令：“一二一，齐步走。一二一，立正。”让他理解“立正”就是“停”的意思。使用这种模式训练了16天后，泽宇不再乱跑，还懂得了拉住妻子的衣袖走路。而我，依然坚持走在他们的后面。

一次，在进地铁前，泽宇突然回头向我招手："爷爷，快来咯！"那是他第一次主动喊我爷爷。"哎哟喂，这小家伙终于开窍了！"当时可把我高兴坏了！

他的进步，给了我们信心

在机构训练之余，我们不敢浪费泽宇生活中的点滴时间，把干预训练融入他生活中的每时每刻。

在广州，有很多公共规则需要遵守。公交车上投零钱、地铁上刷卡、过马路走斑马线……我和妻子都先给泽宇示范，再告诉他具体怎么做。

泽宇也不晓得如厕，印象特别深刻的还是第一次教他"拉屉屉"，那是一次两人在厕所开怀大笑的经历。由于出租屋的厕所是蹲厕，我就先在旁边给他示范"蹲"这个动作，教他蹲下去。但泽宇蹲下去时又总是踮着脚，导致下肢没法用力。我思索了一下，便找来一桶水，放在他跟前，让他扶着这桶水，再告诉他要用力。诶！没过一会儿，他就成功地自己拉屉屉了。

拉完后，他翘着屁股好奇地看着屉屉。瞧他那可爱的样子，我笑着说："哎呀，臭死啦！臭屉屉！"

他觉得很好笑，就跟着我说："臭屉屉！哈哈！"后来，泽宇慢慢地懂得自己说"拉臭臭""尿尿"，如厕问题也基本解决了。我发现，泽宇如果感到什么事情有趣的话，就学得比较快。

从2015年5月到2016年7月，除了春节回了一趟湖南老家，我们夫妇一直陪着泽宇在广州训练，我也提前退了休。

一年多的训练，我们一共花了将近15万元，也给家庭造成了经济负担。最终，我们决定回湖南老家申请政府免费康复指标，在政府指定的一家儿童康复中心接受免费干预训练。

离开广州之前，我们找到了邹小兵教授的专家团队评估泽宇当时的情况。"你们这爷爷奶奶不错，孩子的认知理解能力已经趋于普通小孩了。"邹教授的答复给了我们莫大的鼓励。

儿子儿媳离婚，不影响我带孙子

回到娄底训练后不久，在泽宇 4 岁生日后的第一个星期，儿子儿媳由于观念不合等原因离了婚。年幼的孙子可能晓得谁是爸爸、谁是妈妈，但不晓得爸爸妈妈已经分开了。对我们俩来说，泽宇更像儿子，是我们一手带大的小崽子。我一直把泽宇当成普通孩子培养，但也从不隐瞒他是一个孤独症孩子。

得益于机构的无缝衔接、幼儿园老师的理解，泽宇在 2017 年 9 月顺利进入一所普通幼儿园就读，开始了“半天机构半天幼儿园”的学习训练模式。

上了幼儿园后，我们发现泽宇的记忆力特别好，能记下老师每周布置的 10 个生字。每次我开摩托车带他出去兜风，会顺便带他记一下门店招牌，比如“星期六酒店”“娄星广场”“步步高超市”……他都能记住。但我们也担心他只会机械地记忆，为了帮助他理解，除了教他一笔一画地写，我们还把字词融入日常的互动交流。2019 年，6 岁 6 个月的泽宇已经会读会写两百多个生字了。

我们也抓住他这一点长处，教他记数字、认钱币、记电话号码、认交通标志……2016 年，我们全家第一次带他去张家界旅游。没想到，到了一个新的环境，他的主动性语言会增多，他会问“爷爷，我们到哪里去?”，还能和我们一问一答地交流。也因此，我们定下了一年两次外出旅游的计划。希望借旅游的机会，激发出他更多的主动性语言，让他习得更多的社会规范。

也许，在很多孤独症孩子的年轻父母眼里，我们这对爷爷奶奶真了不起，为孙子付出了这么多。但对我们家泽宇来说，我和老伴都已经老了，我 62 岁了，我还能陪伴他多少年呢……

首发日期：2019 年 7 月 8 日

我们不是傻子

——单亲妈妈写给 8 岁孤独症儿子的一封信

我们收到一封信，它来自一位单亲妈妈。在信中，她写下这些年与孤独症儿子相互依靠的点滴，不为传颂，只望在有生之年，她的儿子能读懂信中的所有内容。

亲爱的匡匡：

这是妈妈第一次给你写信。转眼间，你已经是个 8 岁的男孩啦，已经到了可以读信的年纪。但是妈妈知道匡匡还不能，所以妈妈会把这封信留着，一直到你可以读懂的那一天。

当你还在妈妈肚子里的时候，我每天都带着你走呀、看呀，去感受这个世界，我想象过很多次你的长相、声音，幻想着跟爸爸牵着你的小手，陪你一起长大。那一天你来了，看着又小又红的你来到我面前，还皱巴巴的，高声哭着，我和爸爸都激动得眼泪止不住地往下流。

慢慢地，你长大了，可是到了 2 岁还不会说话，也不和其他小朋友玩，妈妈叫你你也不理，一直沉浸在自己的世界中，经常情绪大爆发。这可一点都不像其他孩子呀。妈妈怀着不安的心情带你去了上海儿童医学中心检查，诊断结果是“孤独症倾向”。

“孤独症”到底是什么呢？

你可能一辈子都不会知道什么是孤独症，妈妈当时也和你一样茫然，去网上搜索了相关资料以后，感觉天都要塌了：这是一种无法根治的病，匡匡，你可能一辈子都不能独立生活……

接下来的好几个月，妈妈都像鸵鸟把头埋进沙子里一样，假装若无其事地上班，让爸爸带着你。但后来你的情况变得越来越糟，妈妈不得已辞掉工作，从此带着你奔波训练。匡匡，无数个夜晚和白天，我和爸爸都在渴望、计划：什么时候，我们才能听到你叫一声“妈妈”“爸爸”？

半年后，你正好三岁半。

那时我经常带着你奔波于上海和嘉兴之间。有一天在火车上，你突然看着我喊了一声“妈妈”。哗！世界仿佛变了，整节车厢只剩下我和你。原来被叫“妈妈”的感觉是这么幸福，我激动得马上打电话给你爸爸汇报，一直在哭。现在想起来，别人应该会觉得妈妈很好笑吧。

不知道你有没有注意过，有一天，爸爸从我们的生活中悄悄消失了。我想让你知道的是，如果有一天你能懂“爱”这个字，要明白爸爸没有不爱你，他只是太累了，所以选择了离开，去休息。妈妈当然会难过，甚至也一度失去了活下去的勇气。可是匡匡，妈妈要谢谢你，因为在绝望的时候，每当看着你、抱着你，我就感到自己慢慢有了力量。枯萎的心里好像有一棵小树苗在慢慢生长起来，有了生机。妈妈要和匡匡一起，坚强地活下去！

没有了收入来源，妈妈就偷偷去街上摆地摊，把家里能卖的东西都卖了。每天，妈妈都把生活费控制在“十块钱”左右，为了省下一块两块坐公交车的钱，我们只能走路去很远的地方上课。可是你很乖，永远都牵着妈妈的手，跟着我一起往前走。

日子过得太艰辛了，妈妈实在没办法，就和社区书记说了家里的困难。书记看到我们的情况，发动社区的居民给我们募捐。再后来，媒体也把我们家的情况报道了出去，在众多爱心人士的帮助下，我们总算渡过了难关。匡匡，你看，这个世界上还是有很多人在关心我们，帮助我们。

妈妈想把这一切写下来，一方面是为你的坚强感到骄傲，另一方面也是希望你能记住和感恩于这些好心人，长大后，要和他们一样善良。匡匡，这些年来，你帮助我变得坚强，尽管你不会表达，也会有一些别人看起来奇怪的行为，但我知道，你是一个像云朵般纯洁又柔软的孩子。

我最害怕最难过的，就是妈妈无论怎么努力保护你，也没办法完全避免外界带给你伤害。有一天傍晚，我像往常一样带着你摆地摊，旁边一个跟你年纪差不多大的小朋友指着你跟他妈妈说："妈妈，这孩子是个傻子。"尽管你压根儿不会注意那位小朋友，但我还是没有办法形容当时的心碎，眼泪一直往下掉。我很想跟那个妈妈解释，孤独症的孩子不是傻子，他们只是不懂怎样跟人交流。这些话最终没有说出口。那天晚上回去，妈妈一夜未眠。

妈妈是多么希望，大家都能和社区的邻居一样，见了面，可以善意地跟你打招呼说话，可以试着宽容你的怪异，包容你的与众不同，给你一个温暖的微笑、一个鼓励的眼神。妈妈更想把你抱在怀里，告诉你，你就是世界上最好的宝宝。

匡匡，现在的你真的很棒，在特校上三年级，能和妈妈简单地交流，能自己穿衣服、吃饭、上厕所，还会和妈妈一起做家务。虽然和同龄人还有差距，但是你每天都在进步，妈妈觉得无比欣慰和满足。同时妈妈也很抱歉，在学业上对你要求过于严格，把你逼得太紧了，让你出现了情绪问题。

一不小心，又写了这么多，妈妈只想让你知道：不管明天的路有多难，妈妈都会一直陪着你，不抛弃、不放弃。

妈妈很早就给自己起了个网名：牵着蜗牛去散步。目的就是为了时刻提醒自己，虽然你爬得很慢，进步很慢，但你一直在努力前行呀！而我呢，居然还注册了一个家长组织，和其他跟妈妈一样的家长一起为你和其他孤独症小朋友发声，为你们争取权益。希望妈妈也能让你感到自豪！

匡匡，就让我们一起加油吧，希望将来有一天妈妈老了不在了，你也可以照顾好自己。当你想我的时候，就看看天上的云朵吧，因为妈妈到时候就搬去那里住啦，我会一直守护着你。

永远爱你的妈妈

2017 年 9 月 21 日

首发日期：2017 年 9 月 22 日

重度孤独症儿子变成阳光少年

——一位妈妈 12 年的经验总结

刘庭攸，2 岁 3 个月时被诊断为重度孤独症。他认知不好，情绪也极不稳定，6 岁时甚至要靠服用利培酮来控制情绪和睡眠。很少有人能想到，12 年后，刘庭攸不仅变成了一个情绪稳定、服从指令、无严重行为问题的阳光少年，甚至还进入了普通学校，在陪读家长的陪伴下读六年级。而攸妈也计划着 2016 年 9 月让攸攸去中学读书，并在初中这三年里为他做职业康复训练前的准备。

攸妈这些年来究竟是如何带儿子成长进步的呢？

分解目标，让孩子学

生活自理训练要放在第一位，教孩子学会家务活是首要目标。把家务融入日常教学非常重要，因为孩子在从事家务活动时，可以灵活学习模仿、听指令、参照、语言、认知，等等，做家务能提升孩子各方面的能力，让孩子在生活中学会感知世界。

在家中训练孩子的自理能力，以下内容是关键：

放手不放眼，针对孩子的能力设定目标，在实施过程中灵活调整目标和细节。日常生活我几乎都会放手让孩子参与，如到了做饭时间，就让孩子一起进厨房。给孩子分配任务，一定是我提前评估过孩子的能力才设定任务，而一些技能也需要提前练习以做好铺垫。

比如煲饭，刚开始的时候攸并没有煲过饭，我就给他指令，自己在一旁看着，一步一步让他去完成，需要辅助时我会立马出手。如量米要多少勺，淘米要淘多少遍，这些攸都没问题。最难的还是水量如何控制，发现这一步对攸来说是最难的，我就用手指的长度来示范水的深浅，示范完了再让攸演习，用手指测量深浅，反复练习再分解，攸慢慢地就掌握了水量的控制。下一次我就放手又放心地让他去干。等他学会这个技能后，你只需要发一个指令："煲饭。"

再比如洗碗，刚开始孩子可能没什么动机洗，我会把目标降低，任务是只洗两个碗，洗完马上强化。强化物可以任意选择孩子喜欢的，不用刻意规定选什么，有效就行。

动机培养也很关键，坚持是唯一的出路。把洗碗的目标设在每天的例行活动中，让孩子每天都有一次机会去实践。然后根据孩子的能力步步加码，如碗的数量从少到多，碗的干净程度从易到难，实现从量变到质变，中间偶尔孩子会有情绪状态不好的时候，我也会马上调整目标。要让目标时刻在家长的可控范围内，才能获得成功。不要出现孩子没有动机或是被迫去做的情况，每一个细节我都会适时调整。攸从被动接受洗碗到如今哼着小曲洗碗，这是一个质的飞跃。

也许不是孩子不会，是我们家长没有及时放手，没有想到更好的办法。要坚信：办法总比困难多。当孩子会洗一两个碗后，就可以循序渐进增加洗碗的量及难度了，最后把洗碗列入例行性计划，让孩子从小就懂得什么是责任。这个很重要。接下来习惯成自然，孩子就会主动干活，强化物消失了，习惯成为生活中最好的自然强化物。

许多孤独症的孩子都存在触觉上的敏感，而触觉的敏感会让孩子在做家务时想逃避或是闹情绪，但我们能因此就不教孩子或是就不让孩子学习做家务了吗？

记得我以前带着攸做艾糯粑粑，前面准备工作他完全没有问题，洗、煮、搅、拌，他都不抵触，但当我揉好了糯米团团，搓成一个个小碗来包馅时，攸就不想动手了。可能是粉团的黏感让他感到难受，我没强迫他继续做，而是让他在一旁看着我做，等最后我包好一个完整的艾糯粑粑时，递给他放在一个特定的大盘里。让他有事做的同时，又感受了粉团的黏感，但此时这种触觉的刺激强度已经大大地降低了，孩子对此事的兴趣及注意力就会得到提升。

孩子不敢做或抵触时，许多家长会忽视孩子的感受，要么强迫孩子要么放弃。但其实我们要做的，是从孩子的角度思考问题，然后找到解决问题的方法，这样才能百战百胜。

还记得有一次，我们网了许多小镰刀鱼，有十多斤，我一个人可能到半夜都未必能剖完。那晚只有我和攸在家，可是那时攸根本就没跟我学过剖鱼，我还是大胆邀请攸一起来剖小鱼，把小椅子、木砧板和小刀给他准备好。攸一坐下来就有些抵触，碰了一下小鱼就不停地嗅着小手，闻到那股鱼腥味他有些难受，估计还有触觉的敏感引起的不适，这个时候我并没有放弃。我想到了乳胶手套，就找来一双让他戴上。没想到奇迹出现了，攸竟然很快动起来，开始帮我处理小鱼肚子里的内脏。剖肚子的那个工序我自己来，剖开后让他清理内脏，这样降低了难度又让孩子及时获得了成就感。

那一晚，十多斤的小鱼仔在攸的帮助下顺利地处理完。这也算是一次成功的体验，让我看到了孩子身上无穷的潜力。

创造机会，让孩子做

孤独症孩子最终的出路是融入社会，而这首先得从融入家庭开始，我们做家长的要不失时机、创造时机为孩子制造锻炼的机会。

例如家里来客人了，第一步就是要教孩子与客人打招呼，然后再教孩子泡茶。在动手学习泡茶的过程中孩子学会了先后顺序，以及所需的物品及程序；数量词也顺便放进去了，有几个客人要准备多少个杯子……招待客人时还可以根据孩子的能力教他用适当的语言来交流。学习泡茶的同时，孩子也学会了待人接客的礼仪，一举两得。

只要与孩子在一起，学习的机会无时不在。如外出进餐时，上菜前会有一段时间大家无聊地等着上菜，这个时候就可以趁机让孩子泡茶，然后给在座的各位客人倒茶。从煮水、洗杯子到放茶叶，整个连在一起做，中间要是某个环节孩子遇到困难，家长就及时上去辅助他完成。

以前攸小的时候我总不放手，怕他能力不够，挫败感太强，其实如果我不放手，又没有及时辅助孩子去完成，就硬生生地剥夺了孩子练习的机会，以致他根本没有机会学会泡茶。很多时候，不是孩子不会，是我们没有教。通过几次放手尝试后，我发现攸不但学会了泡茶待客，中间无聊时也不会出现异常的行为问题。让孩子有事可做，又学会一项技能，孩子快乐，家长轻松，何乐而不为呢？

以身作则，让孩子模仿

想让孩子掌握某些技能，首先家长自己要懂，特别是妈妈，要下得厨房，上得厅堂，只有练就一身硬功夫才有能力教孩子。不会的就只能家长先去学，我为了教攸学习烘焙，查阅了很多资料，自己提前操练一遍，掌握了基本要领，再设计课题来教攸，每一个步骤都让他参与。有些步骤他不熟，我就先示范一遍，让他模仿，最后收尾会让孩子完成，这样孩子非常有成就感，有了成就感动机就强了。

目前攸已经学会做玛格利亚小饼干、蛋挞、戚风蛋糕，以及各种客家小食，是个小小的烘焙小能手了。我未来的梦想就是和攸经营一家美食店。攸如今很喜欢和我一起进厨房做饭煮菜，因为这些都是他能力可及的事情。他学会了做客家三宝，能独立用刀切菜，结束后可以收拾好卫生。让孩子一起进厨房，孩子学会了做饭，同时也为他未来生活自理打下了坚实的基础。

抓住孩子有要求的时机教

当孩子想要拿什么、吃什么、喝什么、做什么时，家长首先要把握此时此地是否应该满足他的要求。如果应该，就要求孩子的行为符合规范（循序渐进地要求）；如果不应该，就要告诉孩子为什么，并对他提出反要求，即他应该先做什么。在这种情况下，孩子提出的要求实际上就是强化物，而反要求就是指令的开始。

培养孩子参与活动的能力

攸从小智能的发展特别落后，后来我发现他的运动技能不太差，于是我马上改变目标和方向，教攸骑自行车，溜旱冰、真冰，游泳，打乒乓球、羽毛球、篮球。攸学会这些运动技能后，我就有计划地带他和弟弟一起去广场上运动。每天晚上我们会花一个小时到广场上溜冰，攸跟着小伙伴们玩开火车、捉迷藏，在游戏中他学会了与小伙伴互动，包括进行简单的语言交流。

当攸有不适当的行为时，一起玩的小伙伴就会及时帮助他。攸的个子很高，能力很低，但他溜冰的技术一点也不亚于别人。溜冰这样的运动让攸获得了自信及友谊，也提升了他与人互动的社会性。攸学习乒乓球有两年多了，从开始一个球接不到，到现在能和同班同学一起 PK，这是一个质的飞跃，也是长期坚持的结果。每天下午一放学，攸就和学校兴趣班的同学及师弟一起跟着老师练习乒乓球，总是乐呵呵的。

融合最基本的要求就是具备融入集体的基本技能，这些基本的技能需要家长提前教给孩子，然后再有目标、有方向地设置场景，教会孩子社交技能。这样才能让孩子真正地快乐运动，快乐成长。

教育与生活的融合

孤独症儿童的教育要与生活相融合，而在生活中训练孤独症儿童要遵循以下几点原则：生活中处处是教学场景；因势利导，注意延伸；贵在坚持。

寓教育于生活，这是儿童教育的一个基本原则。我们知道，普通孩子的语言是在日常生活中自然习得的，而孤独症儿童由于缺乏沟通的动机和兴趣，对外界丰富的语言刺激常常充耳不闻，一般不能自然习得语言。即使有语言的孤独症儿童，其语言能力的习得也和普通的同龄儿童有本质区别。普通儿童是先理解语言符号的意义再使用，而孤独症儿童最初说的话，在交际中大都属于无意义的声音，不具有社交沟通的功能。因此，孤独症儿童需要在老师和家长的引导下，有目的地学习语言。然而语言作为交际的工具，并不能仅仅靠一对一教学来完成学习，必须在实际的言语交际实践中才能掌握。

孤独症儿童语言训练的目的不在于“能说话”，而在于“会说话”。因此，语言教育应该从生活中来，再回到生活中去。学习的内容应与孤独症儿童的生活密切相连。既要引导他们和普通儿童一样，在生活环境中学习语言，需要什么教什么、学什么，同时又要根据孤独症儿童语言发展的实际情况，有目的、有计划地安排教学内容，创设典型的生活场景，引导他们理解并掌握语言。

因材施教很重要，也许上面的方法适合我们家攸，但未必就适合其他孩子，希望家长们能取长补短，根据自己孩子的实际能力来设计适合孩子的教学目标及范围，这很重要。

首发日期：2016 年 8 月 3 日

孤独症儿童独自乘飞机指南

——6 岁孤独症男孩的亲身经历

担忧着，担忧着，还没到 7 月，深圳又零星出现了新冠病例……

不出意料，暑假提前，机构停课。好巧不巧，平时带娃的主力毛毛外婆这时又病了，急需住院治疗。此时，如何安置 6 岁的孤独症儿子毛毛成了一个大难题。怎么办？一家人反复商量后决定，把小毛毛“寄”到新疆的奶奶家。

纠结

和所有双职工家庭一样，我们最怕的就是“孩子放假”。偏偏这个假期，又赶上疫情暴发和外婆生病，我和老公不得不连夜思考应对方案。方案一：奶奶来深圳；方案二：毛毛回新疆；方案三：请阿姨；方案四：我请假带娃；方案五：锁紧门窗，准备好食物和玩具，把毛毛关在家里。

考虑到安全性和可操作性，以及家庭经济收入和我的职业生涯等问题，我们排除了方案三、方案四、方案五，在方案一和方案二间犹豫不决。按照做重大家庭决策的习惯，我们对方案一和方案二的优劣展开分析：

方案	优点	缺点
奶奶来深圳	1. 毛毛不用改变，环境相对稳定； 2. 疫情好转，还能去机构； 3. 晚上能见到爸爸和妈妈。	1. 爷爷不适应深圳气候，来不了； 2. 奶奶年纪大，一个人带娃有困难； 3. 奶奶身体不好，安装了心脏起搏器； 4. 每天都要测核酸。
毛毛回新疆	1. 毛毛可以体验不同的风景、美食； 2. 爷爷和奶奶两个人，压力比较小； 3. 锻炼毛毛的独立性。	1. 不太习惯新环境； 2. 没有爸爸和妈妈监督。

反复比较后，我和老公决定给毛毛一个机会，让他回奶奶家过暑假。

决定

从深圳到乌鲁木齐，4284.857 公里，直飞需要五个半小时，往返成人机票需要五六千元。送毛毛回去？时间和经济的成本都不小。让毛毛单独飞？他真的可以吗？

毛毛 2015 年 12 月底出生，算起来有 6 岁 7 个月了。按照航空公司的规定，年满 5 周岁的儿童就可以申请无成人陪伴儿童托管服务，单独乘机。可是毛毛 1 岁 7 个月时在深圳市儿童医院被诊断为孤独症，对于特殊需要儿童，这项服务适用吗？

抱着试一试的态度，我打电话咨询了南方航空的客服，说明了孩子的情况，询问是否可以申请“儿童单飞”。客服明确答复：孤独症不作为拒绝的理由，但如果持续哭闹导致无法乘机的话，可能会劝返。

考虑到毛毛能简单交流，会主动表达自己的需求，只是在无聊或想博得关注的时候会乱唱歌，极少数情况下才会哭闹。我们心想：何不趁这个机会历练一下儿子？于是，根据南航的要求，我准备了毛毛的健康码、核酸记录、行程码和入疆申请等基本材料，打电话订好机票并申请了无成人陪伴儿童乘机服务。收到出票短信的那一瞬间，我竟然比自己远行还激动。

准备

从订票到出发，仅有三天时间，我们必须加速给毛毛做准备。

首先，与毛毛沟通即将发生的事。毛毛虽然年龄比较小，但他清楚外婆生病了，爸爸妈妈要上班，没人照顾自己，所以当我们告知他要去奶奶家时，他很快就接受了。不过，对于自己一个人坐飞机，他还是有点小怕。经过我和老公反复地鼓励，他开心地同意了。

然后，我们向毛毛展示具体的行程。连续三天，只要有空，我就带着毛毛翻看以前的照片，回忆以往坐飞机的经历和回奶奶家的所见所闻。同时，我还把毛毛接下来的行程安排画在了家里的白板上，并把这一行程编成故事，让他一目了然。

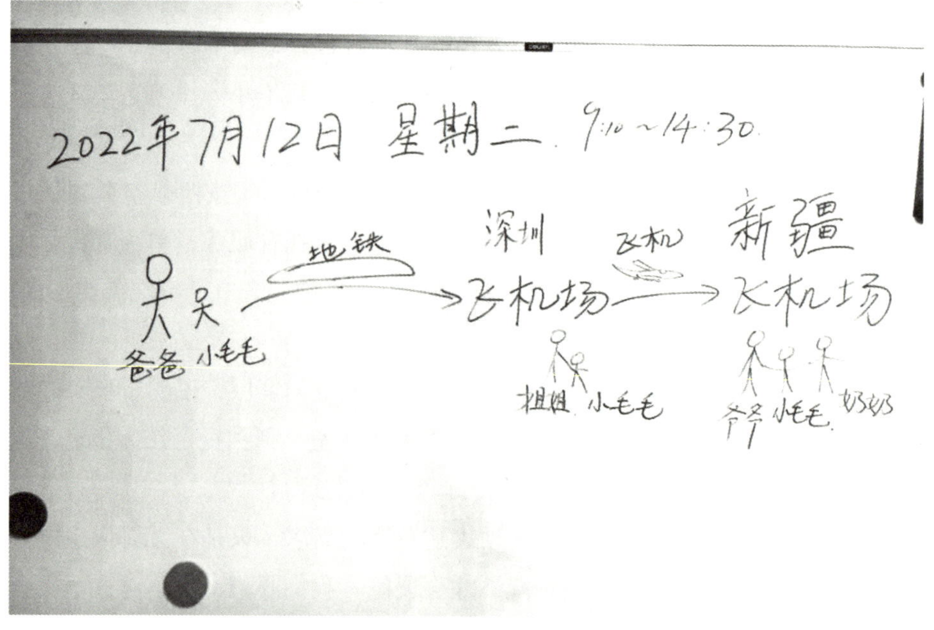

给毛毛画的行程图

接着，情景模拟飞行过程。那段时间，毛毛很喜欢玩叮当猫。于是，我利用家里的玩具和毛毛玩“叮当猫”坐飞机的游戏，模拟起飞、降落，以及系安全带、上厕所等需要注意的事项。

小毛毛调皮起来也很有趣，好几次他都把飞机举得高高的，让叮当猫摔下来，然后说：“没有系好安全带，摔跤了！”

最后，准备随身物品。毛毛随身背的小书包里，我精心挑选了他平时喜欢的玩具，比如发泄球、变形金刚。有这些熟悉的玩具做伴，毛毛会更有安全感。此外，受身边一位高手妈妈启发，我给空姐准备了一张感恩卡、一封信，以及一些小贴纸。信上说明了毛毛的基本情况、在飞机上可能出现的问题和应对的措施，贴纸则作为毛毛表现好的奖励。

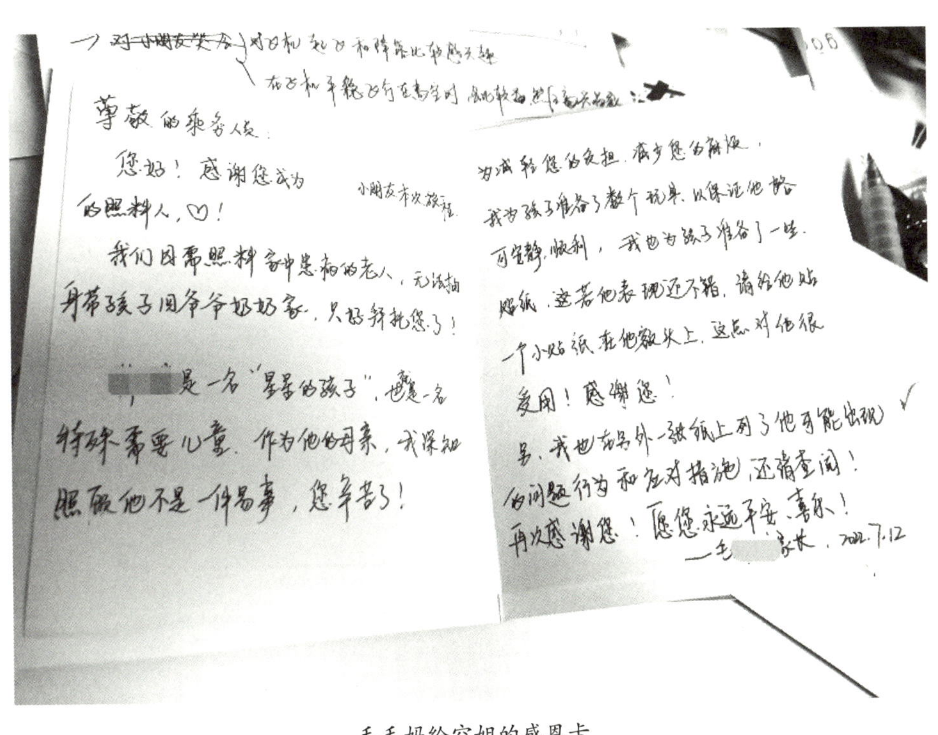

对飞机起飞和降落比较感兴趣

尊敬的乘务人员：

您好！感谢您成为小朋友本次旅程的照料人，♡！

我们因需照料家中患病的老人，无法抽身带孩子回爷爷奶奶家，只好拜托您了！

是一名“星星的孩子”，也是一名特殊需要儿童。作为他的母亲，我深知照顾他不是一件易事，您辛苦了！

为减轻您的负担，减少您的麻烦，我为孩子准备了数个玩具，以保证他路途安静、顺利，我也为孩子准备了一些贴纸，若他表现还不错，请给他贴一个小贴纸在他额头上，这点对他很受用！感谢您！

另，我也在另外一张纸上列了他可能出现的问题行为和应对措施，还请查阅！

再次感谢您！愿您永远平安、喜乐！

——毛 家长，2022.7.12

毛毛妈给空姐的感恩卡

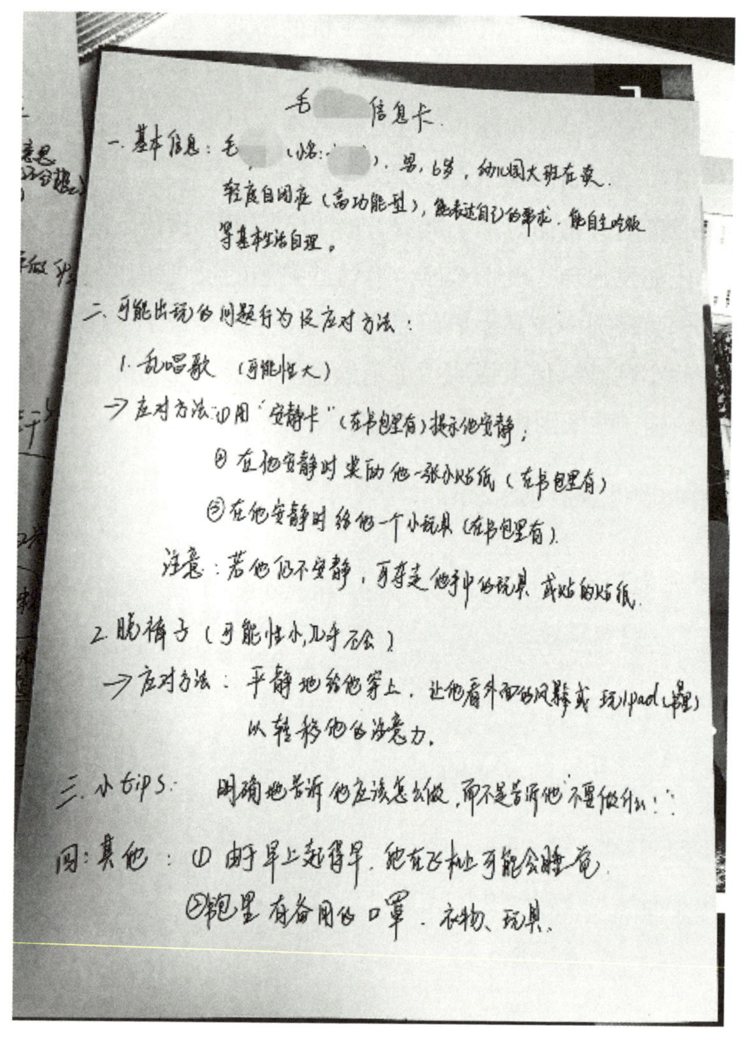

毛　信息卡

一、基本信息：毛　（小名：　），男，6岁，幼儿园大班在读。
轻度自闭症（高功能型），能表达自己的需求，能自主吃饭等基本生活自理。

二、可能出现的问题行为及应对方法：

1. 乱唱歌（可能性大）

→应对方法：①用"安静卡"（在书包里有）提示他安静；
②在他安静时奖励他一张小贴纸（在书包里有）
③在他安静时给他一个小玩具（在书包里有）。
注意：若他仍不安静，可夺走他手中的玩具或贴的贴纸。

2. 脱裤子（可能性小，几乎不会）

→应对方法：平静地给他穿上，让他看外面的风景或玩ipad（书包里）以转移他的注意力。

三、小tips：明确地告诉他应该怎么做，而不是告诉他不要做什么！

四：其他：①由于早上起得早，他在飞机上可能会睡觉。
②包里有备用的口罩、衣物、玩具。

毛毛妈写给空姐的一封信

启程

2022 年 7 月 12 号，要出发啦！早晨七点半，毛毛睁开眼，不像往常还要在床上赖一会儿，他一骨碌爬起来，拿着磁力片当飞机，并让叮当猫坐上去，开心地说着："要坐飞机啦！"

前期，我做足了功课。马上该老公上场了——送毛毛去机场！（关键时刻退缩，不是我不想去，只是我怕最后舍不得）然而，计划赶不上变化，受疫情影响，毛爸送机没法儿进到登机口，只能在大厅办完手续后便把毛毛交给南航志愿者，由志愿者领进去。唉，我千叮咛万嘱咐老公的跟空姐交接的各种话术，只能由志愿者转达了。

我虽然人没有去现场，心却一直揪着。在毛爸松手前的最后一刻，我再次拨通电话，提醒毛毛渴了要喝水，饿了吃饼干，想上厕所找飞机上的小姐姐……相比我的紧张，毛爸貌似乎平静得多，他直截了当地终止了我的叮嘱："你太小看你儿子了！"别看毛爸说得轻松，天知道目睹儿子牵着志愿者的手离开时，他心里有多忐忑和激动。

抵达

那天，飞机晚点了一小时。"平安抵达。"下午三点多，爷爷奶奶开始文字"直播"，我们悬着的心总算落了下来。"机场工作人员领着几个孩子一起出来，我看到其他小孩乱跑，毛毛没有跑，他一直乖乖地跟着队伍，等着测核酸。"早早等在出站口的爷爷奶奶看到毛毛，更是激动。

工作人员告诉爷爷奶奶，小毛毛在飞机上很乖，睡了一大觉，醒来后吃了东西，也主动要求去了洗手间。对此，我一点也不觉得意外。出发的前一晚，他一直很兴奋，不仅睡得晚，半夜还醒来好几次。对于这次行程，虽然毛毛没有用语言描述"内心感受"，但从他落地后的表情、动作，我们知道，他很开心。

在新疆的毛毛撒了欢，吃喝玩乐。我们虽然牵挂他，但也很放心。2019年，毛毛诊断为孤独症后，奶奶就在北京星星雨参加了八周的家长培训，学习了很多干预知识；爷爷更是豁达又智慧，常常为我们指点迷津。更何况，新疆好山好水好风光，又有美味的烤肉、烤包子、拉条子、手抓饭……小毛毛的假期肯定别样精彩！

附：儿童单飞攻略

和毛毛爸妈一样，假期把“神兽”送回老家，是不少家庭最实际的选择。从深圳到乌鲁木齐，年仅6岁的毛毛独自坐飞机穿越了大半个中国，他的经历让我们相信——不要低估孩子，不要低估孤独症孩子，很多事情，他们能够做到！

那么，无成人陪伴儿童乘机有什么注意事项呢？“大米和小米”参考中国南方航空公司官网资料整理如下：

Q：什么是无成人陪伴儿童？

无成人陪伴儿童是指年龄在5周岁（含）以上至12周岁以下的无家长或18岁以上旅客陪伴、单独乘机的儿童。

Q：孤独症孩子是否可以申请无成人陪伴乘机？

航空公司没有明文拒绝孤独症儿童申请无成人陪伴乘机，但需要乘机儿童可以简单交流、安坐、听指令，没有严重的行为问题或情绪问题等。

Q：申请无成人陪伴儿童乘机服务时，需要提供哪些资料？

通常需要户口本或身份证，疫情当时还需要核酸证明、行程码等。对于特殊需要儿童，建议父母像毛毛妈一样，准备一封信，说明孩子可能发生的行为及应对方法。

Q：无成人陪伴儿童要收费吗？

不收费。

Q：如何申请无成人陪伴儿童乘机服务？

1. 致电航空公司客服热线；

2. 填写《无成人陪伴儿童乘机申请书》；

3. 出票成功后，乘机当天到始发地机场特殊服务柜台领取文件袋，并放入相应申请资料，以备机场工作人员和机上乘务员查验；

4. 乘机人必须同时携带有效身份证件原件、《无成人陪伴儿童乘机申请书》原件和无成人陪伴儿童文件袋乘机。

Q：其他注意事项

1. 一般来说，航空公司仅接受直达（不含经停）航班的无成人陪伴儿童乘机。

2. 对于无成人陪伴儿童乘机的申请时间，各航空公司不同，通常不得晚于航班起飞前 48 小时。

3. 无成人陪伴儿童应由儿童的父母或其他监护人陪送到乘机地点，并在儿童的下机地点安排人予以迎接和照料，同时提供接送人姓名、地址和联系电话。

注：因为各航空公司规定略有差异，建议在申请无成人陪伴儿童乘机服务前致电官方客服询问。

首发日期：2022 年 7 月 21 日

第二章 入学融合

爸爸巧妙安排，孤独症男孩融入普通小学

——4 年融合经验分享

孤独症男孩明达出生于江西省某小城，入读普校后，没有融合资源的支持，没有家长的陪读，没有完全公开自己的身份，他在普校安然度过了 4 年。期间，老师和同学不但没有投诉他，还经常帮助他……这一切都离不开明达爸爸的默默奉献与巧妙安排。

2019 年 6 月 26 日，期末考试前一天晚上，我像往常一样和明达一起躺在他的小床上，准备哄他入睡。望着天花板的明达突然轻轻侧身对我耳语道："每次考试前一天晚上我都睡不着，因为心里非常紧张。"

我哭笑不得，这是明达第一次正儿八经对我说他考前会紧张。我更没想到的是，被诊断为孤独症的明达，在没有家长陪读的情况下，已经在普校相对安稳地读了 4 年书。

家长只能入校陪读?

2011 年 4 月 12 日，2 岁 4 个月的明达因语言倒退、不应名、眼神不与人对视、有明显的刻板行为等问题，到江西省儿童医院求医，被确诊为孤独症。随后，我们全家齐上阵，妈妈停职，和爷爷奶奶一起带着明达辗转于南昌和青岛，去干预机构训练，而我留在家里赚钱。

3 年离家训练期间，妈妈每天都借着吃饭回忆和消化明达在机构学习的内容，晚上回家后继续帮他巩固。在机构老师和妈妈的共同努力下，明达 5 岁回家上幼儿园时，情绪和行为已经有了很大改善，只是社交和语言沟通能力还相对较弱，基本不和小朋友来往，与人沟通也只能做到一问一答。单凭明达在幼儿园的表现，我和妈妈无法确定他是否可以在普通小学顺利学习，只能早早地开始准备。

明达妈妈是一名中学教师，我们借着教职工子女就读不受户口限制的便利，为明达选择了一所有熟人的小学，并跟这位老师打听了学校的很多情况，提前为明达做了一些适应性的训练。

明达上一年级时，这位老师刚好被分配教一年级，明达顺理成章地成了这位老师班里的学生。当时，我已经做好了辞职进班陪读的打算。但明达开学第一天竟然安静地熬过来了。老师说，除了上课走神和课间不与同学交流，一切正常。于是，我放弃了陪读的打算。但我也清楚，明达熬过了第一天，并不代表每天都能顺利度过，他的种种问题迟早会暴露。

为了融入班级，我采用了迂回战术。

第一招：勤帮忙，多出力，为老师排忧解难。明达进入学校之后，考虑到小城市对孤独症群体的认识与接纳有限，我们担心他被贴上“残疾”或“有病”的标签，影响他的社交，没有公开他的情况，只告诉了班主任和数学老师。班主任是我的熟人，在开学前，我们就经常带着明达和她见面，虽然班主任不太了解孤独症，但对明达的初步印象还不错。当然，我们也没有仗着这层关系，把明达完全扔给老师，而是尽我所能为班级出力，为她“排忧解难”。

每年开学报到，我都会带着抹布和小桶提前去学校，打扫教室卫生；教室里的木桌椅比较旧，经常坏，我就带着锤子和钉子，把教室里的桌椅都检修一遍；班里举行活动时，我会第一时间到教室摆桌子、吹气球；家长群里有作业，我会热心帮助其他家长解答，提供一些建议……除了班级杂务，我也借着经常进班的便利，帮忙处理一些突发状况。一、二年级的孩子很容易磕磕碰碰受伤，我每天都带着创可贴、湿纸巾，每当有同学出现状况，我都会变出“小药箱”帮他们止血、包扎伤口，甚至处理掉落的牙齿……

我对班级的付出，老师们也看在眼里，记在心里，平时在班里，没少给明达“特殊照顾”。小学前三年，老师都把成绩比较好、性格又很温和的班长安排给明达当同桌，三年都没有换；班上如果有人欺负明达，老师听说后会立刻处理；班集体的各项活动，老师都鼓励明达参加，不会让他一个人孤零零地留下。

2017 年，也就是明达二年级时，国家出台《残疾人专项补助政策》，学校因此得知了明达是孤独症孩子，但并没有多说什么，因为班主任在家校之间做了很好的沟通。

第二招：“拉拢”同学，为孩子的行为作“非病态”解释。孩子要在学校顺利学习，“搞定”老师和学校是第一步，第二步便是要“搞定”班级同学。为了打破明达封闭的社交圈子，帮助他融入集体生活，从一年级到三年级，我努力参与他的校园生活。

每天中午放学后到下午上课前，我都带着各种小零食去明达的教室，给同学们分零食，拉着明达跟同学聊天，同时也帮助老师维护班级午休时的纪律。每逢下雨天，我都会带两把伞，以帮助忘记带伞的同学。如果周末天气晴朗，我会带上很多零食，叫上同学们一起出去郊游。游玩时，我会时刻注意同学们的安全，并和他们的父母保持密切联系，结束后再把所有孩子送回家。

二年级时，班里同学喜欢画画，我就利用工作便利，每周给他们制作喜欢的简笔画图案，供他们涂色。当然，这也有我的一点小心思，每张画我都会写上明达的名字，让他也分一份功劳，既能加深同学们对明达的印象，知道自己从明达那里得到过帮助，也可以加深他们的家长对明达的好印象。长期坚持下来，班上一共 76 个同学，我大约“笼络”了 70 个，其中有 20 来个周末可以一起去郊游，有七八个和明达可以相互串门。

明达在学校的生存境况有了很大改善。明达被捉弄时，有同学主动帮他解围，安抚他的情绪；集体活动时，大家不再排斥明达，会带动他一起玩；

放学时，同学们看到我还会汇报明达当天的表现……当然，班里忽然出现一位这么好的同学爸爸，难免有同学和家长会觉得奇怪。这时，我会告诉同学们，因为你们都是明达的朋友。如果是家长问起，我会说因为工作清闲，想带给孩子一个更美好的童年。久而久之，也有同学察觉到了明达的不同，但每次我都会用非病态的词语跟同学们解释明达的行为。

比如，明达出现情绪问题大吼大叫时，我会跟同学们说“明达脾气坏，容易生气”；明达喜欢重复讲话，我会告诉同学们“明达很唠叨，是个话匣子”；我还会跟同学们说明达做疝气手术的事，夸明达很勇敢，借此来弱化明达的一些缺点。低年级的孩子很单纯，在我解答之后，同学们对明达的印象便停留在了“话匣子”“暴脾气”“有爱心”“愿意分享”这几个点上。

第三招：孩子被欺凌，以化敌为友的态度去交流。明达在学校时，有两个明显的缺点：经常出现刻板语言，还爱管其他同学的言行举止。

有一段时间，明达很喜欢看《疯狂的麦咭》和《龙的传人》，他会把节目中的故事套用在自己或者其他同学身上，反复讲述。另外，他看到不顺眼的事情时，一定会站出来制止，或者报告给老师。他的这些行为引起了很多同学的不满，便挨了打。我知道这是迟早的事，心里也早有准备，我对孩子被欺凌这件事的态度一直都是尽量以和为贵，以让孩子们化敌为友的态度去交流。

四年级上学期，明达遭受了一次较严重的欺凌，一个同学在课间用塑料袋蒙住了他的头，并用手指猛戳他的眼睛。班长告诉我这件事情时，我非常生气，但是我压住了自己的情绪，没有立马找那个同学理论。但当晚我找了同学的家长沟通。同学妈妈很诚恳，教训了自己的孩子，还说要带着孩子登门给明达道歉。不过考虑到四年级的孩子有自尊心了，我拒绝了这个请求。

第二天，欺负明达的同学受到了老师批评，还在教室里向明达道了歉。明达回家后，开心地说：“某某今天要跟我和好，我们重新变成了好朋友。”孩子们因为年龄和生活阅历的局限，可能会犯错，但家长在处理时，可以选择更好的方式和心态。如果找家长只是为了让欺凌者挨顿打，孩子们依旧同在一个教室，那自己的孩子以后很可能还会吃亏，还不如采用更平和的方式。

最想对其他家长说的话

一年级到三年级，学校都没有分班，明达和这群同学一起度过了三年。这三年，同学们包容明达的缺点，让他有足够时间喘息，去积攒面对四年级全新生活的力量。现在明达即将上五年级，对集体生活已经很熟悉了。三年级以前从不主动社交的他，已经会分享零食和饭菜，还交到了固定的朋友。

每天放学回家，我都会让明达复述学校里发生的事情。遇到难题，我会结合事情经过为明达提供对策，教他怎么做。第二天上学的路上，我会对他再次提问，听他回答和复述。偶尔，我也会借送作业和送雨伞的机会去教室里露露面，让其他孩子看到我，也震慑一下那些想欺负明达的同学。

作为家长，明达的确诊激发出了我的很多潜能，让我从一个安于现状、好吃懒做的“死肥宅”成了孩子王。这之中，我感受最深的是以下几点：

1. 不要因为困难而停止干预训练，不要因为进步不明显而停止干预训练，孩子小时候的训练内容，终究会在他的成长过程中逐渐发挥作用。

2. 不要看到别人的孩子长大后行为表现较好，就张口闭口说：你家孩子能力强，你家孩子程度轻，你家孩子可以“脱帽”了，你家孩子是高功能，等等。这样只会给自己造成更大压力。

3. 但凡后天能够学会、能够教会的东西，都不是问题。孤独症孩子与普通孩子的区别主要在于程度不同，进而导致教学难度不同罢了。

4. 家长不逃避不偷懒，孩子就不会被耽误，多晚干预都不算迟（就孩子自身而言）。

5. 既然把孩子带来这个世界，就应该让他享受这个世界的美好，为他们付出多少努力都不过分。不管其他人是否认可和赞美，我们都要奋斗。

首发日期：2019 年 8 月 14 日

从想自杀到交朋友

——11 岁孤独症男孩普校求生记

热热闹闹过完年后，又到了新一年开学季。不少孤独症谱系障碍的孩子和家长又面临着新一轮融入普校大战，这之中有不少幸运儿。

今天，我们的主角是斌斌。2018 年 2 月 26 日，11 岁的孤独症孩子斌斌背上书包，兴奋地回到广州市的一所普通小学。斌斌看起来状态不错，下课时间喜欢跟同学们讲话。看着斌斌和同学们相处融洽，妈妈终于松了一口气。此刻谁又会想到，一年前斌斌因为校园暴力，半年内 3 次想自杀……

“如果再有同学打你，你就打回去”

2007 年，斌斌在广州出生，李群凤和全天下所有的母亲一样，希望孩子能健康平安地长大。

在斌斌 2 岁左右，李群凤发现他跟其他孩子有些不一样：很少主动与人交流和互动、东西要摆放在特定的地点、接受了一套流程就不会改变。李群凤带他到广州市儿童医院做检查，医生说斌斌有语言发育障碍，需要训练。

语言训练结束后，斌斌的语言能力提高了很多。随着日子一天一天地过去，斌斌像妈妈期望的那样健康成长，没有出现什么问题。直到四年级上学期的某一天，李群凤被一通电话叫去学校。电话里说，斌斌试图自杀，用头撞墙，爬到窗口想跳楼。她火急火燎地赶过去想了解原因，可当她赶到学校的时候，斌斌因为情绪很不稳定，无法描述事件的经过。

后来，她从斌斌的同学口中了解到，早操期间，斌斌后面的同学辱骂他“爸爸死了，妈妈死了，全家都死了”之类的话，他很生气便骂了回去。这一幕刚好被当时的班主任看见，要惩罚两个人。斌斌觉得不公平，就跑进厕所把自己关了起来。但班主任叫了两名体育老师，把斌斌从厕所里拖出来。斌斌躺在地上反抗，体育老师就当着在场师生的面，将他一路拖行到教导处。经历这样的事情后，斌斌情绪失控，要自杀。

同时，李群凤还发现班上有四个孩子自斌斌三年级从江苏转学到这里后，就一直欺负他，一开始是骂，后来动手打，经常打得斌斌身上青一块紫一块，要不就把他的书包、水杯扔到垃圾桶……李群凤怒气冲冲地找老师了解原因，却得到这样的回应：“为什么他们会欺负他（斌斌）而不欺负别的同学，那还不是因为他有问题？”

李群凤看着满是伤痕、情绪又不稳定的儿子很是心疼，便跟他说：“如果再有同学打你，你就打回去。”因为这句话，当斌斌再一次受到同学欺负时，他反击了，但失败了，反而又被老师们抓了起来。情绪再次失控的斌斌跑到教学楼四楼的阳台，踩着水池边的台阶，打算从阳台上跳下去……所幸被老师及时制止。

李群凤以为“打回去”能让儿子变得强硬起来，却没想到发生了这种事。回想起当时说的那句话，李群凤无法控制自己颤抖的声音，哽咽道：“我后悔至今，也不知是对还是错。”

那段时间，斌斌的自杀倾向很严重，而且很害怕路过学校。李群凤不得不为他办理休学手续，让他在家自学，并带他看医生。时隔八年，他们又一次来到广州市儿童医院，斌斌被确诊为阿斯伯格综合征。

遇到了一位好老师

四年级下学期，斌斌休学在家自学，每当外出看到穿着校服的学生时，他总会停下脚步，望着他们，眼里是掩饰不住的渴望。看着儿子这样的神情，李群凤百感交集，只能跟他说："斌斌，妈妈一定会帮你找到适合你的学校。"

升五年级后，李群凤准备为儿子转学。但就在这个时候，她接到了一通电话，来自斌斌的新班主任童老师。原来童老师知道班上有个孩子休学，就特意主动联系家长，希望孩子能回去上课。李群凤跟童老师说："斌斌得的是阿斯伯格综合征，跟其他孩子不太一样，如果您不能理解的话，转学对他比较好。"

不料童老师回道："虽然没有接触过这类孩子，但我愿意去了解如何跟他们沟通，也愿意付出时间和精力请教你们如何才能带好他。"童老师诚恳的态度让李群凤看到了希望，转学的念头动摇了，她把自己掌握的所有关于阿斯伯格综合征的资料发给了童老师。童老师不仅看完了这些资料，还传阅给其他任课老师，让他们跟李群凤探讨该如何教育斌斌。就这样，斌斌复学了。

融合需要大人小孩一起努力

开学第一天，童老师故意支开斌斌，让他去办公室拿练习册，然后跟其他同学说："斌斌是一个不知道怎么控制自己情绪的人，他很想融入班集体，但是他不知道怎么做，加上之前发生的事情，他脾气也不太好，希望同学们能多多包容他。他发脾气的时候你们要让他冷静下来，平时尽量不要激怒他，不要惹他。"

遇到斌斌，是童老师从业 26 年来一个特殊的挑战。她仔细看完李群凤给的资料，认真记下接触这类孩子时的注意事项，加上她有着多年的教学经验，慢慢地，斌斌不再排斥童老师的接近。另一方面，学校允许家长陪读。有家长在场，之前欺负斌斌的孩子不敢再欺负他了，童老师也能及时得到家长的反馈，制订出对斌斌更好的教学方案——

首先，童老师在斌斌的座位附近安排了几个性格开朗的同学来帮助他，而且他的同桌也和他有共同爱好。自从换了新同桌，斌斌不再独自看书，而是跟同桌两个人脑袋凑在一起玩游戏。

其次，童老师经常在课堂上表扬斌斌；下课时间，为防止同学们因为追逐打闹引起争执和打架，允许他们打牌、下棋。因为斌斌打牌、下棋都很厉害，很快他就跟同学们“打”成一片。渐渐地，斌斌对人开始有了信任感，情绪失控的次数也越来越少。

有一次，一个同学将水倒进斌斌的书包，他发现后把椅子举起来想要打那个同学。其他同学看到后，立马抱住他，跟他说：“斌斌你冷静一下，先把凳子放下来好不好？”听到这句话，斌斌调整情绪，把凳子放了下来。

再有，童老师鼓励同学们多多帮助斌斌，让他感受到温暖与爱。比如，有一次数学考试，斌斌考了 92 分，而他理想的分数是 98 分以上。他觉得自己考得很差，就把签字笔里面的笔芯取出来，用嘴巴吸里面的墨水。同学们见状，没有吃惊或围观，而是平静地安慰他，已经考得很好了，不要再吸墨水了。

还有一次在美术课上，不知为何斌斌的情绪上来了，不停地剪纸，剪破了自己的手指还继续剪，把纸剪得满地都是。同学们劝他不要剪了，哄着他去医务室包扎，还帮他把碎纸扫起来。

此外，童老师还在班级多次开展主题活动，比如作业竞赛周、美食周、生日会、课外郊游……丰富的活动和适当的奖励使同学们参与热情高涨，班级也被凝聚成一个温暖有爱的大家庭。在这种氛围的影响下，斌斌也逐渐融入其中。

斌斌本就是一个聪明的孩子，除了学习成绩好，他在活动中也表现出色，让同学们赞叹不已。“现在，同学们都叫他学霸，都很仰慕他。”童老师说起班上同学对斌斌的态度，也觉得不可思议。不过，斌斌最大的改变是他学会了“主动”。李群凤说：“他 11 岁的生日会，是自己邀请同学到家里来的。生日会结束后，他将每一个同学都送出小区门口，完全不用我们提醒。”

斌斌：我现在挺好的

说起斌斌，童老师难以抑制内心的喜悦："看着斌斌一天天的变化，我感觉自己做了好多件好事。我的同事说我怎么每天都笑嘻嘻的，我说我也不知道，就是很开心。"斌斌在上个学期的变化，让李群凤感慨良多："虽然他现在情绪还不是很稳定，但是我能看出来，能去学校上学他很开心，而且很珍惜。"

我们委托妈妈问问斌斌新学期的感受，不善于表达情感的他支支吾吾地说："呃……嗯……挺好的吧。"虽然只有几个字，但是妈妈注意到，斌斌说话的时候嘴角微微扬起——他很开心。

首发日期：2018 年 2 月 28 日

比“小升初”难100倍!

——一条没有先例的“转普”路

4年了，事情终于有了转机。饶杰爸爸难掩激动，他14岁的儿子、出生两天就因为核黄疸导致脑瘫的饶杰，终于在自己无数次的走访和努力之下，获得了一家中学的入学许可。

对于他们一家来说，饶杰能够走出特校，进入普通中学接受教育，是孩子出生这14年来最为难得的喜事。但紧接着的另一个消息，让这一家人笑不出来了：饶杰的留级申请没有实质性通过。

“特校和普校学习的内容相差太多，如果按照饶杰现在的特校学籍来，下学期进入普校读初三，他不可能跟上学习进度，所以我申请留级，让饶杰从初一开始读。”饶杰爸爸没有想到这条“转普”路会走得如此艰辛。这一切的缘起，得从14年前说起——

被医生判定瘫痪终身，但爸爸不愿意放弃

不出意外，2019年6月将是饶杰在特校学习的最后一个月。这个时节，早晨阳光还未穿破云层，送孩子上学的车辆带来了拥堵高峰的早高峰。饶杰爸爸两手牢牢地箍住儿子的腰，两人用在旁人看来惊险无比的姿势，摇摇晃晃、趺趺撞撞地“走”到了楼下车旁。饶杰爸爸熟练地为儿子系上安全带并

装好学习用品，父子俩很快汇入了这条长长的车流。

通常，饶杰坐在后座，歪着脖子，以一个旁人看来有些别扭的姿势打开爸爸的手机。当《时间都去哪儿了》的音乐在车里响起，饶杰脸上露出开心的笑容，这是他最爱的一首歌曲。20分钟后，饶杰爸爸停好车，把儿子扶上轮椅，两人又汇入早高峰的人流当中。

每天，爸爸和饶杰要在特殊学校学习一个上午。这样的生活，他们已经持续过了3年。如果不是因为2004年的那场意外——饶杰出生两天后因核黄疸导致运动中枢神经损伤（俗称脑性麻痹或脑性瘫痪）——饶杰爸爸应该坐在上市公司副总的办公室里，前途一片大好。但为了儿子的治疗，饶杰爸爸选择离职，带着全家先后前往郑州、北京求诊，这一去就是6年。经过一家人铁杵磨针一样的坚持和努力，原本被医生判定会终身瘫痪在床的饶杰，慢慢地能坐在餐桌前，还可以一勺一勺稳稳地将饭菜递进自己快歪到肩膀的嘴里，甚至学会了用难以协调的双手画画、弹电子琴……

看到饶杰的进步，饶杰爸爸无疑是最开心的那个。虽然工作变换频繁，饶杰爸爸却一直表现乐观："饶杰并没有让我损失什么，相反，我收获颇多。因为他，我了解和接触到了一个特殊群体，看到了不一样的世界。"对于饶杰爸爸来说，事业与饶杰他永远会选择后者："工作会有很多，总会变动，但饶杰永远是自己的儿子。"

教育，让他有了不一样的人生

在北京康复的6年里，饶杰虽然没办法像普通孩子一样去上学，但他在家人的帮助下接触了小学课程。那时饶杰的生活还无法自理，可他对阅读、学习表现出了浓厚的兴趣。饶杰爸爸欣喜地发现了儿子身上的这个闪光点："你看他手指做什么都很僵硬，翻书却很灵活，他能一个人坐着看上一下午的书。"

在饶杰爸爸看来，既然命运已经剥夺了儿子和普通人一样正常生活的权利，那自己要为其争取更多受教育的机会。受教育，在大众理解里，通常指一种生而为人的自然权利。但对于许多残障孩子的父母而言，让孩子上学成了一种难以企及的渴望和梦想。为了这个梦想，7 岁的饶杰返回老家，开始接受每周 4 个小时的送教上门。

虽然在无数次的尝试和努力下，饶杰依旧吐字不清、无法握笔写字，可是这位内心世界十分丰富的男孩却找到了另外一种表达自我的方式：在电子屏幕上打字，他开始习惯用这样的方式记录自己看到的世界。

2016 年 9 月，在居委会的提议下，饶杰按照特殊孩子进特校、普通孩子念普校的普遍观念，进入一所特教学校。“上学后，他的精神面貌有了很大变化，学会了控制自己的情绪，作息也变得规律了。”饶杰爸爸每次谈到饶杰上学后的变化都掩藏不住心中的喜悦。饶杰在学校的另一个收获，是他终于试图去追寻友谊——

十多岁的男孩，自己创作了心理情景剧，为同学们量身打造角色；还偷偷地把班上同学搞笑的瞬间拍摄下来，回家后反复地把自己剪辑好的视频展示给家人看……每次看到这些视频、剧本，饶杰总会开怀大笑。

然而，这样的喜悦没过多久，饶杰爸爸和儿子都意识到了一个问题——特校的教学内容过于简单。饶杰所在的初中班级教授的依然是小学一、二年级的一些内容，而这些内容饶杰早已掌握。也就是说，继续待在特校可能已经不适合饶杰的进步、成长。

“接受教育的目的，是他能自立，以后不用靠别人的施舍和同情度过一生。但是很显然，现在的教育对他而言没有什么意义。”想清楚了这一点，饶杰爸爸做了一个决定，让饶杰进入普通学校融合。

一条没有先例的“转普”路

2016 年年底，饶杰爸爸一头钻进国家和当地教育部门颁布的残疾儿童教育法规和条例中学习，结合该领域专家的一些意见，他开始为儿子从特校转入普校四处奔走。其中过程十分曲折艰辛，因为饶杰面临的，不仅是从特校转入普校的困难，还有申请留级的困难。如果按照学籍安排的话，饶杰只能随班读初三，然而他的学习水平依然停留在小学阶段，因此饶杰爸爸希望饶杰从初一开始读。

原本没有一所普通学校愿意接受饶杰。转机发生在2019年，饶杰爸爸写信把饶杰的情况反映到教育厅，教育厅给了一个正式的回复。根据其中的表述，饶杰的申请完全是合法合规的。至此，终于有一所学校愿意接纳饶杰，但对于是否可以留级，仍然在讨论当中。

“5月底，饶杰同学在普通中学完成两周的试读，他很珍惜这个机会，甚至比好多普通孩子都认真，但是普校初三的课程，他是真的听不懂。”尽管已经能去普校就读，但考虑到饶杰的具体情况，饶杰爸爸在留级的问题上不愿意让步。

尽管《残疾人权利公约》以及修订后的《残疾人教育条例》让饶杰的“转普”有法可依，然而在针对残障儿童融入普通教育的具体操作上，目前依然处于一个普遍的探索阶段。比如是否能“留级”的问题，目前就处于先例较少的处境。

自2015年开始，教育部基础教育一司在解答中小学生电子学籍管理常见问题时表示，义务教育属基本公共服务，具有平等、公平、强制等特征，原则上不鼓励留级、跳级。饶杰的家长希望饶杰可以得到更合适的教育，而教育局和学校担心这样做会否违法违规，甚至开启先例，会否导致未来效仿者众。

“教育部门和学校的顾虑我明白，他们担心开了这个先例，未来会有很多人去效仿，但我想说《残疾人教育条例》是一个专属条例，它针对的对象有限，对普通学生并不适用；而且目前特殊孩子不管是进普校还是进特校都是有难度的，我觉得饶杰的留级并不会造成大规模的效仿。”饶杰爸爸多次与教育局、学校沟通，但效果始终不太好。

一直关注饶杰情况的英国莱斯特大学教育学博士、引导式教育专家郑毓君说：“可能有人考虑留级会不会造成不公平。但如果说同样的课程，普通孩子和特殊孩子一定要用同样的时间来完成，这是不对的。

“像饶杰这样的孩子，他除了自身协调的困难之外，还有其他方面的限制。生活中的很多事情，他都要比同龄的孩子花更多的时间。比如走一段路，吃一顿饭，或者说课本翻页，又或者是拿一支笔来写一个字……饶杰做到这些要比普通孩子多花好几倍的时间，普通孩子用一年时间完成的学业，饶杰这样的特殊孩子可能需要用一年半甚至两年才能完成。”郑毓君表示她会持续关注饶杰的入学问题：“希望一些具体的政策可以关注到脑瘫等特殊孩子的特性。”

为什么我们这么难?

为什么特殊孩子想要上学、转学、留级就那么难？在国内，很多家长与饶杰爸爸有同样的困境。

“大米和小米”也经常收到很多无奈的求助。一位妈妈说，她的小孩是一位孤独症患者，2019 年好不容易上了普通学校一年级，但入学 3 个月便被校长劝退了。目前这位妈妈正苦苦寻找到底哪里才能收留她的小孩，真正的融合何时才能实现？这样的案例还有很多……

外地户口的孤独症男孩阿强进入普校后，被班主任老师劝说转学，并直言阿强不应该进入普校，状况堪忧；视障女孩小樱在申请进入普通学校时，遭到了 10 所学校拒绝；孤独症男孩奇奇好不容易进入普校，但是得不到任何支持；智力发育迟缓女孩苹果费尽千辛万苦进入普通小学后又被退学……

根据《2017 年全国教育事业发展统计公报》，2017 年全国共有特殊教育学校 2107 所，特殊教育在校生 57.88 万人。而根据心智障碍者家长组织联盟联合北京师范大学、北京联合大学等科研机构，在全国范围内发起的《适龄残障儿童入学状况调研报告》统计得之，适龄受访者的义务教育在读比例为 45%。据此推算，全国至少有几十万适龄残障儿童还未能接受义务教育。也就是说，比饶杰“转普”难更为残酷的现实是——更多的特殊孩子根本连学校都没办法去。对于这些孩子来说，饶杰所经历的转学、留级等问题，可能是永远都不会遇见的情况。

请落实政策，把支持体系建起来

“目前对于融合教育仍然有很多质疑的声音，特别是在支持体系不完善的情况下，很多人认为让特殊儿童走进普通校园损人不利己。”一直在努力推动融合教育的广州家长戴榕说，她有一个孤独症儿子，“我们要做的不是与之对抗，而是要落实政策，把支持体系建立起来！”

在戴榕看来，饶杰遭遇的困局从根本上来看，还是普校的融合教育和支持体系不到位。试想，如果普校足够专业、包容，有无障碍设施，有资源教室、影子老师，有师生共同发起的倡导……饶杰就不用从小经历送教上门，也不用去特校，更不用为了转学、留级而耗费四年的时光。

广东省残疾人联合会康复协会孤独症委员会培训组委员刘劲认为：“不论留级不留级，重点是普校对饶杰个别化支持计划（ISP）有没有做到。”像饶杰的这样的情况，我们首先应该关注，“学校无障碍设施的配置是否到位，是否需要一些适性辅具，比如桌子要不要调整，凳子要不要调整；同时也要考虑班主任、任课老师的态度、专业能力，以及如何去调整饶杰的学业教学目标和计划。当然，班上同学的接受程度也要特别关注，可以尝试在班级中做一些倡导和小培训，让同学们知道如何帮助他。在我看来，普通学校接收个案的老师接受培训，同学以及家长的倡导，等等，这些比留不留级更加重要。”

到本文发出为止，饶杰爸爸依然在与教育局、学校进行协商，他的态度十分坚定：“知识是由浅而深的，特校普校的学习难度也是有差距的，饶杰如果不能留两级从初一开始学习，我们不愿意去普校混读。”

“连雨不知春去，一晴方觉夏深”，六月的南方，热浪奔腾。暑假就要来了，也许这是饶杰在特校的最后一个暑假，也许这个暑假和往年不会有什么区别。

首发日期：2019年7月1日

四川第一位孤独症大学生上学记

——妈妈讲述 10 年陪读之路

2018 年高考刚刚结束，莘莘学子还在焦急等待分数公布，而四川省唯一一位孤独症考生包涵，早在高考前就已经被南京特殊教育师范学院（以下简称南特师）的计算机科学与技术专业预录取。

孤独症孩子上大学，对很多人来说是遥远的梦，但这一刻包涵梦想成真了。追梦的道路有多远多长多难，只有亲历者才知晓。为此，我们特地采访了包涵的妈妈，她讲述了为包涵陪读 10 年的故事，以及包涵即将面对的挑战。

梦想成真：孤独症男孩成了大学生

2018 年 5 月 11 日，南京，夏日蝉鸣争胜。这一天，包涵结束了在南特师为期两周的试读，被确定为预招录学生。9 月，他将会出现在南特师的课堂里，和普通学生一起上课。

南特师是全国唯一一所独立设置，以特殊教育师资培养为主，兼及残疾人高等教育与残疾人事业管理和服务专门人才培养的普通本科高校，自 2017 年开始，首次面向精神残疾（高功能孤独症）类考生招生，在相关专业开展融合教育。这是全国首次有高校单独招收此类考生，为此类考生进入更高层次学校就读提供了渠道。

南特师 2018 年拟在计算机科学与技术专业招录一名孤独症学生，这是全国唯一的名额——3 岁时被诊断为孤独症的包涵就是这唯一的幸运儿。

事实上，从 2017 年开始，南特师就已经开始招录孤独症本科考生，包涵不是第一个吃螃蟹的人。正是看到了这样的先例，涵妈决定让包涵去试试南特师的单独招录。单独招录只需要考语文、数学和英语三科，这对包涵来说并不难，因为从初中起，包涵的文化课就能跟上班里其他的同学了。

就算是陪读 10 年，涵妈对包涵的目标，也只有“能自食其力”5 个字。对于考取南特师，涵妈还是很紧张的，准备时间长达一年。涵妈为包涵请老师补习，在包涵高二暑假时就带他去参观南特师。听说单独招录考卷的难度与盲校的试卷接近，涵妈还给包涵找来盲校的题集让他做。

相反，对于自己将要考大学这件事，一直阳光开朗的包涵没有什么心理压力。涵妈也为他的心态感到欣慰。“只要你尽力就行，你努力了就一定能考上。”参加南特师单招之前，涵妈这样跟包涵说。

总是“被拒绝”的人生

事实上，包涵并不是一直幸运。在某次残疾人乐团招募中，涵妈带包涵去竞选键盘乐演奏员。尽管包涵演奏得很出色，团长也多次称赞他，表示了对他的喜爱，但乐团最终还是没有要他。

涵妈感到很吃惊，团长说：“不行呀，我们需要的是像刘伟（《中国达人秀》节目里双臂缺失的钢琴少年）那样的人，你们家包涵一米八几的大高个儿，看起来什么事都没有，我们不要这种，人家不信他是残疾人的呀。”这事让涵妈和包涵都受了不小的打击。尤其是涵妈，她曾经梦想着包涵走上演奏家的道路，没想到他最终会因为“不像残疾人”而被拒绝。

一路陪伴下来，涵妈见证了包涵太多次“被拒绝”。第一次“被拒绝”发生在包涵 3 岁的时候。涵妈发现，3 岁的小包涵叫名不应，只是自己玩玩具，还有反复开关门的刻板行为。涵妈把他带到成都华西医院就诊，在这里，包涵被确诊为孤独症。

涵妈 39 岁才生下包涵，得子不易。为了陪伴包涵，她辞掉了中学化学老师的工作。包涵确诊孤独症后，她先是把他送到了成都的爱慧学校。因为离家太远，他们必须每天凌晨五六点钟起来，坐几个小时的公交车到“爱慧”。小包涵上完课回到家就倒头呼呼大睡。这一年是 2003 年，当时“爱慧”的学费每个月 1200 元，而涵爸的月薪是 900 元。他们坚持了一个月，最终只能离开。

涵妈只好自己在家模仿“爱慧”的课程给包涵上课，她不知道什么是 ABA，也不知道什么是感统教学，只能模仿着做游戏，还自己动手做秋千等教具。结束了在家的单独培训后，涵妈把包涵送到了幼儿园。在班里，老师反映他“坐不住，爱乱动”，还会和小朋友打架。他还被幼儿园里的小朋友讥笑，追着叫他：“傻子，傻子！”

一天放学后，包涵回家问涵妈：“妈妈，他们为什么在我头上撒尿？”涵妈不知该作何回答……

陪读 10 年：越努力，越幸运

川音附中是西南地区非常有名的音乐专业中学，这所学校里走出过李存琏和刘晓庆等家喻户晓的演唱家和演员。小学结束后，包涵在这里度过了六年中学生涯。

包涵高中时就读的是手风琴专业，他的专业课成绩很优秀，甚至比同专业的某些研究生的水平还要高一些。每年都被评为文明学生的包涵，还经常参加国内外的音乐类竞赛，捧回了很多奖。

包涵能获得这样的成绩，涵妈功不可没。从包涵回家问她为什么有小朋友在他头上撒尿的那天起，涵妈就知道，她不能离开包涵，她得保护他。为了陪伴包涵，她甚至在包涵就读的小学当了三年的清洁工。从“体面”的中学化学老师到每天打扫厕所、走廊的清洁工，涵妈表示自己不后悔。“当时就想着能陪陪他嘛。”涵妈说。

下了课，涵妈会想方设法给包涵“招徕”小伙伴，她设计游戏让孩子们一起玩，还利用自己的舞蹈特长给班里的孩子编舞，这个节目最后还拿了学校一等奖。后来，小伙伴们都不会欺负包涵，还和他一起玩。在包涵三年级下学期时，涵妈不得不开始全职陪读，因为她发现包涵“脑筋不会转弯，比较死板”。比如，包涵知道什么是“减”，但是不明白“比……便宜了多少”也是一道减法题。涵妈给他解释一遍，他才恍然大悟。

因为已经和包涵的同学混熟了，涵妈的陪读很顺利，所有的同学和老师都对这位“大同学”见怪不怪，家长们也能理解，甚至会让涵妈多留意自己的孩子。就这样，涵妈开始了 10 年的陪读生涯，并成功地帮助包涵融入了普通学校。除了陪读，涵妈还学“孟母三迁”，他们一家三口已经在川音附中对面的出租房租住了 6 年。平时总是涵爸和包涵睡一张床，涵妈一个人睡在阳台上——一切只为了方便照顾包涵的起居。

母亲反思：陪读 10 年是爱还是害？

涵妈曾经被媒体称为“成都同桌妈妈”。报道出来后，对于涵妈的陪读，坊间其实一直有不小的争议。有人对涵妈的陪读方式有异议，认为涵妈长期的陪伴是爱，但也是一种“溺爱”。涵妈说，这也是她要反思的问题。

“陪读有利有弊，利就是把他的学习成绩搞上去了，弊就是包涵的交友关系始终是不对等的。”涵妈说，“其实有 80% 的孩子都是看我的脸色和他交往。但是对于孤独症孩子来说，如果你把他放在学校里不管，那肯定是有很多小孩子讨厌他们的。我觉得对于包涵来说，还是利大于弊。”

在南特师试读的时候，学校曾经问涵妈，要不要向班里的同学说明包涵有孤独症。涵妈不会向包涵隐瞒他是一个有孤独症的孩子。包涵曾经问涵妈，为什么他和班里的孩子不同，涵妈对他说：“你有语言障碍，其实是因为你有孤独症，这种病其实跟感冒发烧是差不多的，但是孤独症没有退烧药，只有好好学习，病才能好。”包涵也笃信这一点。

但是要怎么让包涵的大学同学也觉得孤独症是“小病”呢？涵妈其实一

直希望大学的同学能忽视包涵身上的“孤独症”标签和他交往。考虑了很久，涵妈最终还是选择了公开包涵的情况。“不然呢？其实迟早会被看出来的，虽然说出来可能会被讨厌和排挤，但也可能会获得更多的理解和照顾。”

那么，包涵的交友会不会再次陷入一种“不对等”的被照顾关系呢？

还有什么“拦路虎”？

包涵从小就喜欢拖拉机和火车，就连吃饭他都要用手机看相关的图片和视频。他还经常和朋友一起去拍火车，一拍就是一两个小时。计算机科学与技术专业对于一直以学习音乐术科为主的包涵来说“隔行如隔山”，所幸由于对拖拉机和火车的喜爱，他对专业知识也很感兴趣。涵妈也为他请了老师，让他学习大一的课程。涵妈还说，包涵进入大学后的愿望就是要好好学习专业知识，研制出无人驾驶的拖拉机。

随着新学期的临近，涵妈要面临比包涵的学业更让她头疼的问题——包涵的一些顽固的社会性问题，这才是他最大的拦路虎。包涵还是会有一些刻板行为，反复教了多遍的习惯还是不会照做。按涵妈的话说他就是“懒得动脑子，惯性思维”。

涵妈也表示，在包涵上大学之前，会训练他的一些生活习惯，比如教他洗衣服，让他在人多的时候看视频要戴耳机。“我们不能讨人厌，这是一个品德问题。”

除此之外，包涵的交友问题也让涵妈担忧。陪读了那么多年，包涵鲜少自己交朋友。

包涵在高中有一位要好的朋友，两个人经常出去旅游。但是在那之前，包涵还有一位好朋友，初中时，这位好朋友的成绩不如包涵，但是上高中以后他的成绩超过了包涵，包涵就不那么愿意跟他一起玩了。

在以前涵妈尚能给他创造交友的环境，能在川音附中对面租六年房子陪伴他成长，到了大学也能这样吗？涵妈说，她觉得是时候放手了。涵妈放手的第一步就是走出教室，包涵大学期间她不会再陪读；第二步就是让包涵在大学里住宿，让他自己适应群居环境。但是她和涵爸会在南特师附近租房子，她想让包涵安心，而且万一发生了什么事情，他们也能马上赶到他身边。涵妈还表示，在交友方面，她还是得帮他一把，她会和老师沟通，可能也会和包涵的同学交流。对于陪读了 10 年的涵妈来说，这次放手她下了很大决心。

首发日期：2018 年 6 月 18 日

智商 60 的孤独症男孩考上大学了

——从幼儿园到大学的成长史

2019 年，2 岁的娘闰被深圳市儿童医院确诊为典型孤独症时，医生断言，没有药治，也没有希望上学，父母最好抓紧时间生个二胎。而来自重庆的辣妹子娘闰妈却不肯认命，也绝不相信儿子未来只能困于家中。

在一家人的努力下，患有中重度孤独症、韦氏智商测试曾经仅有 60 分的娘闰不仅打破医生的预言，顺利读完幼儿园、小学、中学，还考上了大学。我们就来听听由娘闰妈亲自讲述的娘闰成长之路吧。

他考上了大学

2019 年 8 月 2 日是娘闰报考的院校发录取通知的日子。从上午开始，我就不停地刷新学校的官网，而我们的准大学生娘闰倒是把这件事抛在脑后了，跟着外公外婆在西藏玩得开心，联系都联系不上。

下午 2 点 42 分，我终于刷到了娘闰的录取信息。18 点 49 分我正式收到了录取短信。尘埃落定，开心之余我缓缓地松了口气。娘闰考上这所大学，其实也在我意料之中。

高考前，我们就和娘闰的班主任一起讨论过报考哪所学校。因为娘闰在人际交往方面表现得不太好，所以我们一致决定报考深圳当地的学校。根据他以往的成绩，以及一些大学往年的录取分数线，当时我们为他规划了三所志愿学校：一所用来冲刺，一所录取分数线和娘闰的成绩接近，还有一所用来保底。6 月 24 日是高考放榜日，前一晚，我紧张得都没怎么睡。

高考成绩出来时，一看到娘闰的总分为 450 分，我就知道上第一所学校没戏了，报第二所学校倒算稳妥。果然，第二所学校的分数线公布时，娘闰的成绩高出 20 多分。

儿子高考时“一切正常”

从备考到成绩公布再到出录取结果，整个过程娘闰只在考试前几天紧张过，其他时间都是我心惊胆战。特别是高考那几天，我一直担心娘闰“会不会忘带准考证、身份证”“会不会迟到”“会不会在考场上乱说话”“万一被赶出考场，情绪崩溃怎么办”……高考前的模拟考试，娘闰就曾忘带身份证。加上我又在网上看到江西某学生因为睡过头而错过了高考，越想越焦虑。所幸，高考期间我没有接到任何从学校打来的电话。

等娘闰从考场出来，我立马凑上前问：“考得怎么样？”他淡定地跟我说：“一切正常。”我心想，这是什么鬼答案？发挥正常还是试卷正常？不应该回答“题不难”“考得还不错”，或者“今年的题有点难，考得不太好”吗？我接着问：“一切正常是什么意思？”结果人家说：“一切正常就是我没有睡过头，没有迟到，没有忘带笔，没有在考场上乱说话。”我哭笑不得，这不正是一切正常吗，过程一切正常。我又问：“听说今年数学卷有些难，是不是？”结果儿子瞟了我一眼，继续无所谓地说：“难就难咯，反正简单的我也不会。大家都不会，多好！”

看上去这场高考已经平安度过，但是家长会的时候，我从老师那里得知娘闰考文综时竟然跑去了厕所，耽误了很长时间。难怪文综成绩比平时少了十几分。

曾被医生认定“家里蹲”

娘闰能考上大学，并不代表他是智商超群的孩子。他两岁多还没有语言，呼名不应，特别好动，不喜欢和小朋友玩，只喜欢到处乱跑和研究玩具车的车轮。我带他去深圳儿童医院检查，排队的时候娘闰一直在自己玩耍，一会儿开开门，一会儿玩电灯开关，我怎么也控制不住。

看诊时，我只开口说了“医生”两个字，医生就直接打断了我：“行了，你孩子的情况我已经知道了。孤独症，治不好，没希望，也上不了学，只能在家养着，你赶快生二胎吧！”医生的话如晴天霹雳，我当时就蒙了。这些话我记到了现在，如果有机会，我真想让他看看现在的娘闰。

当时我无法接受这个现实，又带着娘闰去了深圳康宁医院、深圳南山妇幼保健院、重庆儿童医院，可是结果都相同——娘闰患有典型的中重度孤独症。得到确定的答案之后，我从没想过生二胎，一心只想让娘闰好起来。我们想过很多办法，付出过很多努力，也做过一些错误的尝试。现在看来，娘闰从一个智商只有 60 分的中重度孤独症孩子到现在考上大学，他的成长离不开以下几点。

第一，全家齐上阵，让娘闰及时得到专业的早期干预。

我们很幸运，在 17 年前没有走弯路。娘闰确诊后，医生就为我们推荐了重庆的一所干预机构，让娘闰尽早接受干预。我们从深圳回到了重庆老家。在一对台湾夫妇开的一所孤独症干预工作室，我接触到了很多孤独症干预知识。尤其是自然干预疗法，对我影响很大。

娘闰每周去机构上一次课，一次一个小时，老师除了给娘闰做一对一的个训，还会发给我一个小册子，上面写着当周需要延伸教学的内容。也就是说，老师在课堂上负责“举一”，我们在家里负责“反三”。那段时间，我们如同抓住救命稻草一般，全家人全身心地投入娘闰的康复之中。

由于当时我们经济压力大，我带着娘闰训练了一段时间后，便回到了深圳工作，把干预重任交到了我爸妈和未出嫁的妹妹手里。我妈和我妹负责娘闰所有的干预内容，我爸负责后勤保障。在全家人坚持不懈的奋斗下，三岁多时娘闰终于会说话了，还学会了模仿、听指令等。

第二，老师的包容和支持非常重要。

娘闰三岁半时，我送他去了老家附近的幼儿园，一边在机构干预训练，一边去幼儿园接受融合教育。报名那天，我和园长说明了儿子的情况：他比一般孩子更多动，更不听话。假如园方不愿意收的话，我也可以理解，但作为家长，我很希望你们能收下这个孩子。园长很包容，同意让娘闰先上三天试试。但第二天她就给了我肯定的答复，并在之后的幼儿园生活中给了娘闰很多帮助。

娘闰午休吵闹时，园长会将他带到办公室陪他玩；娘闰学会讲故事时（其实还是背故事），园长会找来小朋友给他当观众；看到娘闰在机构接受训练，园长还主动地问有没有需要帮助的……幼儿园开了个好头，娘闰后续的升学路虽然小问题不断，但总体来说还是顺利的。

小学时，他的班主任老师是一位刚毕业的大学生，非常有爱心；中学时的班主任是一位教过特殊孩子的老师，经验丰富；高中的老师很有耐心，娘闰出现状况时，会及时跟我反馈交流。他们不仅能够包容娘闰奇奇怪怪的举动，耐心地教导他，调解他与同学的矛盾与摩擦，并且能理解他的这些行为是孤独症障碍引起的，而非家庭教育的失败。

第三，12年认真学。

除了及时的干预和宽容的融合环境，娘闰自己也很努力，他会尽全力完成老师布置的任务。在学习任务不重的一年级，智商只有70分的娘闰凭借自己的努力，在考试中还战胜过其他普通同学，考取过第一名。（娘闰的智商4岁时是60分，小学一年级时升到了70多分，三年级时达到了90分。）

随着课业难度的提升，娘闰学得越来越吃力。即使在我开小灶给他补课的情况下，他的综合成绩还是下滑到班内中等水平。但他从没放弃过追赶其他同学的脚步，每天花大量的时间学习。尤其是高中时期，娘闰在放假期间都坚持每天早上8点起床，练习画画，补习文化课知识，一直学习到晚上12点才入睡。

三年里，娘闰没有回过一次老家看望爷爷奶奶、外公外婆。学习遇到瓶颈时，娘闰会说一些“我要去死啦”等等的丧气话（曾经把老师吓坏了，但他只是随口说说，发泄情绪），因此我从不敢给他太多压力，反而会在他学得很痛苦时，带他去放松。

他喜欢唱歌，我就时常约上杨儿妈和大文、大文妈带他去KTV把压力吼出来。高考结束后，娘闰一直在外公外婆的陪伴下旅游，最近游到了西藏，每天不是在去玩的路上，就是在去吃的路上。

第四，带孤独症孩子没有捷径，但有办法。

对娘闰的教育，我觉得最重要的就是坚持。在孤独症QQ群里，一位前辈曾经说过这样一句话：“不是有希望才坚持，是坚持才有希望。”这句话似乎就是用来形容我和娘闰的。

在娘闰被医生下达“没有希望”的判决时，我们坚持对他进行干预；在他学业止步不前时，我们坚持不懈地动员各种力量帮助他；在他不断出状况、惹麻烦时，我们不厌其烦地为他解决问题，帮他改正不恰当的行为……

除了我的坚持，还有亲人们一如既往的支持。小时候为了抓住到处乱跑的娘闰，外婆摔坏了好多副眼镜；小姨把大部分工资花在了娘闰身上。现在，她们依旧不断地给娘闰鼓励，经常带娘闰出去玩。

很多人的坚持和支持，让娘闰成长为今天的模样。因此，虽然是老生常谈，但我依旧想告诉家长们：“教育孤独症孩子并不是百米赛，而是漫长的马拉松赛，只要不偷懒、不放弃，找对了方向，坚持就会有希望。”

首发日期：2019年8月5日

一路走来都有融合教育支持

——孤独症少年森森考上大学的关键

2019 年 3 月 20 日晚上 8 点，旅途中的卢莹发布了一则来自儿子森森的好消息：1 月 5 号参加完高考的森森，已经被广州现代信息工程职业技术学院录取啦！

这是孤独症孩子迎战高考的又一成功案例。卢莹说："森森能从小学到初中到职高一直走到高考，不是因为他天资聪颖，而是因为他一路都是有支持的。"哪些支持助力森森一路奔向大学？在此，我们请卢莹来为我们讲述森森的高考之路。

人物简介：森森，2002 年被诊断为中度孤独症，18 岁时已经顺利完成普通小学、中学、职业高中学业，被录取到大专院校。卢莹，森森的妈妈，也是广州市扬爱特殊孩子家长俱乐部的副理事长、深圳市守望心智障碍者家庭关爱协会副理事长。

2019 年 1 月 31 日，随着手机"嘀"的一声，我带着一丝忐忑与紧张点开了森森的高考成绩通知：语文 64、数学 76、英语 44，三科总分 184，在广东省 5.2 万名考生中排名第 2.7 万位。

我简直不敢相信自己的眼睛，确认了一遍又一遍，森森真的考了 184

分！他高考前的一模、二模、三模的成绩都在 100~150 分之间，这是他读书 12 年来考出的最高分。

更令人激动的是，森森的分数比他报的学校的录取线高了 70 多分！因此，等到 3 月 20 日查到录取通知的时候，我们反倒平静了许多，觉得在意料之中。

森森参加的高职高考也叫“3+ 证书”高考，是中职毕业生升读普通高等学校的全省统一考试，考语、数、英三科，每科总分 150 分，三科总分 450 分。森森中考时总分 205 分，其中体育满分 60 分，语、数、英、理、化、政六科平均分才 20 多分。2016 年高职高考的投档线是 200 分，当时我心里嘀咕：“打死”他也考不到这个分数。没想到三年后投档线降到了 110 分，森森被高分录取。不得不说，森森是妥妥的“福”将一枚。

儿子经历了最辛苦的一个学期

其实森森是有轻度智力障碍的孩子，智商测试 62 分，从小学到中学学习都是跟不上的。但他一直在普通学校跟着教学大纲学习，学他能学的内容，正常参加学校所有的考试。

一直以来，我们对森森的考试成绩都不做要求，只追求过程顺利和完成。森森初中毕业正常参加中考，他上职高的时候，我们就已经决定把参加高考作为他的一个人生里程碑来对待，不追求高分数，但求经历过。

职高三年级重新分班，不参加高考的同学分去就业班，直接离校参加实习；参加高考的同学分去高考班，进入高考前的备考状态。高三上学期是森森人生中求学最辛苦的一段时期，2018 年 8 月暑假他就开始补课，整个学期的周六都要回校上课，就跟普通高三学生一样辛苦。平日里，森森白天在学校刷题，晚上有语、数、英三科家教老师轮流辅导。森森也经常“吐槽”学习好辛苦。

我一方面经常和森森描述高考结束后的愉快生活，承诺带他到处去玩；另一方面保留周日作为他的地铁日，让他出去玩儿个够，疏压解乏。曾经我是森森的全科补习老师，但越来越扛不住，为了保持良好的亲子关系，我逐渐把森森的辅导工作交给其他老师。森森有他的语文老师、英语老师、计算机老师、PS 老师、钢琴老师、体能老师……我亲自辅导的只有他的数学，为的是保持自己的介入感。

森森能一路升学上来，不是靠学习成绩，而是靠良好的学习习惯和学习态度，他有自己的学习目标和学习计划，每天都有相对固定的学习时间。比如，每天晚上 7 点 30 分到 9 点 30 分半是他的学习时间，10 点多上床睡觉。

他日常学习也不以考试为目的，中考高考备考阶段才转为应试教育模式。应试教育模式虽辛苦，但也是特别的人生体验，我们都坚信：辛苦奋斗过的甜才更甜。

高考时我为儿子申请了合理便利

2019 年 1 月 5 号和 6 号，是森森高考的日子，那两天我在考场外陪考，一直怀着忐忑的心情。好在只出现了忘记把考试用品带出考场这样的小状况。

考试前，我们根据国家对残疾考生的现有政策，争取了一些合理便利。在高考体检报告中有残疾申报一栏，但居然没有智力障碍一项，我们无法申报，最后还是手写了一份申报报告，提交给教育考试院。这样来看，森森应该算是智力障碍者考上大学的先例吧。

高考网上报名时，我们进行了残疾考生登记，并申请了合理便利。依照合理便利选项的内容，并参考师兄们的经验，我们申请了四项合理便利：①优先进入考点考场；②需要引导辅助；③安排单独考室；④如果不能安排单独考室，希望可以安排在最后一排靠近门口的位置。高考前一天，我们接到学校通知：①②项获批，③④项不批准。

高考第一天，我们提前 30 分钟到达考场，班主任拿着教育局的批复领着我们与考场老师沟通，考场老师也早已收到教育局的通知，我被允许陪同森森一起进去。核检身份证、验证指纹、人脸识别、过安检，之后有考场老师领着我们直接到达考室。见到两位监考老师，我赶紧说明森森的情况：森森安静地独立完成考试是没有问题的，只是担心他和老师的沟通会有问题，请老师说慢一点，重复多说几次。我留下我的手机号给监考老师，告诉他们如有状况请打电话，我就在校门外守候。

下午我又陪同进场，监考老师说森森很安静，考试中途没有上厕所，提前 30 分钟交卷离开。和我们一起提前进场的，还有一名脑瘫学生，由爸爸陪同，用助行器慢慢走上五楼。考场老师跟我说，这个考场一共有三名特殊考生，另外一名比较严重的安排了单独的教室并延长考试时间。

融合教育带来的成长

森森是一个有支持的融合教育典型案例。他的能力并不强，中度孤独症加轻度智力障碍，但他一直都是“融爱行”（特殊孩子就读普校支持计划）的服务个案，有驻校特教助理的支持，有资深督导老师的指点，就读的学校都有着融合教育校园倡导的环境建设。

森森能走到今天，屡次刷新我们对他的认知，这是融合教育给他带来的成长，既有环境支持的因素，也有个体成长的因素。森森自读初中开始有资源教室和资源老师，还有驻校社工。他就读的职高是广州市 13 所定点中职教育学校之一，学校安排有特教老师，而且全校师生对特殊学生都比较友善。

纵观森森 12 年的求学路，最有挑战性的是初中。虽然初中阶段的校园支持是最好的，但青春期的森森和青春期的同学都不让人省心，总有同学以捉弄他为乐，这也让森森养成了自我保护的习惯，总离那几个同学数米。职高的同学估计长大了，不会再搞损人不利己的恶作剧。班上有几个女生对他很友善，视他为闺蜜，分组总和他一组。

初中时他的功课完全跟不上，大多数都放弃了，但语、数、英我们一直坚持同步学习。因此上职高以后森森的数学跟得上，还经常考全班第一。森森的计算机学得也不错，两年考了三张证书，但他的其他课程大多跟不上，每个学期都会有一两门课要补考，当然补考老师一般都让过。他也因此得以成功修完学分拿到毕业证。职高阶段是森森过得最好、收获最丰的三年。

上学升学只是人生的甜点，独立生活能力的培养才是重中之重

森森考取的是广州现代信息工程职业技术学院的电子商务专业。在选学校方面，我的一个窍门就是追随前人的脚步。像森森职高上的广州市天河职业高级学校，有文康师兄和恩键师兄（都是特殊孩子）在前面开路，现在选择的现代信息工程职业技术学院，也是文康师兄读过的。通过师兄的介绍，我们了解到学院对残疾学生比较理解、接纳和支持。我们这些孩子选学校，看的不是排名和升学率，而是学校对待特殊学生的态度。

在选专业方面，我们依旧选择了电子商务专业，经过职高三年的学习，我们相信这是最适合他的专业。这是一个万金油专业，以计算机操作为主，但属于经贸类专业，不用学编程和C语言，比较好混。说实话，我也不知道自己大学四年学了什么，但我记得那是人生最美好的时光。我也希望森森大学三年不以学业为主，开开心心享受大学的美好时光。

我也想告诉更多的家长：

上学升学只是人生的甜点，不是主食，独立生活能力的培养才是孩子成长中的重中之重。在校外的时间，学习不是第一位的，一定要把孩子的独立生活能力培养放在第一位：把家务交给孩子；教孩子购物、花钱、管钱；教孩子独立外出；让孩子参加实习，参加社会实践……

孩子总有离开学校的一天，未来的生活和工作需要真实的社会能力。就像森森，他这个学期已经不用回学校上课了，我们就安排他在广州至灵学校（一所特殊学校）实习。他半天负责把外来资料录入电脑形成电子文件，半天负责搞功能室的卫生。

森森本质上是个好逸恶劳之人，但通过这几年的实习，他也养成了劳动的习惯，逐渐培养起了职业素养和责任感。当然，也要给他强化，辛苦学习、辛苦工作后，还是要去享受明媚春光的！

“大米和小米”寄语：

森森一直是“大米和小米”的“小明星”，我们用文章记录下了他确诊、求学、成年、工作的每一步，连妈妈卢莹都忍不住“吐槽”：“‘大米和小米’是专业‘卖’森森的！”我们也想向亲爱的卢莹姐喊话：“为了造福广大家长，森森我们会一直‘卖’下去！”最后也祝森森在大学生活中收获快乐，收获知识，收获一切美好！人生道路越走越顺利。

大米寄语：卢莹仿佛没有过不去的坎。她是森森最好的老师，也是我最好的老师、朋友和闺蜜，在这个圈里，我也是她培养出来的“作品”。

首发日期：2019 年 3 月 27 日

两位孤独症青年大学毕业

——记家长和孩子十几年如一日的坚持

2022 年夏天，广州有两个孤独症男孩同时大学毕业。他们是森森和葫芦。

森森，22 岁，中度孤独症
广州现代信息工程职业技术学院电子商务专业

葫芦，25 岁，阿斯伯格综合征
广东第二师范学院学前教育专业

为了这一刻，两个孩子和他们的家长十几年如一日地坚持，从康复、求学、生活、社交一连串的困境中破茧而出。他们图的不仅是一纸文凭，更是独立的谋生机会。2022 年就业形势并不乐观，仅大中专应届毕业生就有 1000 万，在求职的洪流中，这两个孩子能成功吗？

智商 62 的他大学毕业了

6 月 26 日，在森森的大学毕业典礼上，妈妈卢莹一直笑得合不拢嘴，比毕业生们还要激动。“我当年就是 22 岁大学毕业的，现在我儿子也 22 岁毕业，我就觉得他过上了跟普通人一样的生活。”森森读的是广州现代信息工程职业技术学院，学制 3 年，森森真正的在校时间是一年半，还有半年上了网课，外加一年实习。

大学生活本来就比中学、小学更自由，森森更是比其他同学独立和自主。“他最大的收获就是习惯了自己安排时间，不需要事事我来帮他安排。”卢莹说。森森申请了走读，但仍然保留了宿舍。没课的时候，他会在宿舍玩手机或出去逛地铁和高楼。

在大学宿舍，森森和室友的关系就像两条平行线，但为了完成作业，他也不得不和同学们互动。在校外的合租房，他是室友梁老师的好帮手，经常帮梁老师买菜、做饭和接娃。森森有智力障碍，读书对他来说又苦又累，这也是他没有选择专升本的原因。但他的学习态度绝对端正，作业会通过上网找资料完成，考试前也会大量刷题和背书。3 年里，他还拿到了大学英语 B 级证书和电子商务助理工程师证书。

妈妈卢莹让森森自理财务。终于可以自己管钱的森森把自己过成了“铁公鸡”。“食堂吃饭每顿都是个位数花费；外出带水，从不买饮料；晚上回家从不打车。”卢莹说，儿子攒钱主要是为了旅游。

1 岁 9 个月时，森森就确诊了孤独症，还有智力障碍。他能从普校一路读到大学，卢莹说三个因素很关键：

第一，选学校。

卢莹的考量是：学校是否有特殊需要孩子就读过；学校对待特殊需要孩子态度如何。基于这两点，卢莹一早就帮森森明确：职中选广州天河职业高级学校，高考考广州现代信息工程职业技术学院。这两所学校都有心智障碍孩子就读过，态度友善包容，愿意为他们提供入校陪读、走读等便利。同时，它们也是森森努努力能考上的。

第二，有支持。

森森每次进入新学校，都有专业的老师入校支持。上小学时，专业的支持来自站在教室外“监督”他的陪读老师，她帮助森森从一个坐不住，到处乱跑、捣乱的孩子，变成能遵守课堂常规的乖学生。此外，陪读老师还在课间带着他跟同学互动、游戏。

初中，得益于卢莹和几位家长共同在广州发起了特殊需要孩子就读普校支持计划——“融爱行”，森森的学校有了资源教室和资源老师。遇到森森听不懂的科目，老师会带他去资源教室单独辅导；他与人发生冲突，老师也会想办法化解矛盾。

到了职高和大专，专业老师给森森的支持主要是刚入校时帮助他适应新环境，以及出现突发状况时进校协助。

第三，选择走读。

“有社交障碍的孩子住在集体宿舍中，很容易产生矛盾。”卢莹认为，这种孩子最好选择走读，“条件允许的话，选一个本市区的大学，可以回家住；如果是在郊区或外地，也可以租房子。”森森虽然一直走读，但自职高二年级开始就一直在学校附近与人合租，周末才回家。

求学路上，卢莹和森森是“前人栽树，后人乘凉”的受益者，也接续成了栽树人，一遍遍地向后来的孤独症家庭传授经验。但卢莹也坦言：“在读书这条路上，森森当不了孤独症孩子的代表。”现实中，更多能上大学的孤独症孩子，智力都不像森森这样有问题，他们求学的主要障碍是社交和情绪问题。

他需要很多很多的爱

几天前，25岁的葫芦拿到了广东第二师范学院的本科毕业证书。葫芦就是卢莹所说的智力没有多大问题的孩子，但社交和情绪带来的障碍却经常困扰着他。幼儿园和小学都平静地度过了，葫芦考上了重点初中，爸爸妈妈、爷爷奶奶、姥姥姥爷……大家都觉得一个新的开始到来了，然而他们不知道的是，这确实是一个“新”的开始。

最先出现的征兆是抽动症，葫芦在课堂上难以自控地大叫、耸肩、挥舞手臂、不停扭动脖子，严重的时候，还曾把课桌掀翻……在人际交往上，葫芦也感到困扰，怎样才能吸引同学的注意，建立友谊呢？推一下同学，把他们的书和本子藏起来，或者一直请同学吃饭……这些好像都不奏效？在学业方面，语文的阅读理解他为什么总是回答得和标准答案不一样？老师们也很困惑：他数学能考 100 分，说明智力不错啊，为什么阅读理解答不到点子上呢？这个偏科难题怎么解？

老师和父母的批评、疑惑也成为一种沉重的压力，葫芦休学了。在广医二院，医生跟他交流了 9 个月后，葫芦被确诊为阿斯伯格综合征，大家终于明白了许多。

很早以前葫芦的爸爸妈妈就读过那句话：接受你不能改变的，努力改变你能改变的，然而智慧是分辨这两者。“分辨这两者是一条长长的路，在我们看不到的地方，他需要辅助和支持的地方，我们就尽量去做吧！”医生也说：“他就是需要爱，很多很多的爱。”

因为没有智力障碍，葫芦顺利考上了职高、大专，又完成了专升本。爸爸妈妈也随着葫芦的上学地点不断搬家，一来方便上学，二来搬家也是一种不一样的经历。妈妈有次小小得意地跟爸爸说：“咱们搬家，没有经济损失，还方便了至少一个人，多好！”（有段时间他们搬的新家离学校和妈妈的上班地点都很近，附近还有高校运动场，三人都很开心。）

在大学，葫芦积累了不少社团经验和实习经历。但本科学业比专科更加繁重，他需要去应对更多的挑战和压力。葫芦加入了游泳队，参加了 2017 年、2018 年广东省大学生游泳锦标赛，参赛本身让葫芦和爸爸妈妈非常自豪。“根据孩子的情况顺势而为，提供合适的辅助，帮助他们身心成长。”葫芦妈妈说这很关键。

下一站，走入社会

到今天，妈妈们的所有期盼都不再是幻想，上大学没有改变他们基因里的障碍，却赋予他们的人生更多样的可能。

因为疫情，也因为想沉淀一下，葫芦 2022 年在家休整，打算过个间隔年，做点自己喜欢的事情。他每天给爸妈做晚饭，锻炼身体，日更自己的公众号，在夜晚的窗前弹琴或者画画。

对于未来，葫芦的理想是："找一份体面的工作，娶一个美丽的妻子。"妈妈爸爸的想法是："平安喜乐最重要，身心健康就好，喜欢的事情就去试试。"

森森则应聘了一所公办小学的文书职位。文书工作是森森熟悉的，他职中高三和大三都在广州至灵学校实习，做的就是文印文书工作，主要负责复印、打印、电脑录入等。

让卢莹稍稍担忧的是，至灵学校是特殊学校，森森从小就在那里当志愿者，环境熟悉，同事也熟悉，不需要太多额外辅助，但公办小学是全新的环境。森森去的话，首先需要就业辅导员的支持。况且做学校文书也并不是森森的理想，他一直渴望去写字楼里当白领，一年能有5万元以上的收入。他比较喜欢学校文书这份工作的唯一原因就在于有收入，有寒暑假可供他旅游。

当然，他并不知道，这份工资其实是妈妈给的。

"森森的工作产出是达不到一个普通职员的标准的，公平竞争的话，他可能机会都没有。"卢莹认为，像她这样为孩子先付工资，孩子找工作会相对容易一些。卢莹不认为这有什么问题："他要有工作技能，他要适应社会，要跟人打交道，要进入社会去锻炼。对我们来说，这都是比钱更重要的东西。"

她愿意用钱给森森买一个社会锻炼的机会，直到用人单位愿意为森森的工作付费，给他一份劳动合同。

首发日期：2022年6月30日

第三章 特长发展

获奖86次，考上大学

——孤独症男孩的音乐、体育特长发展之路

2020年9月，阳光帅气的18岁孤独症青年陈冠文入读台湾地区新北市醒吾科技大学流行音乐学系。这个小伙子看起来与普通青年一样，兴趣广泛，拥有无限可能。

没有人知道，他在2岁9个月时被诊断为孤独症，当时最主要的症状就是他对他人没有丝毫兴趣，只活在自己的世界里，毫无语言，没有眼神。冠文的父母选择了“认命”，他们详细了解了冠文的障碍后，决定认清且接受自身障碍，一往无前，一步步发掘出他在音乐、体育方面的才能，直到他考上大学。

在此之前，在台湾地区身心障碍者参加的各种比赛中，冠文得过86次奖。我们对他的关注和报道，从他14岁开始。

儿子，我想让人家知道你的不易（上篇）

冠文2岁9个月的时候被诊断为孤独症，那个时候他没有语言，后来才开始有一点声音，然后我们慢慢教他发音，慢慢教他“阿姨”是什么意思。他也不识数，我们教他用手指数数，教了很久，因为他的手不张开，这个动作要教很久。

当时我们本来在上海工作，但是为了让冠文得到好的训练，我们选择回到台湾地区。我真的是一个很努力的妈妈，健保（台湾地区的医保）范围里能上的课程我都上了，还找私人老师自费去训练。老师有的课程一个星期就一次，只有一个小时，光靠老师远远不够，我就自己去上各种家长培训课，自己当老师，学会的用在孩子身上，有什么问题再去问老师。在家里我要跟先生沟通好怎么设置情境，有时候教他还要故意问他一个问题，我们在旁边帮腔回答，让他模仿我们说话。

台湾地区学校的融合教育

台湾地区有比较系统的免费训练，关键是有融合教育，可以让冠文在普通小学读书。他读的是资源班，有时候自己上课，有时候会和其他孩子一起上课。我们有一位教师助理员，当然他不是每堂课都陪冠文，但比如说理化的实验课等要动手、有危险的那种课程，教师助理员就会在一旁协助。

冠文上初中一年级后功课跟不上，因为初中的课很难很抽象，他可以做基本的计算题，但应用题就不会了，他没办法理解其中的含义。我经常跟老师讲，不要管他的功课，然而老师还是不死心，要多少教一点。我说，你这样会造成压力，如果一直逼他，会反映在他的心理上，不用这样。他的智商属于边缘智力，当然我觉得孤独症患者测智商是不准的，因为测试的老师和他沟通是有障碍的，如果不等一下我们的孩子，是没有办法测出真正的智商的。

功课的事情我没有逼孩子，我抓的是冠文的优点。学校里组织 IEP（个别化教育计划）会议，一个学期开两次，学期初和学期末都要开，他的老师、特教老师会参加。初中有很多科目，哪一个科目需要，哪一个科目的老师就要来。我觉得 IEP 很重要，我在 IEP 会议的时候说得很清楚，我要的是什么，他要学的东西是什么，而不是追求成绩。

我经常鼓励他，比如他现在上的是特殊班，但他不觉得那叫特殊班，我觉得这对他有好处，因为这样他的情绪会很好。我每天都会鼓励他，说他很棒、很认真。说实在的，他真的做得很好。当然他有时候做得也不好，我们会说，如果你这样子可能会更好，他就会修正自己的行为，这很难得。

被教练发现了学游泳的优势

冠文游泳很出色，我和他爸爸都不太会游，也没有运动细胞，我们都没想过有一天他会这么优秀。上幼儿园大班的时候，我开始给他做水疗。因为他有很强的触觉敏感，去游泳池都是踮着脚尖走路，不踏地板——他不喜欢那种湿湿的感觉，没有办法踏下去。到了小学一年级，冠文开始学游泳，教练说他脚力很够，手也大，发现了他的优势。那时候他怎么都不肯把头下到水里。水里有训练的椅子，后来有一天他看到下面的椅子没有排整齐，他很重视线条，没办法忍受椅子歪掉，整个头就下去了。那时候我吓一跳，结果他下去调了好久，那个长椅子一整排，他每一个都排整齐。

一开始我跟着他下水，然后是教练带着他的手做。你不带他，他的手就溜掉——他觉得水很好玩，不想跟着老师做动作。一直到现在，他的姿势虽然乍看起来算标准，可是要细细来讲的话，也还是有一些不规范的，跟普通生还是有差异。到现在，他天天都去游泳，对湿地板还是有一点敏感。

在心智障碍者钢琴比赛中得了很多奖

冠文钢琴也弹得不错，当然我本来的专业就是音乐，如果他不是特殊孩子，我觉得他仍然会有音乐天赋。只是如果他不是特殊孩子，我陪他的时间不会这么多，也不一定会把他的优势发掘出来。他在心智障碍者钢琴比赛中得了很多奖，和普通孩子去比，也是中上等水平。竞争很激烈，他每天只有一个小时练钢琴，已经很不错了，游泳也一样。我并不要求他一定要跟普通孩子比，竞争到前几名，我只希望他尽全力去做。因为讲太多有关名次的事情，他会在意，所以我们一直避免讲这种话。

为什么一直在参加钢琴和游泳比赛？其实我很不喜欢比赛和表演。但一部分是为了学校的成绩，另外也是为了让他的努力得到人家的肯定。当他的能力越多，得到大家肯定越多的时候，他会很开心，这样就获得了自信，我自己也比较欣慰。我没有刻意去找比赛，练习的地方帮我们安排比赛就去，刚好是顺势而为。有时候不做你真的不知道他有这些优势。未来他也不一定要走音乐家路线，他有兴趣，开心和自信，这才是我们一直的目标。

冠文有了干妹妹

为了冠文的社交，我们还认了一个上五年级的干女儿。她觉得哥哥很棒，会很多她不会的东西，比如小提琴、钢琴，她就让哥哥教她这些，她教哥哥做面包。那个女孩很主动，又热心又细心。我儿子本来不喜欢揉面团的感觉，讨厌黏糊糊的触觉，可是她很有耐心，一直教他。我们觉得她跟冠文之间这样的互动很好。

游泳和音乐锻炼了专注力与意志力

现在冠文的时间安排很紧凑，他早上五六点就起床出门去游泳，游到7点30分，接着去学校上课，下午上完课4点，再去游泳。等游完泳回到家，已经晚上8点了。8点到9点又是唯一一个小时的乐器练习时间，我给他排得很紧凑，练习小提琴和钢琴。一个星期冠文顶多只有6个小时可以练习乐器，每种乐器每个星期练习3个小时。他主修钢琴，一周就练3小时，已经很棒了。他因为练了钢琴和游泳，尤其是游泳，现在有了专注力。

我尝试过自己煮饭，但发现这样做的结果就是把他晾在一边。没人陪，他一直刻板地看捷运、看火车，我不能忍受这样，所以现在我们都是去外面吃，同时还可以训练他的社交能力。我对他的干预一直这么积极，到现在都是这样，因为时间很宝贵。

因为游泳，他的其他方面也得到了完善。游泳需要耐力和体力，中间又不能停，要很有意志力，内心要很坚定才可以做到。意志力薄弱的人都做不了，中途都要休息，可冠文说游 10 趟就游 10 趟。他难得的地方就在这里，小时候，我给他做服从性训练，安排他做一些很简单的事情。我会让他久坐来完成一件事情，比如可能要坐一个小时，甚至两个小时他才可以起来。服从性对孤独症患者来说很重要，如果没有服从，后面很多东西都学不来，因为他所有的事情就是重复重复再重复才学会的。

他今天的成绩不能说是逼出来的，应该说是陪伴出来的，我要一直陪他渡过他的难关。

首发日期：2015 年 6 月 26 日

儿子，我想让人家知道你的不易（下篇）

冠文这几年能力发展得很好，完全超出了我们的想象，在此我想谈谈我们的经验。

用结构化教学培养冠文的学习习惯

那时候，为了让冠文习惯每天“坐下来学习”，我把他的书桌转向墙边，并用隔板挡住，让他在学习时不要分心。为了避免他焦虑，我在上课前会先告诉他当天要教他什么。事先告知要教的课程，会让他情绪比较稳定。我在桌上摆了三个篮子，里面放了要用的教具，给他明显的视觉提示，并在三个篮子旁放一个完成篮（篮子上标示着“完成篮”）。明确告诉他，妈咪要教他这些工作，做完放在完成篮就可以下课。

一开始冠文很不配合，会不停地跑掉，这时一定要尽可能挡下来。我必须在上课前把所有需要的教材教具准备齐全，因为我一离开位置，很容易让他分心，那一切又要从头开始规范。

安排他学的内容，我尽量选择他能懂而且学得来的。孤独症孩子对于没学过或没看过的东西，即使是简单的内容也很排斥。训练时也一定要顾及冠文的耐心及专注力。在他完成后，我会给他大大的赞美，请他吃一盘他爱吃的水果，并不断具体地夸奖他。

这样的训练久了，冠文会的事情变多了，他也变得更有自信。结构化教学使用后，我发觉自己比较能掌握冠文的学习状况了。

运动缓解了他的妥瑞氏症

在冠文小学一年级下学期，我发现他会不自主地眨眼，偶尔会有耸肩、扭脖子的情况。刚开始我不以为意，后来这些怪异举止越来越多，并且他无法控制自己这些举动，这让我不得不正视。

带他去看了医师后才知道，可能压力过大导致了妥瑞氏症（也叫抽动秽语综合征）。我上网查了妥瑞氏症，也看了一些相关的书籍。治疗方式除了吃药及饮食控制，最重要的就是多让他运动。让我惊讶的是，书上强调运动量一定要够大，要当作"超人"来训练才会有效果。大量运动可以大幅改善妥瑞氏症的症状，这让我无意间发现运动对冠文原来是这么重要。

很感谢当时明湖小学的刘明丽老师帮忙跟导师及同学们宣导解释冠文的状况，让大家没有太刻意去阻止冠文这些妥瑞氏症动作。因为越跟冠文说不可以这样眨眼睛，就会让他越紧张，症状就越严重。在刘老师引导下，同学们和老师都假装无视他的动作。导师也配合着将课业学习尽量简化，以符合冠文的能力。再加上每天持续大量的运动——每次一个半小时且达三千米距离的游泳训练，有效改善了妥瑞氏症的症状。

接受泳训后，冠文有一阵子妥瑞氏症状真的越来越少，少到我有时会忘记他有妥瑞氏症。他现在读初中一年级，已经很少有人看出他有妥瑞氏症了，所以我想这两年音乐和游泳我们还会继续兼顾。

一直加"正"上去

到写作本文时，冠文的诊断结果还是中度孤独症，但基本需求表达可以，想吃什么、冷热都可以讲。不过他跟人互动时，不管人家在讲什么，只讲自己感兴趣的。

我们一直努力的目标是他生活得有价值一点，干妹妹可以陪伴他久一点。她记得有这么一个哥哥在那里，可以偶尔去看看他。我们希望给他多找一些朋友，希望他能获得来自朋友的关心。对他来说，生活比较重要。

我们一直都说他好，让他有自信。弹错了琴，如果一开始我说，你怎么一直弹错，一直教不会？这对他来说就是一种伤害，他也不会想学。我一般会说：你刚才很棒，可是有一个地方如果我们再多一点点练习就更好了。对待这些孩子，方式很重要，我们这样教他之后，他会想要自己更强。其实这些孩子对和人交往没有信心，也不知道该怎么跟人沟通，自信薄弱是他们的一个表现。所以我就尽力给他鼓励，就是一直加“正”上去，树立他的自信心。

出书，为了让更多人体会到冠文的辛苦

大家一直鼓励我把冠文的故事写下来，作为记录。我知道自己不是作家的料儿，但还是写了。后来出了《翻转星生命》这本书，每一位朋友、他的每一位同学我都送了一本。我希望周围的人了解他，而且可以体会他的辛苦：他是怎么从没有到有的；你们不用学的东西，他要学多么久。他不是天生就会游泳会音乐的，他从不会讲话到能够讲这些听起来怪怪的语言，也是他经过多少努力，一个发音一个发音学来的。

连说最简单的几个字，冠文都必须费好大的力气才学得会。几乎所有事情都要教，很多简单的小事总是得重复地一练再练。我必须承认，起初在每天重复训练的过程中，因为孩子的不断抗拒，我自己也患得患失，情绪起伏很大。有时候，我很想带着孩子一走了之，因为他什么都学不会，也不想学。他的人生未来会怎样，我非常茫然。我很感谢我的母亲鼓励我面对人生的无常。很多事不是自己能决定的，但我们能够选择如何面对。

几年下来，我慢慢接受了冠文的状况，我告诉自己不去想不确定的未来，

只专注活在当下。当我专心想着带冠文的方法时，负向思考就不会一直出现，心情就能够稳定下来。孤独症的孩子对大人的心情其实很敏感，当我们心烦气躁时，他们感受得到，就会跟着乱了节奏；但当大人有目标有方向时，孩子的心也能定下来。

带领孩子时的想法与决心真的很重要，一定要有信念：我一定要让孩子学会这件事。还要随时记得帮他们找机会将优势能力拓展开来。当自己有如此信念时，就真的会找出各种方法来尝试，孩子也会因此创造出更多的可能。

我很感恩冠文这几年来的进步，他更加证明了孤独症孩子也是有能力学习的。只要我们多给他们一些时间，多鼓励他们，他们的表现一定会超出我们的预期。

首发日期：2015年6月27日

孤独症画家毕昌煜

——“中国毕加索”成长之路

1999 年，3 岁的毕昌煜在上海新华医院被确诊为典型孤独症，2019 年，23 岁的他已经拥有了以自己名字命名的艺术工作室。擅长作画的毕昌煜登上过各式各样的领奖台，也曾被中央电视台、东方卫视、《三联生活周刊》等众多权威媒体争相报道。

在中国，对拥有特殊能力的孤独症群体的关注度极低，多数人可能根本不相信存在这个群体，认为这只是电影、电视、传奇文学中杜撰的。而他们的家人关注的焦点主要还是缺陷本身，以及如何“治愈”缺陷，让他们回归“正常人”。

那么，对他们的养育究竟应该侧重孤独症核心障碍的干预，还是特殊才能的培养呢？如何帮助他们克服自身阻力，尽可能地发挥自己的潜力呢？毕昌煜的经历可能会给大家一些启发。

医生开出“无期徒刑判决书”

1994 年，21 岁的赵灵芳和 22 岁的毕光钧在老家浙江温州结婚。完婚后，小夫妻准备出门闯荡一番，同年便到了绍兴市柯桥区做起了面料生意。当时正值服装市场的开拓期，赵灵芳经营的面料生意日渐红火。1996 年，小昌煜的出生更是为这个小家庭带来了满满的幸福感。

据赵灵芳回忆，一开始毕昌煜和正常孩子的发育轨迹相差不大，会说话，还会背唐诗，但在他 3 岁的时候，这些原本拥有的语言技能竟然全都丧失了。为了求得一个答案，赵灵芳和毕光钧两人带着小昌煜辗转求医大半年，把儿科、神经科、脑科、中医针灸科的专家寻了个遍。

对于当时的赵灵芳而言，小昌煜病因不明、无法医治的打击，比创业时自己吃的苦还要沉重千百倍。每天她只是机械地喂饱自己，为的是让自己还有力气站起来。当时的小昌煜非常好动，每次出门赵灵芳必须紧紧拉着他，否则稍不留神他就跑得不见人影，即便被好心人遇上，他也无法报出自己的名字和家门。

亲朋好友、街坊邻居间的谈论开始蔓延，赵灵芳听在耳里，痛在心里。据她回忆，当时她也不是没想过轻生，但回过头一想，孩子终究是无辜的。

直到在上海新华医院遇到了一位儿科主任和他在美国从事儿科研究的妻子，赵灵芳与她详谈了毕昌煜的情况。“她几乎肯定地对我说，孩子得的是孤独症，病程终身。”绝望的感受赵灵芳记忆犹新。

而这一诊断后来在被誉为“中国孤独症之父”的陶国泰教授那里也得到了进一步证实。陶国泰教授告诉赵灵芳，必须抓紧时间训练，如果一直待在家里无所事事，孩子的情况只会越来越差。

赵灵芳与家人商议之后，把生意交给毕光钧一个人，自己则专心陪着毕昌煜走上漫漫的孤独症干预之路。

渴望进校被拒

赵灵芳母子去的第一个孤独症干预机构在北京，她一次报了 6 个月的课程。为了方便每天上下课，赵灵芳租了一户挨着机构的“农民房”。算上她和昌煜，那套房子里总共住着四家人，都是来给孩子做干预训练的。四家人共用一个卫生间，到了晚上家长就和孩子合睡一张床。

6 个月下来，昌煜的进步是显著的，能开口说话，会喊“叔叔好，阿姨好”。赵灵芳也从老师那里学会了“行为训练”的方法，在此后的日常生活中能细致、贴切、持久地教导小昌煜。回到绍兴，家人都沉浸在毕昌煜进步带来的开心中，但赵灵芳仍然记得机构老师们的话，不敢停下对他的训练。

2001 年，赵灵芳带着毕昌煜去了一家山东的机构，那里主要以运动训练为主。昌煜在那里学会了推车、拍球、跳绳等有一定难度的大动作。为了锻炼昌煜的手部精细动作，美术课上，老师教授了用笔将点连成线。令赵灵芳感到不可思议的是，毕昌煜完成之后，在无人引导的情况下又在纸上空白的地方画了一个苹果，还在旁边添了两片叶子。正是 7 岁的昌煜画出的这个苹果，让赵灵芳和家人开始重视他的特长发展。9 岁，毕昌煜正式开始习画。

赵灵芳也曾尝试给毕昌煜找一所学校上学，但没有一所普通学校愿意接受他。无奈之下，家人决定专门聘请一位老师来引导毕昌煜，也为赵灵芳分担照顾孩子的工作。缘分让肖成珍老师成了毕昌煜的家教，并且一直带教至今。回望和毕昌煜相处的十多年，肖老师认为自己是幸运的。也是自那时起，赵灵芳才有空隙找回属于自己的人生和事业。

一幅画成为“中国的毕加索”

平时好动的毕昌煜难以安静，但在画架面前，他却能够安静地坐上三四个小时。赵灵芳告诉“大米和小米”，支持毕昌煜画画的初心，是支持那时他最喜欢做的事情。在作画中，毕昌煜的情绪也能够得到安抚。她不曾期望孩子会因此有多深的造诣，他愿意在绘画上怎么发展，全凭他自己。

但在 2008 年 4 月 2 日世界第一个“孤独症关注日”上，毕昌煜的一幅蜡笔画在北京参展，他人生的方向盘由此扭转——展出的蜡笔画被选作海报封面，毕昌煜的画作也开始被世人知晓。

4 年后的同一天，在“天真者的艺术”绘画作品展上，毕昌煜的画作《王妃》被北京美术馆收藏。著名艺术家陈丹青在此画展上对毕昌煜的油画注视良久，不禁赞叹：“他是中国的毕加索。”

对于媒体称毕昌煜为“天才”和日渐增多的荣誉，赵灵芳表示：“这样的善意我很感谢，但我不希望大家把孤独症‘浪漫化’，从而忽视背后的艰辛。孤独症孩子的视角的确与常人不同，如果说他在画画上有什么成就的话，那也是意外收获，都是由爱好和勤奋换来的。”

毕昌煜的父亲毕光钧作为浙江一家纺织公司的创始人，一直与业内商贾打交道。毕光钧偶然看到供应商的面料上印有一幅画，便萌生了将儿子的画作也印到面料上的想法。毕昌煜的画作也因此与纺织服装产业结了缘。

原本是抱着尝试的心态去做，不承想，印着毕昌煜画作的面料制成成衣效果非常好。订单从四面八方飞来，至今面料已有几百万米的销量。印有 BCY 的艺术衍生品种类也从成衣扩大到丝巾，再到鞋子、皮包、瓷杯等，不断增加。

2015 年，印制有毕昌煜作品的服装亮相纽约时装周，收获掌声无数。2016 年，他还应邀在新西兰举办了毕昌煜艺术元素时装秀。

捐助和参与捐助 3000 多万元

俗话说，幸福都很雷同，不幸则有千万种。赵灵芳却认为，对孤独症家庭来讲，不幸才是相似的。她曾和许多孤独症孩子的家长交流过，彼此对苦难的共鸣心照不宣。赵灵芳深知养育一个孤独症孩子的艰辛和不易，因为亲历了毕昌煜的进步和成长，她开始考虑将沉淀下来的经验推以及人。

据她介绍，目前已经在北京、上海、绍兴、宁波四地成立“毕昌煜艺术专项基金”，发起了“孤独症艺术疗愈”公益项目，举办“星光论坛”，毕昌煜自然地成了这些项目的形象代言人。她希望以此将爱心力量整合在一起，为孤独症患儿的症状缓解做出力所能及的努力，推动社会对孤独症孩子的接纳。

2016 年 6 月 29 日，在北京举办的“无障碍艺途 2016 慈善晚会”上，毕昌煜的油画作品《蓝色的夜》以 12 万元的价格拍出，善款全部捐入毕昌煜艺术专项基金，用于推动孤独症儿童绘画事业的发展。同年 9 月，肯德基联合毕昌煜发起捐一元钱爱心活动，将其画作印在肯德基餐厅推出的心意桶和手提袋上，每售出一份，肯德基就为贫困山区儿童捐出一元钱。到 2019 年 1 月为止，毕昌煜个人以及联合募集善款进行的无偿捐赠已经超过 3000 万元。

因为毕昌煜的故事，越来越多的圈外人了解了孤独症，而赵灵芳希望通过她的孩子，让更多孤独症家庭看到不能熄灭的希望，她也一直坚信："投入爱，创造奇迹，毕昌煜可以，你们也可以。"

尽管如此，赵灵芳认为，特长的培养也需建立在自理及格的基础上。"经过长年累月的生活训练，小煜已经掌握了基本的生活能力。如果现在把他放在绍兴市柯桥区的任何一条街上，他都可以找到回家的路，但真正地独立生活，昌煜还不能完全做到。"赵灵芳也表示，"我们也没必要让他完全像正常小伙子那样，毕竟人是社会性的，都是通过协作来圆满自己的生活。"

对于未来，赵灵芳认为，毕昌煜的道路已经是他自己选择的了，而家长要做的，不过是给他提供能够作画的外部环境。

首发日期：2019 年 1 月 19 日

他把画作卖到韩国

——农村重症孤独症男孩林青的奋斗

河北黄骅的冬枣很出名，但林青家不种冬枣，主要农作物是小麦和玉米，仅供糊口。在东湾村，21 岁的林青像个局外人——他有重度孤独症。自从 15 岁小学毕业后，他就一直待在村里，没有工作，没有朋友。通常，他每天忙活三件事：画画、剪纸、做家务。

2020 年，这份平静被一个消息打破：他的 6 幅画在韩国展览后，卖了 1500 元。张妈妈泪流满面，这是儿子此生赚到的第一笔钱。一直保护林青，还为他画画做模特的乡亲们也赞叹：没想到这个娃儿平常不说一句话，还是个画家呢。没过多久，林青又赚到了第二笔钱：2154 元。

与大多数孤独症小画家不同，林青是土生土长的农村娃，父母连初中都没毕业。

第三胎终于是儿子，却有孤独症

前两胎都是闺女，张妈妈颇为感慨："在农村，都想生个男孩。"2001 年，36 岁的张妈妈不顾超生被罚，生下了林青。没想到儿子到了 4 岁仍不会说话。村里有人告诉张妈妈，这叫"贵人语迟"。可她觉得不对劲，儿子连爹妈都不亲不理的，哪有个"贵人"的样子？

在天津市儿童医院，林青被确诊患有孤独症。张妈妈心里一团乱麻：这孤独症，究竟是嘛东西？此前极少踏出村子的张妈妈带着儿子到处求医问诊。在离东湾村最近的“大城市”沧州，在医院和干预机构里，几十上百个孤独症孩子“哗”一下出现在她面前。

2007 年，她选择了一家私人干预机构，每个月干预费用 900 元到 2000 元不等。每逢周日，张妈妈总拎着大包小包，拽上林青，赶两个多小时的大巴车前去沧州。林青爸爸是一家单位的司机，有时也会送娘儿俩去。但为了撑起这个家，他大部分时间忙得像个陀螺。张妈妈的重心放在儿子的干预上，两个闺女被迫成了留守儿童，只有周末才能见着妈妈。知道妈妈心情不好，姐妹俩也不敢哭闹，只见面后使劲地往张妈妈身上贴。

那段时间，张妈妈像吸水的海绵一样补习干预知识。8 个月后，她撑不住了。干预费用一直涨，再加上房租和车费，让这个家庭难以为继。张妈妈哭着拉着林青回到黄土地上，割小麦、收玉米和大豆，这既是口粮，也是一家人的经济来源。

对当年的决定，张妈妈十几年后提起来还会哽咽：“也许林青找的机构更好，老师更专业，他现在就会更好点？”

回到家的林青，没少让父母操心。他不但不爱交流，还会自残，把自己手背咬得伤口摞伤口，最后堆叠为层层厚茧。情绪一上来，他就摔碗碟、砸玻璃。还有一次，他趁大人不注意，一把火把窗帘烧了个大窟窿。面对这样的儿子，张妈妈只能咬咬牙，自己居家干预。她没有多少专业知识，只有一个念头，把生存的规则、技能和淳朴的道理教给他。

铁打的同桌

让张妈妈最煎熬的，不是林青发脾气，而是同龄的小孩背着书包经过母子俩。到了林青 8 岁那年，张妈妈向村里的幼儿园百般央求，才以陪读的身份把林青折腾进去。明显超龄的母子，在娃娃堆里特别突出。起初，老师和同学不习惯，张妈妈也尴尬。

但林青适应得很快，表现不错的他，第二年就和幼儿园同学一起进了小学，张妈妈则继续陪读。为了不扰乱课堂秩序，母子俩坐在教室的最后一排。林青跟不上朗诵，记不了笔记，老师自然也不会点他。同学们玩游戏闹得可欢，但林青始终没有意愿，也没有能力跟大家一起玩。

张妈妈一直把林青保护得很好，只有一次，外班的一个男孩在厕所捉弄林青，老师得知后，为林青伸张了正义。这7年，张妈妈十分感谢老师和同学们对儿子的照顾和包容，这丰富了一名孤独症患者的求学时光。

孩子爱画画，却让母亲头疼

“整个小学，他没有交到一个朋友。”张妈妈说。如今，林青的同学有念大学的，有外出务工的，甚至还有成家立业的……同龄人迈向了生活的各种可能，而林青像停在了某个时间节点。

小学毕业的那个秋天，林青的同学一个个骑着自行车去了镇上的初中。张妈妈考虑再三后，不再送林青去了。“我实在没有时间和力气了。”张妈妈说，她觉得初中的环境对于林青而言过于复杂，她害怕青春期的同学会歧视和欺辱孩子。她想送儿子去特校，却因为他超龄两岁，吃了闭门羹。

回村后，张妈妈发现，林青虽然控制不住自己的行为和情绪，但给他一支笔，他就能专注地将眼中的卡通人物惟妙惟肖地画出来。乡亲们见了林青的画，都让张妈妈请个“伯乐”培养他。对艺术一窍不通的张妈妈犯了愁：村里的小学都没专业的画画老师，上哪儿找去呢？无助的她只能让孩子在画纸上自由创作。

“那时的我不敢想以后怎么办。”张妈妈原以为日子就只能得过且过，直到2018年，她认识了王平。

在不幸面前凝聚起来的人

在河北沧州的孤独症康复圈，王平小有名气。与“大米和小米”创始人大米的经历相似，王平的女儿曾在 2 岁时被误诊为孤独症。当时，她没有语言，去不了幼儿园，上不了早教班。走投无路的母女俩走进一所特教学校，王平听到一排排家长低声说："又来一个。"

也有家长心疼王平的女儿，用热情的语气和夸张的表情逗她："宝贝，来，叫阿姨。"被素不相识的孤独症家长理解，那个瞬间的情绪，王平至今挥之不去。后来，王平的女儿被证明只是暂时发育迟缓。走出孤独症圈后，王平坚持要为这个弱势群体尽些绵薄之力。

2016 年，王平联合一些孤独症家长在沧州创办了孤独症互助组织星月社。她出身平面设计师，做过电商，可她既不是孤独症孩子家长，也不是特教老师，能为这些孩子做什么呢？出生在农村的她，小时候家里穷，但母亲每年都会带上一家老小去镇上拍一张大合照。这启发了王平，她决定为孤独症家庭每个月组织一次生日会，聚在一起庆祝，再为大家拍好看的照片留念。

随着星月社的影响力越来越大，王平的视野也在拓宽，她请来专业的老师开设了绘画、剪纸和书法兴趣班。陈奕璇就是绘画班的老师，她毕业于河北师范大学美术学院，也是一位孤独症孩子的母亲。但她的孩子不喜欢画画，还消耗了她大量的时间和精力。执着追求艺术的她，一心想在生活和理想中寻找平衡。

一开始，王平"三顾茅庐"也请不动筋疲力尽的陈奕璇。但目睹孤独症人士的画作后，她马上被纯真、不加修饰、极具魅力的笔触打动。就这样，陈奕璇开始在微信群里为家长支招，教孩子们基本的技法，并评点他们的画作。"我没有提供太多实质性的帮助，这跟普通的授课不一样。"陈奕璇说，她和星月社都希望家长学会良性互动，带着欣赏的眼光去看待孩子的努力，鼓励孩子的作为。

林青就是陈老师的学生之一，他一直被鼓励和肯定。受到专业指点后，林青绘画的题材渐渐丰富起来，从最初的卡通人物到家乡的树、田地和天空，最后到身边的人。绘画材料，也从一开始的铅笔、蜡笔和彩笔进阶到水彩、水粉和丙烯颜料等。画人需要模特，家里人画完了，熟悉林青的邻居们支持他，主动当起了他的模特。为了配合林青作画，邻居们能保持姿势半个多小时。

漂洋过海去参展

张妈妈不认为林青是画画的天才，她说：“林青能走上这条路，全靠大家的帮助。”

2020年初，王平得知浙江的一家机构要举办一场孤独症儿童画展，她立即组织机构的家长报名。抱着试一试的心态，张妈妈在老师的指导下挑了儿子的6幅作品寄往浙江参展。“油画作品更有质感，适合拿来参赛。林青在构图布局和色彩搭配上既有特色，也显示了个人的态度。”陈奕璇介绍。

在那次展览上，林青的作品被选中，漂洋过海去韩国参加了中日韩孤独症艺术家画展。不久后，王平告诉张妈妈，林青的6幅画全被一位爱心人士买走收藏。得款1500元，全部转给了张妈妈。张妈妈哭了。她早已做好了照顾他一辈子的准备，根本不敢想他能靠自己赚钱。

卖出第一组画作之后不久，林青的画作又被第二位爱心人士购买收藏，同样是微信转账，这次多了654元。和第一次一样，张妈妈把转账的聊天截图发在朋友圈，她想答谢王平和陈老师以及买画的爱心人士，也想给其他孤独症家庭一次鼓励：患有重度孤独症的林青做到了，你们的孩子也可以。

卖画是出路吗?

张妈妈操心的一切，林青应该并不明白。他对荣誉感和钱都缺少概念。画作卖出后，张妈妈将喜讯激动地分享给他，她说：“儿子内心还是高兴的。”赚得第一桶金后，林青的作品接连在沧州画展和省级青少年艺术作品征集中获奖。母子俩和王平一起，仍在寻找能展示孤独症孩子的平台。

母子俩的进步，让王平和陈奕璇等老师颇感欣慰。星月社一直在组织爱心人士教孤独症孩子绘画、剪纸等，并选择合适的作品义卖，帮助孤独症家庭创收。在王平看来，孤独症人士无论以哪种方式就业，都需要家长不断学习，跟着孩子一起成长。她和身边家长以及老师们的共识是：不要为孤独症孩子与同龄人的差异而心慌，更不要执着于“找齐”，非要把自己的孩子拉扯得跟其他孩子一样。因为，未来从来都不只是一个样子。

张妈妈一直想将林青培养成更好的他自己，能自理，会生活。现在的他，能平静地跟家人生活在一起，有爱好和坚持，佛系卖画。闲暇之余，听听最爱的红歌，看看战争片，他就满足了。至于能不能靠卖画为生，张妈妈说不放弃希望，但也不强求，只要林青开心就行。他的老师陈奕璇则认为，依照林青的能力和程度，以及并不太多更不稳定的资源来看，靠卖画为生不太可能，但“并非绝不可能，家长、爱心人士，各种组织和全社会都在行动呀。”

也许还有无数个像林青一样，对画画怀有一腔热忱的孤独症孩子找不到出路。陈奕璇建议，家长先不要否定孩子，见孩子短期在画画上没有太大进步，就轻言放弃。因为，孤独症人士接收信息的方式与常人不一样，表达也有局限，但他们同样拥有丰富的内心，对世界存在自己的认知和感悟。绘画也许是他们抒发情感的通道，与世界互动的方式。

首发日期：2022 年 1 月 12 日

在舞台上闪闪发光

——上海“钢琴王子”博涵的两极青春

博涵，2020 年 23 岁，患高功能孤独症。不幸中的万幸是，他出生在一个相对富裕的家庭，尽管成绩上不去，却也一直读普校。博涵从 8 岁开始学习钢琴，之后获得过苏格兰阿伯丁国际青年音乐节比赛钢琴独奏金奖等大小奖项，发行了三张数字专辑，和郎朗、李云迪等钢琴大师都同台演出过。

舞台上闪闪发光的他，符合人们对孤独症人士的浪漫想象，但另一方面，兴趣狭窄、行为刻板、社交困难等障碍让他始终无法独立生活。为了让儿子在双亲离去后能有生活保障，爸妈也早早为博涵做了预案。

孤独症男孩成了闪耀明星

公益节目《忘不了餐厅》的开始，黄渤、宋祖儿、王彦霖陪同 5 位罹患阿尔茨海默病的员工入场，知名电商主播李佳琦前来助阵，《忘不了餐厅》迎来了第 4 期客人。孤独症男孩博涵和妈妈正是以客人的身份出现在节目中的，20 多分钟的镜头里，博涵身体力行做了一场孤独症科普。

一进餐厅，博涵就以报上黄渤出生年月日的方式和黄渤打了招呼，就在大家误以为他是黄渤的忠实粉丝时，落座后，他又一字不差地说出了宋祖儿的生日。在众人诧异的眼神中，博涵妈妈给出解释：“他是星星的宝宝，机械记忆力很好，从小就特别喜欢研究这些数字，车牌号、门牌号……”

知晓数字记忆是博涵的兴趣与特长后，嘉宾们特地给博涵来了个“生日记忆大挑战”，让他挨个儿问餐厅里每个人的生日并随机抽查。在都是陌生人，又只问一遍的情况下，博涵轻轻松松地答出了任意一个人的生日，这份惊人的记忆力博得一阵阵惊叹：“真厉害，感觉在看《最强大脑》。”

博涵在展现出“天才”一面的同时，也将其他孤独症特征暴露无遗——

缺乏社交兴趣，不懂社交礼仪。在节目中，对于一开始没有记住生日的人，博涵没有主动打招呼，当宋祖儿为博涵引见李佳琦时，博涵说一句“不认识”扭头就走，直到李佳琦追上去和他谈生日话题，他才停下脚步。点菜时，博涵也只顾自己点菜，完全屏蔽一旁此起彼伏的“问问妈妈想吃什么”的提醒，直到自己点完，才在提醒下请妈妈点。

兴趣狭隘。在与嘉宾谈话时，围绕数字、生日、钢琴等他感兴趣的话题，他能做到保持状态，一旦脱离这些话题，他就开始游离，甚至在大家谈论下一个话题时，又重新回到生日话题中。

刻板，对声音敏感。节目中有一幕，妈妈在与黄渤谈话，听出妈妈说话声音有些不对的博涵，多次打断谈话，执意要妈妈清清喉咙，喝点水，让声音恢复。

表情识别困难。博涵曾突然询问站在对面的宋祖儿“你生气了吗”，顿时把宋祖儿问蒙了，在后面的猜情绪环节也再次出错。妈妈解释道，博涵对表情比较敏感，存在识别障碍。另外，节目对于博涵出现的情绪调节障碍、眼神回避等表现，都用小黑板做了注解，为不了解孤独症患者的人做了很好的科普。

天赋还是缺陷？博涵妈与李佳琦争论

博涵刚来时，嘉宾们对“星星的孩子”和博涵都不太了解，看到博涵惊人的表现与自如的应对时，不少人心生疑惑，嘉宾王彦霖就跟博涵妈妈说："感觉他不像孤独症。"博涵妈妈告诉他，博涵属于孤独症人士中功能比较高的，但即便如此，博涵也很难像普通人一样在餐厅做一份简单的工作。

节目中有多处，博涵妈妈都特意向大家强调博涵"记忆天赋""音乐天赋"下的另一面——博涵的社会性比较差，很难融入社会，即使他看起来如此自信、活泼，也依旧让家人发愁。"我更希望他不一定有很突出的才能，但有基本的生活、生存能力。如果他每天都跟你讲生日，你会受不了的。"

对于这一点，李佳琦提出了不一样的观点，他认为不必去放大博涵的这种刻板，大家都喜欢聊自己感兴趣的东西，这份专注极有可能让博涵成为该领域的大师。"不要扼杀他的天分，我们都觉得博涵很厉害，就像大家认为我直播很厉害、黄渤演电影很厉害一样……"

肯定了博涵的优点的同时，节目还给出了一个与孤独症孩子沟通、引导孤独症孩子互动的一个有效样本。

刚到餐厅的博涵，要么只顾着说自己感兴趣的话题，要么一直打断其他人的交谈，让一向热络、高情商的黄渤都遭遇了交际史上的"滑铁卢"。直到节目组搬来有跟孤独症儿童接触经验的救兵李佳琦，才正式打开与博涵交流的局面。

李佳琦先用博涵感兴趣的生日与他聊天，接着以"免单一个菜，给妈妈省 100 多块钱"来鼓励博涵抱从没抱过的狗狗。成功之后，博涵获得很多鼓励，学习成果得到了强化。最后，节目又设置了"生日大挑战"游戏，让博涵一个个去问大家的生日，既让他与大家有交流互动，又让博涵的闪光点得到了大家肯定。

看着活跃在人群中的博涵，博涵妈妈脸上开始有了放松的笑容："在这个有爱的环境下，孤独症孩子的很多刻板行为都得到了包容。"节目也一直向我们传达这种理念，正如黄渤所言："认知障碍也好，孤独症也好，我们必须正视它，它有一个很大的群体，在我们的社会存在着。"

节目背后的一家人

“博涵为什么会参加这样一档综艺节目呢？”

“嘉宾提前了解过博涵吗？提前排练过吗？”

……

博涵爸爸告诉“大米和小米”，博涵的出镜原本只是一个小环节，按照这一期的节目设置，所有去餐厅的都是单身客人（比较孤独的类型），而本着关爱认知障碍群体的意图，节目组又安排了一个接待孤独症客人的环节。他们一家是在节目录制头两天才收到的消息，中国精神残疾人及亲友协会上海站负责人告诉博涵爸爸：“让博涵上一个吃饭的综艺节目。”

博涵在 3 岁时被诊断为孤独症。爸爸回忆，儿子最初的诊断结果其实是比较严重的，尤其医生还判断：“他以后没法去普通学校上学。”当时，这句话对他们夫妻的打击不亚于“孤独症”这三个字。

降低了期望后，博涵的每一点进步倒成了爸爸妈妈的惊喜和动力，尽管他对文化知识的学习从四年级开始就很艰难了，但依然在没有陪读的情况下上了普通小学、初中、高中，直到 2020 年从上海音乐学院毕业。与此同时，博涵对学习钢琴表现出了难得的兴趣和耐性：“只是因为他喜欢学，他可以学，而我们的经济条件恰好能支持他学下去。”

博涵从 8 岁开始学习钢琴，获得过苏格兰阿伯丁国际青年音乐节比赛钢琴独奏金奖等大小奖项，发行了三张数字专辑，也如节目中所言，他和郎朗、李云迪等钢琴大师都同台演出过。因此，博涵并不是第一次面对镜头，比较不同的是，这是一次完全面向普通大众的露面，他们中的很多人，甚至可能连孤独症是什么都不知道。“肯定会有不同的声音，不过，作为老家长，心态不会那么脆弱了，无论是宣传，还是科普，只要有机会我们都会争取。”博涵爸爸说。

开拍前，博涵一家对节目的信息了解并不多，只知道有知名电影演员黄渤在。得知现场有狗狗，从小就怕狗的博涵爸爸当了“逃兵”，选择不去现场。受爸爸影响，博涵其实也没怎么接近过狗狗，因此，在节目开拍头一天，妈妈给博涵做的唯一准备就是让他跟亲戚家的狗狗待了一会儿。

“我们以为博涵的镜头不会有多少，也怕他喧宾夺主，没想到最后节目组用了差不多二十分钟，通过博涵的表现向观众科普了一些孤独症人士的特征，可以说很用心了。”

儿子被夸，妈妈“泼冷水”

节目播出后，许多人被博涵惊人的数字记忆能力折服，也有人很不解当嘉宾们极力夸赞博涵的优点时，妈妈在一旁不断“泼冷水”的行为。妈妈强调，首先，博涵对数字的机械记忆真的很难转化为适应社会的能力，兴趣狭窄、行为刻板、社交困难这些问题同样会影响他的生活；其次，博涵属于孤独症中的高功能，“他只是个例，不能代表孤独症这个群体中的大多数”。

在节目中，妈妈不止一次表达出对儿子无法独立的担忧。为了在他们年老离开后，博涵的生活有保障，他们夫妻早已为博涵购买了保险金信托，同时还在建立国内首个监察中心。但另一方面，博涵爸爸又对当下的生活感到满足，因为比起同龄人，博涵可以更多地陪伴在爸爸妈妈身边。

有段时间，博涵参加SAP公司组织的职业培训，有一道压力测试题是这样的：如果突然下暴雨，你最先想到什么？要求用图画来作答。有的学员画了伞，有的学员画了其他避雨工具。而博涵画了三个人：他们一家三口。“他的情感表达是很少的，但他也知道，父母是他在这个充满变数的世界里唯一的定数。”

对博涵一家而言，博涵登上一个集合了黄渤、李佳琦、宋祖儿等大明星的综艺节目意味着什么呢？

“其实没什么。”

节目播出几天后，播放量便达到6000多万，而博涵爸妈还是通过别人的转发才看了最后呈现出来的效果。除了正片，博涵和明星们互动的一些短视频，播放量也有几百万。弹幕上密密麻麻的留言显示了两极反转：博涵刚出场时，有人觉得这小伙子没有礼貌；而在知道他是孤独症患者后，大家的留言都变得宽容。

在爸爸眼里，节目中的博涵和平时没什么两样。要说这段经历有什么特别的，就是节目录制当天，博涵靠记忆力表演免单吃了一顿饭，而且还打包了剩下的菜回家："我们一家人得以尝到五星级大厨做的美食。"

首发日期：2020 年 8 月 25 日

和郎朗同台上春晚

——钢琴少年海峰的成长历程

灯光聚焦在舞台中央，14 岁的男孩在钢琴架前坐定后，动人的音乐缓缓从他的指尖倾泻出来……

2019 年 6 月 15 日下午，坐满了人的郎朗音乐世界戈宝音乐厅里，海峰开启了他人生中的第一场个人音乐会。当天，海峰的小学班主任邵老师特地穿上一身红色礼服，带着班上的二十多个学生，赶来这个小小的音乐厅为他捧场。

散场后，邵老师双眼通红。在她的记忆里，小学时的海峰还是一个总听不懂指令、坐不住，随时都会出现各种问题的小胖子，她和现场的很多观众一样，无法相信，这么一场堪称完美的演出竟然是由一个注定不完美的孤独症孩子带来的。

班级里的“伪装者”

海峰小学二年级之前，一直都是班级里的“伪装者”。因为害怕被歧视、被拒绝，海峰的妈妈像很多孤独症家庭的家长一样，入学时隐瞒了孩子的真实情况。因此，当时的班主任邵老师一直都不知道他是一个孤独症孩子。

但是，到了二年级下学期，当其他孩子都适应了小学的学习环境和生活后，海峰的行为问题就显得很突出了。邵老师发现，这个孩子很好动，注意力非常差，总是听不懂指令，而且他的手指好像总是蜷成一团……几番思索后，她还是拨通了孩子妈妈的电话，尽量委婉地谈了海峰的情况，希望家长能带他去检查。

这个电话至今让葛芳芳记忆深刻。当时的她像个被抓包了的小偷，羞愧、担忧、害怕、语无伦次，然后又仿佛石头落地，庆幸终于可以说出来了。在此之前，她每天都过着“提心吊胆”的生活，一听到手机来电就神经绷紧，害怕突然接到老师的电话，说她的儿子不正常。

面对不幸，一家人团结起来

在 2008 年之前，在儿子海峰没有诊断出孤独症之前，葛芳芳作为一个来深圳闯荡的四川姑娘，一直都算幸运。2001 年，她大学一毕业就进入华为公司工作。也是在这里，她与海峰的爸爸相识相恋，“他为人很实诚”。很快，两人就步入了婚姻的大门。

葛芳芳学的是经济学，她喜欢把杂乱的生活按目标规划得有条不紊。2005 年，夫妻俩有计划地在深圳买了房，安了家，把家里老人都安置过来后，海峰作为下一个幸福计划才“落地”。

但是，喜欢规划的葛芳芳怎么都没想到，自己 3 岁的儿子会在深圳儿童医院被诊断为孤独症！“完了，怎么会，怎么可能？！”自从儿子确诊为孤独症，每天，葛芳芳的脑袋里来来回回就这几句话。她感觉自己也快要“自闭”了，然后，在某个不记得天气如何的晚上，之前那个沉默寡言的丈夫居然语重心长地安慰了她很久：“他说，要我朝前看，后面有他在。”

在不幸的事实面前，葛芳芳又有了两分庆幸：“感觉自己嫁对了人！”在丈夫和孩子外婆的鼓励下，葛芳芳振作起来，因为海峰的干预必须尽快开始。

最终一家人商议决定，葛芳芳辞职负责孩子的干预训练，外婆作为辅助，外公全职打理家庭事务和生活，海峰的爸爸专注于事业，扛稳家庭经济支柱的大旗。为了对付“孤独症”这个“敌人”，天南海北组建起来的一家人，前所未有地团结了起来。

邻居说，不要和他们接触

海峰在机构干预了差不多一年后，就已经4岁多了，上学问题成为紧逼而来的下一道关卡。尽管干预之后，海峰接收指令和多动的情况有所改善，但是他身上依然有很多突出的问题行为。而且，不知道是不是遗传了丈夫温和的性格，在葛芳芳眼里海峰的性子太软弱了：“比他小的孩子打他，他都不会还手。”

听过很多孤独症孩子在学校受歧视、被排斥的故事，在海峰进入小学之前，葛芳芳决心和时间赛跑。她将干预机构里学到的知识运用起来，在家里摆上小桌椅和黑板，模仿课堂情境，带着海峰和小区里的其他孩子一起学认字、数数，还有课堂规则。同时，她还组织了很多游戏活动，引导儿子跟小朋友们一起玩，因为儿子，葛芳芳从一名职业女性变成了一个年过三十的“孩子王”。

当然，有时候这个“孩子王”也会不小心碰到小区里的一些老人家凑在一起，尖酸的语气配上凝重的表情，边聊边连连摆手：千万不要让自家孩子跟他们这种人有什么接触。

最后，思虑再三，葛芳芳选择了隐瞒他的真实情况，将海峰送进了学校的大门。然而，经过了这么多的努力，海峰的“伪装”计划，还是在班主任老师的一通电话后宣告失败。

不过让葛芳芳至今感恩的是，因为邵老师朋友的孩子也是一名孤独症患者，尽管“伪装”失败，海峰当时的境遇也没有多糟，而且在邵老师有意识地引领下，之前一些因为海峰行为怪异欺负他的同学也开始对他友好起来。

可惜，海峰的困难并没有因此解决，随着年级不断升高，除了记忆稍好一些，学习需要的逻辑能力、理解能力，他都存在着巨大的障碍。葛芳芳发现，他怎么都背不下一篇完整的课文；跟他讲数学题，无论讲多少遍，他都听不懂；有时候实在没忍住骂了他，他不说话，就一个劲儿地抹眼泪。

在一次次失败里寻找可能

一次偶然的机会，家人发现，在去亲戚家的时候，平时注意力散乱的海峰会因为钢琴声而高度专注起来，即使胡弹乱摁，他也能在钢琴前安静地待上很长时间。

出于希望他能改变多动行为的目的，葛芳芳决定让海峰去培训班学习钢琴。让她没有想到的是，手指常常蜷缩起来，没办法做系鞋带、系扣子这些精细活的海峰，弹起钢琴来，手指却能自由跳跃、伸展自如，表现良好的他还常常被培训班老师带出去做招生表演。

一路坎坷，跌跌撞撞，家人慢慢地发现了海峰的优势和兴趣。经过家庭会议讨论后，他们一致决定，让海峰学钢琴。但海峰在钢琴上的优势仅仅是针对他的其他学习能力而言的，比起普通孩子，海峰在学习钢琴的过程中照样困难重重。首先就是和指导老师的沟通问题，尤其是练手型的那段时间，海峰可没少挨揍，常常是一边弹，一边鼻涕一把眼泪一把地哭。

其次，钢琴演奏需要打动人心，需要富有情感，但对海峰而言，很多复杂的情感他是无法理解的。在葛芳芳眼里，他刚开始学琴，只能完整地摁出声来，根本算不上演奏。

那么，怎么让一个孤独症孩子的演奏有感情呢？在每一次演奏新曲目之前，葛芳芳和外婆就化身历史老师和演员，讲完曲目的历史背景，还要把曲子不同的情感特征表演出来。就这样，一点点地去提升他对钢琴演奏情绪的认知。

2014 年，海峰进入了深圳市郎朗音乐世界学习，在那里，他开始了真正意义上的专业钢琴演奏技艺学习。也是在那里，他成了郎朗在全国专门培养的十位琴童之一，他参与了很多世界性的针对优秀钢琴青年的比赛，并且都获得了优异的成绩。

2019 年，海峰与郎朗同台参与了两次央视春晚的录制和一场深圳春晚的录制，尽管最后只有两秒镜头，但是，这些一次比一次更广阔的舞台成了海峰越来越自信的基石。

不过，比起在钢琴演奏技艺上的突飞猛进，海峰的学习就不怎么理想了。葛芳芳早已接受了儿子不是什么天才的现实，在儿子上中学之前，他们向学校说明了海峰的情况，并提交了放弃参与统考的声明。

他知道自己有孤独症

该不该让孩子知道自己患有孤独症？对于这个问题，葛芳芳的答案是肯定的。

海峰是在 10 岁那年知道自己跟正常孩子不一样的。10 岁之前，海峰一直踮着脚尖走路，葛芳芳带着他纠正，海峰总是又哭又闹不愿意。于是，葛芳芳把在海峰 8 岁那年办好的残疾证摆在了他面前，告诉他，他在成才之前，首先就是要努力学习成为一个普通人。然后，她带着儿子每天在小区里一步一步地重新学习走路，现在的海峰，行走已和常人无异。

"还有，以前他几乎不怎么说话，现在，他会自己上网搜索一些成语、句子，记好后，就去跟人家尬聊。"葛芳芳吐槽儿子，跟人家聊两句还好，多说几句就会暴露。海峰的表达和普通孩子相比，依然存在根本差距。

近两年以来，让一家人感到欣喜的是，海峰在有意识地控制自己的情绪、克服自己的一些问题。比如，当他跟别人聊天一句话重复了好几遍时，他能够自主意识到妈妈对他的要求，然后小声说出来："同样的话不能说超过三遍，那样会惹人烦。"

在妈妈看来，虽然海峰知道自己很多事都做不了，但他愿意接受家人给他提出的很多挑战，尽管闹出了不少笑话。比如，理完头发不付钱就走了，或者坐公交到了机构门口就一直在门口晒着不进去，又或者下了课就必须往老师办公室里去坐着，雷打不动……

海峰一直在努力！2019 年 7 月 12 日晚，刚在法国凡尔赛宫完婚的国际钢琴大师郎朗携爱妻回国举行婚宴，海峰作为受邀嘉宾，在现场为新人送出了祝福演奏。

谁能想到呢，那个指尖飞舞、全神贯注端坐在钢琴前的少年，原本是一个注定障碍重重的孤独症孩子。

近些年，舒海峰的钢琴之路得到了多位国际大师的指导，包括旅美青年钢琴家于子桐、钢琴大师郎朗等。

他的才华得到了认可，曾多次参加重要的演出和比赛，如 2019 年央视网络春晚和中央电视台春晚深圳分会场的录制，2020 年获得普罗科菲耶夫国际音乐大赛决赛钢琴·少年 A 组金奖。此外，他还与郎朗在北京冬奥会倒计时 300 天的舞台上合作表演，展现了他的钢琴技艺。

首发日期：2019 年 7 月 12 日

重度孤独症男孩当上钢琴调律师

——艺术帮他打开与社会沟通的大门

韦一哲，一个2岁被诊断为重度孤独症，6岁才开口说话，伴随着多重障碍的男孩；同时，他又是媒体多次报道的“艺术天才”：12岁开始学钢琴，2年钢琴过8级，5年过10级，17岁开始自己作曲。双排键、吉他、贝斯，绘画，样样拿手，在各种乐器、绘画大赛中斩获多种奖项。

借助艺术这个媒介，韦一哲渐渐打开了与社会沟通的大门，他开始表达、学习，开始愿意探索与适应这个全然陌生的世界。“但艺术不能当饭吃。”随着年龄的增长，一哲妈妈李若兰开始期望儿子能有一门赖以生存的手艺。

钢琴调律师，快满23岁的韦一哲的第一次职业探索。

第一次上门服务

2020年7月19日，新晋钢琴调律师韦一哲接到了第一单“生意”，服务对象是他们的老朋友，同住广州的华南师范大学特殊教育学院教授李闻戈。既是工作，妈妈就要求一哲按照调律师的职业规范和工作程序严格要求自己：自己找来回的路，独立完成工作。当天，韦一哲在视障青年王子安（人称“中提琴王子”，2019年被英国伯明翰大学录取）的陪同下踏上了他第一次上门服务客户的调律师之旅。

提前熟悉好路线后，一哲负责给子安导盲，子安用语言引导一哲，两个小伙伴相互扶持照顾，一起摸索着来到李老师家中。到达后，一哲首先换上鞋套，移去琴罩并放置好钢琴上的摆设，查看了钢琴的情况，并问了李老师一些问题和基本诉求，紧接着，他打开调律工具箱，拿出调律工具开始工作。

“我这钢琴买了七八年，但没怎么弹，也没损坏，我以为不用大调。”钢琴经久未用未调，走音得非常厉害，这是李老师始料未及的，这也给了一哲一个不小的挑战。刚开始，一哲一调，钢琴的音就往下掉，反复尝试都没能解决，一哲有些懊恼与抓狂。

“我能想象到他那会儿的状态，一定是咬牙切齿，嘴里念叨着：‘怎么回事，怎么这么难，气死了……’”对于儿子可能出现的状况，李若兰早有心理准备，“不用理会他，他情绪发泄完了自己就好了。”果然，不一会儿一哲就调整了过来，继续有条不紊地调律，从中音区到高音区再到低音区，一个区一个区地调，遇到难题，他就掏出手机向他的调律老师视频请教。

从 2 点多到 5 点多，站了 3 个多小时，一哲一直专注在调律工作上。“这是个体力活，但一哲没喊腰疼腿累，中间只停下来喝过一口水。”李老师说，最后若不是她打断一哲，他会按照自己的专业标准固执地将音准调试到最好状态。

调完钢琴，一哲还帮李老师调试了吉他，为了检验调试效果，还与子安用钢琴和吉他给李老师来了段即兴合奏。钢琴与吉他的调试效果，李老师非常满意，还特地发朋友圈为一哲宣传。但一哲认为还有瑕疵，要求下次再来复调。

就业辅导员就在身后

自己上门，与客户沟通，独自调律，处理疑难问题，获得报酬，一哲完成了一次完整的工作历练。

但严格的妈妈李若兰认为这次还不算一哲独立完成，是大家共同努力的结果：调律老师先从专业角度给了一哲服务建议，告诉一哲上门调律的顺序、要点、注意事项，并叮嘱一哲遇到问题及时跟她打电话；李若兰则从工作态度、言语和行为准则方面给了一哲一些具体要求。她事先叮嘱李老师不要给一哲任何特殊待遇，然后把劳动“纪律”反复地灌输进一哲的脑子里：要有礼貌，进门要招呼“谢谢您邀请我调律”；工作要专注，不能东摸西摸；客人请喝水或吃东西，要婉拒“谢谢，我自己带了水”；调完律要把钢琴盖盖好，擦干净，物归原位……

还有好伙伴子安，在一哲调律过程中，他反复提醒一哲是来工作的，要专注于调琴，不要分散注意力。

“整个过程，我们都是用一个专业调律师应该具备的专业知识和技能、工作态度和言行规范来要求一哲，没有因为他是孤独症人士就降低标准。”李老师对于一哲的服务评价颇高。

一哲学调律已满一年。调律首先要学钢琴的构造，大量的机械知识曾让一哲一度难以进入状态。好在老师经验丰富且有耐心，她没有让文化课薄弱的一哲看书，而是利用一哲的绘画优势，引导一哲把钢琴调律涉及的部位一张张画下来，边画老师边教，再配合看一些视频课程，慢慢地，一哲学了下来。

调律也需要大量的练习，一哲把机构的几台钢琴拆了练会之后，开始拆家里的两台钢琴。每次他先调，老师再给校正、检验。之后，一哲还帮广州市少年宫特殊教育中心调了7台钢琴，算是完成了实习。正如一哲的艺术成就是一天花七八个小时练出来的，调律这门技术也是他一台台钢琴调出来的。

遗憾的是，因为疫情，一哲原定2020年3月参加的初级调律证书考试取消了，只能等下半年。李若兰笑称，给李老师家服务算是一次“无证上岗”。但此前在调律老师的考核中，一哲获得了93分，已经可以胜任这份工作。

“音乐家”的第二条路子

一哲在音乐、绘画方面的才华有目共睹，但在李若兰看来，这些都是一哲的爱好，它们可以帮助一哲调整他的情绪，提高他的认知，但一哲能靠艺术生存下去吗？

曾经，李若兰有过期待，希望一哲的钢琴、吉他弹得再好一些，将来可以当一个演奏家，通过演出赚取收入。但渐渐地，李若兰发现这条路很窄，市场不大；绘画也是，没有人推广宣传就很难变现。她还是希望一哲有一门养活自己的手艺。

身处广州，支持性就业的模式给了李若兰很大信心，看着有孩子去了必胜客，去了星巴克，她也看到了一哲就业、参与社会的希望。但每当她跟一哲提议去星巴克、必胜客当服务员，一哲都拼命摇头：“我不去我不去，我要当音乐家！”

音乐家的路很长，但机缘巧合之下，另一个机会来了。2019 年 7 月，一个机构的老师建议李若兰让一哲学调律，机构里正好有位大学老师有带孤独症孩子调律的教学经验。李若兰一听，心里大喜，这简直太适合一哲了！“一哲很喜欢钢琴，他的音准特别好，能够听出钢琴有几个音层，哪个音准不准……”调律老师见了一哲后，也盛赞一哲是个调律师的好苗子。

接受过一哲服务的李老师，也赞同了一哲的这一职业选择，认为这碗饭一哲能吃，并提前预订了上门服务。

一方面音乐是一哲的强项，对音律旋律极其敏感的辨别能力让他能立马听出钢琴哪个音不准，问题出在哪儿；另一方面孤独症孩子兴趣狭窄、刻板、执着的特质，反而有可能让他们在从事一个职业时做到专注，恪守自己的标准。一哲调律时，不管多难的琴一定要调到专业标准才行，从不会偷奸耍滑、隐瞒欺骗。

未来的挑战

李老师的朋友圈发出以后，在朋友中瞬间引起轰动，点赞、评论数高达数百，还有很多人提出预约一哲调律，其中不乏个人用户，也有琴行、高校琴房的。“我不是很高调的人，但我觉得特殊需要孩子有的一些能力、做的一些事情一定要让社会上更多的人看见、知道。”接触的个案越多，李老师越发看好孤独症孩子的未来，她也一直鼓励华南师范大学特教专业未来的特教老师更多地接触和走近特殊需要孩子。

“我们的学生上学时就有很多机会和各类特殊需要孩子接触，实践、实习、带家教的机会很多，感受过特殊需要孩子在大家帮助下成长进步的成就感，发自内心地热爱这个职业，毕业时专业对口率达100%。他们愿意为特殊孩子的成长进步和特殊教育事业的发展奋斗出力。”

在一哲调琴的过程中，李老师可以明显看到一哲在沟通互动与环境适应性方面存在障碍，他不会有太多的交流。另一方面，一哲对行为情绪的自控能力、学习能力、生活自理能力又让李老师刮目相看。

比如，一哲刚到李老师家时，因天气炎热，衬衫已经湿透，于是他马上询问是否可以用卫生间，自己换好衣服再出来工作；又比如与子安结伴同行，刚开始一哲只会默默地带着子安走。李老师提示一哲应该怎样为子安导盲，并给他做了示范，一哲的话随即就多了起来，开始跟子安描述周围的环境、介绍路况。

生活中的一哲已经是不需要妈妈操心、会对妈妈说“妈妈你不懂”的孩子，他每天画画、弹琴、玩乐队，安排得满满当当。他能独立出行，会点外卖，会煮简单的食物，还非常有艺术家的自觉自律，注重形象，刻苦减肥，懂得保护双手。

但面对即将步入正轨的调律师工作，李若兰还是有些放心不下。“一个是情绪问题，一个是沟通问题。”一哲比较容易激动，一点小事就可能触发他的脾气，他生气时咬牙切齿，但不会伤人伤己。一般情况下，只要不干涉他，他自己就能调整好。但李若兰担心上门服务时，不了解孤独症的客户可能无法接受一哲的行为。

此外，语言表达也是一哲的障碍，钢琴调律需要与客户沟通，但一哲只能大概说出问题："你的钢琴掉音了，你的琴键脱皮了……"无法表达出更深层的原因，比如"是琴放太久了，受潮了……"。很多时候一哲都是自言自语，需要人特意引导才能说出问题。这也是接下来一哲职业生涯中需要继续修行的内容。

首发日期：2020 年 7 月 24 日

钢琴小王子和他的“明星奶奶”

——70 岁奶奶带孤独症孙子登上真人秀

2019 年，森友 18 岁，是广东孤独症圈有名的钢琴小王子。森友奶奶，也一直是广州家长敬佩的“明星奶奶”。

森友是在 4 岁 9 个月时确诊孤独症的，满头银发的奶奶牵起了他的手。从此，干预、陪读、陪练成了奶奶的生活重心。奶奶十数年如一日的坚守将森友送上了和郎朗、张韶涵一起演出的舞台，也于无边绝望中找到了前行的道路。

2019 年 10 月 22 日，在腾讯新闻出品的音乐真人秀《知遇之城》收官之作上，森友与张韶涵合作完成了被网友誉为“最催泪版”的《隐形的翅膀》，唱出了千万孤独症家庭的心声。

现在每逢周六，森友奶奶一定会出门，去广州孤独症家长们常聚会的地方做育儿分享会。她银发之下安详而坚定的神态，给予了家长们极大的鼓励。

70 岁奶奶和孤独症孙子突然现身真人秀

“哎呀，早知道要录网络真人秀，我就换件像样的衣服了！”2019 年 10 月 6 日下午，森友奶奶像往日一样，送孙子森友去一家名为心潜的公益组织上潜水课。国庆之前，森友奶奶就听心潜工作室的教练说，明星张韶涵想和她聊聊，还希望能和森友合唱一首歌。

虽然不认识张韶涵，但森友奶奶暗自猜测，大概又是哪位明星邀请森友去演唱会助演吧。一直热心于孤独症社会融合倡导的她，痛快地答应了。可令森友奶奶没想到的是，这次，她也是活动的主角之一。一走进心潜活动室，立刻有好几台录像机对准了她，没经历过这阵仗的森友奶奶惊到了。

森友奶奶是广州孤独症圈里的名人，70 岁了，还经常在各种讲座上分享自己的育儿经验。她的孙子森友，2 岁时确诊典型孤独症，一般孤独症孩子会出现的问题，他一样也没落下。从森友确诊以来，奶奶就四处听讲座，学习孤独症干预知识，扛起了孙子干预的重任。

在奶奶坚持不懈的支持下，森友逐渐成长为一个帅气、友善的阳光大男孩，凭借着音乐方面的特长多次在公益活动中登台表演。但这天，森友奶奶第一次参加网络综艺真人秀的录制。

这让她有些措手不及，但她很快镇定了下来，只是感慨自己穿得太随意：早知道，一定不穿这件破破烂烂、皱皱巴巴的上衣。实际上，节目组是有意“瞒”之，为的就是捕捉孤独症家庭最真实的面貌。

邂逅张韶涵，为孤独症正名

在《知遇之城》的收官之作中，歌手张韶涵来到了广州，以义工的身份参加了心潜工作室孤独症孩子的康复训练。“孤独症儿童是不是喜欢在房间里独自待着？”“孤独症孩子会不会很难接近和相处？”和大部分人一样，没接触过孤独症人士的张韶涵心里在打鼓。

下午 1 点，奶奶带着森友到达心潜工作室时，教练黄慧正和张韶涵聊大众对于孤独症的误解，一个真实的案例就送上了门。

森友自然地和张韶涵打了招呼，介绍了自己的名字和爱好，还和张韶涵一起做了自己喜欢的运动仰卧起坐和转呼啦圈。不善言辞但脸上总挂着笑容的森友，在张韶涵看来，就是一个友善、帅气的阳光大男孩。

当森友跟着黄慧教练去上潜水课，森友奶奶才告诉张韶涵，森友小时候也有很严重的情绪问题。森友的孤独症，对他们家来说是一个巨大的打击，尤其是森友 9 岁的那段时间，最为难熬。能力突然倒退的他，连独自吃饭都做不到。

所幸，整个家族都尽力支持森友的教育，一起陪他熬过了那段黑暗、不堪回首的时光。森友奶奶的父母还专门立下遗嘱，表明自己过世后，无论发生什么麻烦都不需要森友奶奶帮忙，她最重要的事情就是照顾好森友。

很多孤独症家庭，就如森友家一样，为了教育好孩子竭尽全力，忍着伤痛，负重前行。可笑的是，社会上还有不少人认为孩子患孤独症就是因为没有得到父母足够的疼爱与教育。这些人妄加指责，残忍地将孤独症家庭的伤痛撕裂得更大。

她不担心孙子“掉链子”

突然要上真人秀的森友，会不会在众目睽睽之下有什么“怪异”的表现？

森友奶奶从不担心这种问题，她从未隐瞒过森友有孤独症，也早早接纳了森友会有不同于普通孩子的表现与人生。她不会当众斥责森友的“怪异”举止，也不在意周围意味不明的目光。她只关心森友的行为是否影响到其他人，如果有，她就在生活中慢慢地帮森友改正。

她坚持带着森友走出去，去普通小学读书，被一所小学拒绝，森友奶奶就接着找第二所、第三所、第四所；森友不能适应学校生活，森友奶奶就在校陪读。除此之外，奶奶也会积极带森友参加孤独症家长组织的讲座、分享会、慈善音乐会及其他社会融合倡导节目。在森友奶奶看来，让大众对孤独症有所了解，需要孤独症家庭勇敢地走入大众视线，需要一次又一次的讲述和真实接触。

她告诉张韶涵，有一次她带森友去海洋世界看表演，森友却指着水下的清洁工说：“奶奶我可以做这个。”那时，奶奶才知道，原来森友可以感受到奶奶心中的焦虑，只是没有办法表达。

10 月 7 日，对于经常参加融合倡导的森友和奶奶来说，或许是普通的一天。但对张韶涵来说，不太一样。从对孤独症一无所知的迷茫到一知半解的紧张，再到发现孤独症孩子也不过是普通孩子，张韶涵的态度发生了转变，她不再用同情的眼光看待孤独症孩子："他们就是我们的伙伴。"

节目的最后，她还邀请了森友同台演唱《隐形的翅膀》。"每一次都在徘徊孤单中坚强，每一次就算受伤也不闪泪光……"这些于苦难与希望中诞生的歌词，配上森友专注、真挚的歌声，勾起了在场很多孤独症患者家长心底的酸楚，就连舞台上的张韶涵和节目组的工作人员都红了眼圈。森友奶奶竭力忍耐，却因那句"飞过绝望"，回想起无数个以为自己熬不过去的至暗时刻，泣不成声。

节目播出后，引发很多网友的关注，森友和张韶涵的合唱也被称为"最催泪版"《隐形的翅膀》。森友奶奶听说这个消息后，很开心，不是因为森友在综艺节目中出镜，也不是因为见到了明星张韶涵，只因为有更多人关注到了孤独症。

她希望大众对孤独症多些关注，不要一听到"孤独症"三个字就把人排斥在外，也希望更多孤独症家庭走出来，勇敢地面对大众。

首发日期：2019 年 11 月 6 日

拿下5块奖牌成为全国冠军

——孤独症少年陈兴融和他父亲的传奇

2021年10月22日至29日，全国特奥会正如火如荼地开展。

海南省海口市15岁的孤独症少年陈兴融在游泳项目上共摘得5枚奖牌。消息传回故乡，舆论再次炸开了锅。这对父子不容易！6年前的2015年，兴融爸爸陈勋虎评上了“感动海南十大人物”，光荣事迹尚未褪色，而今又凯旋。

父子俩不单是当地的焦点，还为不少孤独症圈内人士所熟知。陈勋虎一直奔走在一线，他是海南省精协副主席、海口市精协主席、中国残联第七届全国代表大会代表、海口海燕心智障碍者家庭支持中心发起人、海南省残疾人基金会爱心大使。

孤独症的到来，曾将陈勋虎的梦想碾碎，将他的命运改弦易辙。但如今，他对生活的动力和热情都与孤独症息息相关。

我的孩子，我来负责

其他小龄患者家长可能还在心急，孩子5岁不会说话。我的儿子融融15岁了，还是不会用语言交流，开心就笑，生气了会大叫。

为什么会这样？这源于一次最辛酸和最惨痛的干预经历。融融在2岁时被确诊为典型孤独症。又乖又可爱的孩子，不会说话怎么行啊？当时我们心急啊，寄希望于高价干预。我们找了位发音老师帮孩子做口腔肌训练，她用价值 498 元的工具在融融的嘴里生拉硬拽，孩子痛得哇哇大哭。人心都是肉长的，哪位父亲能看着孩子被这样折磨？当老师教融融发“a”的音，融融一巴掌朝老师挥了过去。早期错误的干预让他对发音形成了心理障碍。

孩子 5 岁的时候，我又寄希望于权威，抢到了省内最大的公办康复机构的名额，一个月的干预费用是 3800 元。10 年前，这笔费用可不小，相当于我一个月的工资。如果孩子有进步，这些又算得了什么呢？把孩子送进去之后，里面的哭声此起彼伏。大门紧闭，我们又不知道里面发生了什么。我求着医生让我进去，可是连看一眼的请求都被无情拒绝。

大家都争抢排号要进去的“围城”，我却在第三天毅然带着孩子离开了。所有人都觉得我不识好歹。我自己也有阴影，当时的水平和条件不比现在，无论是口腔肌训练，还是省里的专业公立机构，给我的直观感受是他们都没有同理心，没有把孩子当成独立的人，而是看成靠野蛮可以驯服的动物。

融融未确诊孤独症之前，我和妻子的工作都很忙，多数时候是融融的爷爷奶奶照顾他。确诊后，一家人都不了解孤独症，爷爷奶奶把孩子不爱交流、粗暴归罪于只顾上班的“冰箱父母”。某些广告最为害人，标榜所谓的神奇疗法，老实的岳父看了后病急乱投医。全家都想抓住黄金干预期，心急起来就全乱了套。

融融妈承受不住，看《海洋天堂》哭成了泪人，靠工作人员搀扶离场。孩子干预的第一年，我和她对干预的想法水火不容，争吵不断。负责干预的主力，必须是能坚持学习和承受巨大心理压力的人。对于妻子来说这过于沉重了，我必须站出来。

一个父亲的自我进修

27 岁的时候，我也有过雄心，计算机专业出身的我和几个朋友一起创业，开了家互联网公司。当时经营状况不错，一年收入有二三十万元。后来，干预融融成了我的新事业。梦想，也就交给表弟打理了。

融融有自虐倾向，紧张起来就会抠肚脐，抠出血都不会停下。为了了解孤独症的行为问题，一本关于行为分析的书我看了很多遍，跟融融有关的笔记写得密密麻麻，破了的地方用胶布粘了又粘。

家里都快被书籍淹没了，我自己坚持每天读 3 小时的书，又像回到了学生时代，但学得更用心更刻苦，希望源源不断的知识能给我打败孤独症的方法。万里路也行了，我坐着飞机赶往北上广深，跑了不少机构学经验，也跟经验丰富的家长交流。

但孩子的回报呢？别的孤独症孩子，教了几天就能认出苹果、香蕉、梨。融融像是“百毒不侵”，光听不会。我明明也足够努力了，我的一切干预却全是徒劳。我满脑子充斥着干预干预再干预，孩子不会就是家长不努力的外界声音。再积极阳光的人，也承受不住这样残忍的打击和折磨。

很多家长说现在的我有经验，但我必须承认，每一位家长的成长都必须要经历蜕掉几层皮的痛苦。不仅是孩子的干预见效慢，我发现我的夫妻关系、亲人关系和朋友关系统统处于非健康状态，自己的生活也支离破碎。

我扛起了干预的大旗，懂得了一些干预方法。而家里的其他人各司其职，我们之间就产生了信息差，见孩子效果又上不来，他们说这是瞎折腾。普通的爸爸，安心工作之外，还能跟朋友抽烟喝酒，在交际中放松。当时的我不足以强大到和朋友聊天时谈起孩子有孤独症，索性不出门不社交。连家长都自闭起来，这样的生活是很崩溃的。

当时为什么会坚持？我思来想去，只能说是与生俱来的责任和血浓于水的父子情吧。当孩子一笑，就像见到小时候的自己，我怎么舍得放弃？何况，融融更不容易。

他学习能力比较弱，我初期是个不成熟的家长，为了不落后，学业任务都是按正常进度走的。融融三年级就承受不住学业上的压力，爆发了，在学校咬桌子、扫把和自己。不会表达的他只会用偏激的方式宣泄情绪。

我出生在农村，小时候家里经济条件不好，靠勤奋读书改变了命运。像大多数家长一样，我希望逼一下孩子，让孩子接受正常的教育，可当时融融一度连小学都读不下去。学校领导和老师时不时就约谈我，其实是轮番委婉劝退。孩子的情绪很差，相比之下，自己的面子什么都不是。

暂缓了一段时间，我带着孩子出去旅游散心。之后，对于作业，我也不强求孩子保质保量地完成，他会写一些生活请求的字词句就好。磕磕绊绊，融融把小学读完后，我就彻底放弃了让孩子走应试教育的路。

原以为游泳能帮助孩子发音，没想到我们父子在这条路上越游越远。我陪着孩子练了 6 年游泳，在参加残疾人游泳队预选时，一盆冷水当头浇下，我们被告知动作没有一个是对的。后来我花钱请了位专业教练，他看孩子“不聪明”的表现就一顿打骂。

我自己也难受，除了父母，其他人很难理解孩子。我一个旱鸭子又逼着自己考了国家级游泳证。能帮孩子铺路的事，我是愿意做的。

最根本的角色是我自己

在情绪的低谷期，我从四季如夏的海南不辞万里飞到无依无靠的北京，参加家长培训继续深造。期间我有过一次心理咨询，头发花白的心理医生见到我很惊讶，他做了 10 多年，极少见孤独症孩子的爸爸来做辅导。那次他劝导我，对付孤独症只是我生活的一部分。

我也幻想过，只要我够努力，就可以摘掉孤独症的帽子。直到听见一句，要与孤独症共存，我幡然醒悟。我有很多角色，但最根本的是我自己。当年的我把 QQ 昵称、论坛称呼等等全从融爸改成了陈勋虎。自己看开了，也不把坚持干预挂在嘴边了，这只是我生活的一部分，我必须找到一个平衡点和孤独症共处，还原生活的样貌。

熬过最难的时期，就会有光，我反倒被孤独症干预了。家长最希望的是什么？能长久陪伴自己的孩子。所以我改掉了很多毛病，下狠心把烟戒了，酒也不沾了，坚持跑步累计 10538 公里。至今，我仍享受这种积极的生活方式。

融融在特奥会上的表现，算是 10 年坚持开出的花。大家都喜欢他站上领奖台时那张青涩纯真的笑脸，我也很激动很开心。家里满墙的视觉支持系统，融融小时候学洗碗都要拆成 10 个步骤练 3 个月，陪着他学游泳的这 10 年光阴，真像是创造了奇迹。

15 岁的他就算不会说话，我也没那么担心了。为了方便表达基本的生活需求，融融会随身携带本子和笔。虽有词不达意、掺杂错别字的情况，但他愿意一笔一画专注表达，这就是他了不起的地方。我尊重我的孩子。孤独症的孩子各有特点，融融不会的东西很多，但又怎样呢，他能稳定情绪、每天开心地跟家人生活，这就足够了。

我对传宗接代的责任早已释怀，但我的父母不一样。他们是很传统的农民，普通话都不会讲，虽然没有明说让我们再生一个，但这件事，他们仍有心结。我和妻子也想成全老人家的心愿，她辛苦怀上孩子后，却因年纪和身体原因，一个多月后被迫放弃。

我从不后悔我有个患孤独症的儿子。哪怕我流浪街头，我也一定会跟他一起活下去。融融的孤独症，让我感受到什么是简单地活过，什么又是滚烫的生活。我全身心地投入父亲的角色，对生活的热情和动力、所获得的成就，都跟孤独症息息相关。

从一个人到一群人

我走出了孤独症的阴霾，但很多新手家长还没有。无论是初期的诊断，还是干预培训课，一线城市的资源都比海南完备。出海南必须坐飞机，再加上旅费、路费、学费，那是一笔很大的钱。2015 年，我联合其他家长在海口市成立海燕心智障碍者家庭支持中心，目的是团结起来，请专家来海南授课，给家长提供培训，以免去背井离乡之苦。

为圈内人士奔走时，我也被里面的家长感动过。2015 年，我参选“感动海南十大人物”，活动是投票制，网络上每人每天可投一票，如果剪下纸质报纸的投票栏，能记 5 票。有一位妈妈为了给我投票，剪了一个月的报纸。我特别感动，也坚定了自身的价值，那就是帮助更多的孤独症家庭。

有机构曾请来大街上跑的公交车专门教孩子学出行，在我看来，这种“过家家”式的干预方法并不是最有效的。经验源于生活，要大胆放手让孩子直接去挤公交车，活跃在社会中才对。

我是中国残联的第七届全国人大代表，当时我提过一个议案：残疾儿童在早期接受干预时，不必上了机构才能领补贴，只要符合相关条件，家长愿意接受培训，就可以申请补贴到家。我很庆幸，海口已经成为这项提案的试点城市。

我所做的这些事情，都是想给孤独症人士的人生道路扫清一些障碍，但我也不得不面对比孩子先走一步的事实。关于融融，我对他最终极的规划就是让他和社区彼此相融。我很愿意带着他出去，只要认识我的人，都知道我有一个孤独症儿子。他自己经常跑出去寻找他快乐的三大源泉：麻将馆里推麻将、诊所看别人打针、玩小学的电梯。

熟悉他的人已经接纳他的存在，但陌生人面对这个奇怪的小伙仍然满是不解。当麻将馆的新员工怕“诡异”的他会影响店内生意时，当别的小孩被扎针吓得哇哇大哭，融融反而大笑时，满是不解的陌生人把这个奇怪的小伙送进了派出所。派出所去多了，我也有了经验，让警察和报警人员了解他的身份，再诚心诚意地道歉，让他们明白这个孩子并无恶意。

爱外出的他，当然也走丢过不少次，于是我就在他的衣服、书包和裤子上写下我的电话。我不喜欢把他困在家里，无论是被误会还是走丢，对我而言，这些都是他融入社区的必经之路。

首发日期：2021 年 11 月 8 日

坚持，就有希望

——一个孤独症孩子在音乐海洋的成长之路

广西一位18岁的孤独症孩子的母亲主动联系我们，希望我们记录下她的儿子沣潮的故事——

从接受干预训练到学音乐，沣潮从医生都认为没希望的境地一步步走到了舞台聚光灯下——他不仅掌握了钢琴和架子鼓两样乐器，还在国内外各种艺术大赛中拿下不少大奖，也受邀参加了不少公益表演和节目的录制。

或许不是每个孤独症孩子都能成为沣潮，但通过沣潮的故事，你会看到一个孤独症孩子的成长之路——坚持，就有希望。

"说'姐姐好'。"

"姐姐好——"

"问'姐姐吃了吗？'"

"吃了——"

电话采访沣潮妈时，她告诉我们沣潮就在她旁边听我们讲话。在妈妈的引导下，沣潮一字一顿说出了"姐姐好"三个字，但当妈妈让他问我吃饭没时，沣潮却跟我说"吃了"。听到沣潮的回答，我和沣潮妈都不禁笑了起来。

"沣潮现在还不会主动与别人说话，只会和我说一些生活上的日常用语，见到外人和老师也会打招呼，做一些简单的回答。逻辑思维和分析能力还十分欠缺，叫他问问题，他经常自己就答应了。”沣潮妈说。

如果不是亲眼所见，你也许很难想象沣潮这样的孤独症孩子在舞台上弹琴时神采飞扬的样子。

糟糕到医生都叫我们放弃

沣潮是我唯一的孩子，怀上沣潮时，我已经 34 岁。在那个年代，也算高龄得子，对于即将到来的沣潮，全家人别提有多期待了。那时我们并不知道接下来等待我们的是怎样的艰难……

2000 年 2 月，因脐带绕颈两周宫内缺氧，沣潮 36 周早产，过了很久才听见他“哇”的一声哭。医生告诉我们，这个孩子以后很有可能会发育迟缓，劝我们放弃。但为人父母，怎么舍得放弃自己的孩子?

当时我们以为沣潮过几年就会和正常孩子一样，没想到到了 2 岁，还不见他开口讲话。而且他不会用手指认东西，经常原地打转，喜欢洗衣机、电风扇这样旋转的东西，医生看后只说了发育迟缓，让送去幼儿园，说很快就会好。然而一直到 4 岁，还是不见沣潮讲话，这时医生才断定：孤独症，智力残疾二级。

再难，都要坚持下去!

命运给了我们一次又一次的重击，但如果非要说出不幸中的万幸，那就是我从来不是个悲观的人，我的家人也不是。孩子的爸爸在孩子 7 岁的时候生病离开了我们，但他生前经常跟我说：“沣潮是我们爱情的结晶，是上帝派给我们的礼物，所以再难，我们都要好好地养育他。”

从 2004 年到 2007 年，在家人的支持下，我一边工作一边带着沣潮走南闯北地做康复训练。当时康复机构离家很远，我就请了保姆，带着沣潮在机构旁边租了房子。白天由保姆带着沣潮去做康复训练，晚上加完班我就赶回去看沣潮。一到周末我就带着沣潮逛公园和超市，增加他接触社会的机会。

虽然过程很艰辛，但沣潮的进步很明显。2005年3月的一天，从来没有发过声的沣潮终于发出了“a”的声音，我激动得哭了出来。虽然仅仅是一个发声，但把全家人的希望都照亮了。这使得我更加坚定了信念：再难，都要坚持下去。

情绪稳定很重要

在该上学的年纪，沣潮连续被家附近的两所公办小学拒之门外。后来一家离家比较远的民办学校愿意接受沣潮由保姆陪读，我就带着沣潮搬了家。

沣潮小时候有不少行为问题和情绪问题。无意间说了他一句，或者吃饭的时候不小心碰到他，他都会发脾气反抗，有时候还尖叫、撞头。此外，他还有抽动和多动的症状。虽然学校的老师、同学都接受这样的孩子，但我知道，孤独症孩子要融入社会，情绪稳定很重要。

为了分散他的注意力，稳定他的情绪，一边坚持给他做康复训练，我一边寻找他的兴趣爱好。沣潮10岁的时候，在一次偶然的机会下，一位大姐告诉我她的儿子和沣潮的情况类似，但是特别喜欢弹钢琴。于是经小学校长的介绍，我找了一位钢琴老师给沣潮试了几节课。试课结束之后，老师说这孩子可以培养，再加上沣潮自己也喜欢，我就带着他开始了学钢琴的道路。

刚开始，认乐谱对沣潮来说都难。花了好几个月，沣潮才把五线谱的符号一个一个认熟；在节奏的处理上，沣潮也经常把握不好，常常自顾自地按照自己的节奏弹。为了建立节奏感，在老师的建议下，13岁的时候，沣潮开始学习架子鼓，这才慢慢找到了感觉。每次弹不好的时候，沣潮都很丧气，但只要我们鼓励他多练几次，告诉他他很棒，他就会高兴地继续练习……

音乐辅导老师说：“沣潮是个非常努力的孩子，每次上完课让他回到家练几遍他一定会按要求完成任务，比很多普通孩子都要认真。”就这样，通过一天天的坚持，到2017年，沣潮已经取得钢琴八级资格证书和架子鼓十级资格证书，并在国内外各种艺术大赛中拿下不少大奖。

不仅如此，在经历了连续两年被中专学校拒绝之后，2018 年，沣潮终于被南宁民族歌舞艺术学校（公办中专）钢琴专业接纳，而且还受邀参加了《好人春晚》《少儿公益春晚》等节目的录制。2018 年暑假，沣潮被邀请录制央视 10 月播出的大型群众综艺娱乐励志节目《生活喜乐会》。

钢琴和架子鼓的学习促进了沣潮大脑的发育和四肢的协调，也让他的情绪比以往稳定了很多。他喜欢所有能够弹奏、表演的场合——什么时候上什么课他都记得清清楚楚，从来不缺席；每次有比赛、演出，我都会跟着他去，常常一整天下来我都觉得精疲力竭，但沣潮好像从来不觉得累，而且还很开心；上了台他也从不怯场。

没捷径，就是慢慢教

沣潮能有现在的状态，在他 10 岁以前，我们从来不敢想。我不懂音乐，但是每次看到沣潮在台上表演，我都知道，这些年的努力没有白费。

其实，学音乐只是沣潮干预中的一部分，除此之外，我也不敢放松对他其他方面的干预，比如，生活自理能力。沣潮的逻辑分析能力十分欠缺，一开始去买菜，沣潮常常不知道要给别人多少钱，经常不等人找钱就走。单单给钱找钱，我就教了他两年。

每一种看似简单的家务，对沣潮来说都是极大的挑战。但经过一次次手把手的教导，13 岁之后，沣潮就已经有很不错的自理能力，自己买菜择菜、做饭、洗衣服、拖地、洗碗，等等，都不在话下。现在去外面演出，我也试着让沣潮一步步自己学坐公交。

还有社交沟通能力，我也没放松干预。很多家长在孩子确诊孤独症之后，会因为害怕别人异样的眼光而不愿意带孩子出去。但十几年来，不管别人怎么在背后指指点点，我都从来不怕别人知道沣潮的情况，为了让他融入这个社会，我必须把他带出去。

从 2016 年开始，沣潮和我一起参加了广西金盾爱心志愿者协会，我经常带他去养老院、孤儿院、康复中心参加慰问演出，给孩子或老人表演、喂饭、剪指甲，很多老人和小孩都特别喜欢他，夸他钢琴弹得好、架子鼓打得也棒。每次听到别人表扬，沣潮都乐得不行。

在带他出去的过程中，我也同时教他基本的社会规则和待人接物的方式，比如怎么跟别人打招呼、聚餐时怎么跟别人碰杯敬“酒”……沣潮虽然沟通能力不行，但慢慢地他也懂得了和人的相处之道，他喜欢跟别人打交道，每次都会笑眯眯地回应别人。

现在的沣潮和 10 年前相比，已经进步太多太多。2019 年 9 月，沣潮进入南宁民族歌舞艺术学校学习。中专三年他会面对什么，三年毕业之后又将何去何从？未来的路还很长，沣潮也还有很多东西要学。

我已经 50 多岁，但我还是坚持在工作岗位，因为我知道，一切都没有捷径，只有一点点慢慢教。在力所能及之时，我要尽可能地把最好的、能给的都给他。我相信，正如这 18 年的坚持所带来的收获一样，未来，也一定会越来越好。

首发日期：2018 年 8 月 8 日

孤独症女孩成演讲狂人

——妈妈 19 年总结 6 条干预经验

家华在小学三年级才被确诊为孤独症。曾经，她不开口说话，不理人，乱吃东西，身体不协调，遭受校园欺凌。如今，28 岁的她能顺畅地与人交流，交了朋友，有了自己的一技之长，还会表达自己的想法，甚至去许多城市演讲，其中离不开家华妈妈——周玲玲的努力。

在科学的孤独症干预方法尚未普及的年代，周玲玲为了帮助家华，努力学习干预知识，考了各种证书，把自己变成了亲子教育专家。在帮助家华取得进步之后，周玲玲又不断地将自己的经验分享给有需要的孤独症家庭，给了很多家长启发与思考，周玲玲也被家长们亲切地称为“魔法妈妈”。

“魔法妈妈”的口袋里到底隐藏着什么魔法？今天，我们就请周玲玲老师亲自分享她的干预理念与方法——

我从来没有为自己当时放弃工作后悔过，现在回过头来反而要感谢自己作出的这个决定。为了帮助家华，我开始不断地学习，先后考取了台湾地区二级心理咨询师、英国国际色彩艺术应用学院高阶授证、图像心理学导师等证书。到现在，我已经有了 18 年的讲座与培训经验。

在培训过程中，我接触到很多家长。我发现，家长们好像总是在学各种方法，但世上有千百种方法，学得完吗？其实，家长首先要掌握的是观念和方向，然后才是方法和技巧。我在干预家华时，坚持的观念和方向概括起来有以下三点：认清 IQ（智商）、认识孩子、清楚孩子的能力范围。

孩子被我逼进医院

家华刚确诊时，我和大多数家长一样，非常恐慌，想把各种方法都用在她身上。一心想着让她快点进步，却忽略了与她建立关系，没有真正地认识她。

一直到 18 岁，家华晚上都会尿床，这让我很崩溃。其间，我们采用了调闹钟、自己起床叫她上厕所等无数方法，但无一见效。长时间下来，家华的身上开始长疹子，后来我带她去医院，医生说尿床是因为情绪紧张。听到这个结论我很惊讶，原来家华自己也害怕尿床，我们的行为让她有很大压力。

直到这时，我才意识到，孩子其实比我们更想变好，我们一味地塞东西给孩子，却忘了要跟他们好好沟通，忘了了解他们能承受和消化的范围。这就好比不能把适合一百斤的人穿的漂亮衣服拿给两百斤的人穿。我们希望孩子变好，首先要了解孩子的“身材”，找到适合孩子的“衣服”。

我们该怎样了解孩子的“身材”？我建议家长可以为孩子做一本蓝皮书，也就是孩子的使用说明书——把孩子的生活习惯、情绪、个性等细节记录下来，并一一对应孩子出现这些行为可能的原因或目的。当你把孩子交给干预机构、学校老师或者是志愿者时，往往会因为他们不了解孩子的种种情况，需要很长一段时间来建立关系。如果有蓝皮书，便可以让刚接触孩子的人快速接手，缩短磨合期。

比如，家华经常会做一些奇怪的动作，双手做出花的形状放在胸口，老师一开始不知道她这样做的原因，以为她是在调皮捣蛋做鬼脸。但是有了蓝皮书之后，老师能在蓝皮书里找到原因：家华是有情绪了。制作蓝皮书的过程也是家长观察和认识孩子的过程，蓝皮书可以定时更新，最终形成完整的小册子。

找优势比找问题更有价值

如果我们要在孤独症孩子身上找问题，那很容易，但我觉得我们更应该看到他们能做到什么，找到他们的优势去培养和加强。比如孩子的数学考 20 分，语文考 80 分，补习该补哪一科？一般情况下，家长会选择比较差的数学让孩子去补习。但是，我们孤独症家长要知道：如果孩子的能力只能到这里了，再怎么补习也没用，那我们为什么不加强他们好的科目呢？

以前家华很喜欢吃东西，学校老师为了她的身体健康曾阻止她吃，这引发了家华很多行为问题。于是我采取了另一种方法：接受她爱吃东西的行为，还买很多零食让她吃。因为，只有她心情好了，我说的话她才更愿意听。

之后，我根据她这个爱好，引导她去学烘焙，自己制作蛋糕和饼干，并且分享给其他人。家华开始欣赏别人吃她做的东西的感觉。别人吃的时候，她的嘴巴也跟着动，就好像自己也在吃一样，她感到很满足。后来，家华不仅吃的东西越来越少，还成了一名非常棒的烘焙师。

跟普通孩子比，我们可能永远都比不上。在这方面，我们需要有自知之明，要有非常清晰的认知。但是，我们不妨先观察孩子感兴趣的东西是什么，然后在这方面加强和培养。

解决孩子的情绪问题，需要情商

如果你的孩子带了一把水果刀去学校，你会是什么反应？家华读小学五年级时，有一天学校打来电话，告诉我家华带了一把水果刀到学校，老师问了她好几个小时，她完全没回应，一句话也不说。我马上赶过去，看到家华坐在位子上，低头不语。很多家长遇到这样的事情会觉得很没面子，很紧张，甚至逼问孩子。但我没有这样做，而是拿出情绪沟通图卡去了解她此时的内心状态。她选择了“受伤”这张情绪卡片。

所以，在接下来的沟通中，我的询问非常小心，以免对她造成二次伤害。然后，我采用“天使与恶魔”角色扮演的沟通技巧，用两个布娃娃分别扮演家华心中的“天使”与“恶魔”，进行对话。这样做的目的是让家华放松，如果在对话中她听到了不对的想法，还能促使她开口解释。

最后她终于开口了，因为那天有一个她喜欢的同学过生日，那个同学很喜欢吃水果，所以家华把家里最好用的水果刀带到学校想要送给她。我就是这样一步一步利用技巧来缓解家华当时紧绷的状态，安抚她的情绪，引导她表达出原因。

另外，我们和孩子沟通时，要用孩子懂的语言，而不是用我们懂的语言。比如家华很喜欢海绵宝宝，我平时跟她交流时，就会模仿海绵宝宝来跟她互动，动作和语言都尽量夸张，让她注意到我。她觉得有趣，就更愿意听我说话。每一个孩子状态不同，使用的方法也不同，家长应该最了解自己孩子的情况。

孩子，你要走出去！

在和家长交流中，我发现很多家长输出的都是负面内容，把孩子关在家里，用自己的方法来想事情。其实，我们应该多鼓励孩子走出去，感受世界的美好和生命的多彩。

家华在文山特殊教育学校时，加入了打击乐社团，参加了比赛，并且获得了第二名！在社团里，家华和同学们在一起训练、学习，互相鼓励。在集体之中，她感受到了同学之间相互帮助的温暖，感受到了自己的价值，社交能力也大幅提升。这比学会语、数、英更重要。

我也经常送家华去各种培训室，比如蛋糕教室和画室，而且我找的老师都有特殊教育经历。家华在学习的过程中也得到了老师很多的爱和鼓励。教家华做蛋糕的Nancy老师采用美式教育，每次见到家华都会热情地打招呼，也会直接地表达自己对家华的赞美和爱：“家华，我爱你！”家华在爱和接纳的环境下学习，感觉到很快乐。后来，家华把在老师和同学那里感受到的爱，继续传递给更多的人。

再也不打孩子了

孩子待在家长身边的时间是最长的，家长的情绪会直接影响孩子的状态，所以家长的自我调适很重要。以前，我常常控制不住自己的情绪，无论事情大小，只要家华没有达到我的要求，我就用打骂的方式来逼她。结果，不仅家华的干预效果不如人意，我自己的状态也越来越差。意识到这一点后，我找了很多老师学习自我调适，但是通通都没用。

直到家华 10 岁那年，一天，我在家教她功课，急切地想让她学会，于是一直逼问她："懂不懂？懂不懂！"每次她都点点头表示懂了，但做的时候还是做错。我当时又急又气，用手打了她的头。我竭力地控制自己的情绪：深呼吸，然后离开，不让自己再有下一步的动作。

当我回来时，家华戴着安全帽坐在课桌前。我顿时笑出了声，她竟然用这么幽默的方式告诉我：反正都要挨打了，那我把帽子戴在头上，妈妈打我的时候我就不痛了。这顶安全帽让我反思，孩子都能想出应对妈妈脾气的办法，我为什么还没有改变？

那时候我就告诉她："从现在开始，只要妈妈跟你说话，你没有办法回答我，或是你也有情绪，你真的不知道怎么办的时候，你要给我打一个信号。"从那一天开始，我再也没有打过我女儿。

后来只要我有情绪，我就立马先离开。和家华拉开距离，避免摩擦，等情绪平稳下来，再继续。我觉得这是一个很棒的方式。我发现，自己的情绪平稳了之后，家华也安静下来了，学的东西也能更快更好地接受。

以上，便是我在干预家华时的一些观念与方法。最后，我想告诉家长们：孩子真的没有不同，只是需要不同的方法；孩子真的没有问题，只是展现人生的方式不同。希望家长先学会观察和认识孩子，然后找到适合自己孩子的方法，让自己过得更好，让孩子过得更好。

当苹果籽种下去，你不知道会结多少果子，你能做的就是灌溉，等待它开花结果。

首发日期：2019 年 7 月 30 日

第四章 社会（就业）融合

孤独症人士能胜任全职工作吗?

——24 岁男孩羽飞就业记

和 6 点下班的同事不同，孤独症人士羽飞因为住得很远，公司决定让他每天下午 5 点 10 分下班。2021 年 12 月 31 日跨年前夕，明明到了下班时间，但视频编辑羽飞还没离开办公室。他嘴里念念有词："这视频怎么还没上传完？！我想弄好它，让金美姐省点心。"到了 5 点 30 分，羽飞终于弄好了。他挥挥手，向每一位同事送上了自己的新年祝福。"祝 lily 姐元旦快乐！小余妹妹元旦快乐！柴老师元旦快乐……"

从 2019 年末入职到现在，羽飞渐渐熟悉了职场生活，工作也成了他生活中不可或缺的一部分。可孤独症人士能胜任全职工作吗？曾突发癫痫的他会不会有意外？缺少社交技能的他能和同事好好相处吗……带着这些疑问，我从深圳来到北京，和羽飞一起工作了一周。

入职第 6 天突发癫痫，现在他能适应工作吗?

"羽飞，今天你要做什么工作呀？""啊，小余妹妹，我今天要弄邹小兵教授和石荟老师的视频字幕，OK！"刚认识羽飞的我很好奇他的工作，羽飞热情地用响亮的声音介绍了他的工作。

羽飞每天大概 9 点 10 分到达公司，他进门的第一件事是和大家打招呼："早上好！早上好！"整理好外套、帽子后，羽飞会给奶奶和爸爸各打一个电话："我现在在万东科技文创园 15 号楼，现在和小豆哥、Lily 姐、小余妹妹一起。我手里有彩虹糖，应该是……小豆哥给我的。好的，OK！"在结束电话后，羽飞紧锣密鼓地开始了一天的工作。

在公司，羽飞负责添加视频字幕，配合同事制作视频。Arctime、PR、PPT、剪映……羽飞都可以熟练操作。过去的一周，羽飞共整理了 8 个小时多的视频字幕。还协助与他对接的同事完成了一些零碎的任务。无论是工作内容还是工作状态，羽飞的表现都让我找不出"碴儿"。

在日常生活中，羽飞的行为稍显刻板。比如，每次更换环境时羽飞都要给爸爸和奶奶打电话，进出地铁站时必须刷卡核对余额。但这些行为并不会影响到他的工作。这些特征组合起来，构成了独特的羽飞。正是羽飞身上的这些特点，让我接触到了生命的多样性和复杂性。

羽飞入职"大米和小米"，不仅是他和家人的一次重要尝试，也是"大米和小米"的一次重要尝试。时间轴拨到两年前，羽飞刚入职的第 6 天，他突然癫痫发作，倒在工位上。面对突然倒地的羽飞，"大米和小米"的其他员工想帮助他又不敢动，最后由专业的老师帮助羽飞摆正体位，清除口中异物。大家的齐心协力和 120 急救车的及时赶到，帮羽飞渡过了这个难关。

但这让许多人既挂念又担心。大家挂念的是，因为不适应环境诱发癫痫的他还好吗？大家担心的是，这位孤独症同事在癫痫之后还是非常想回到工作岗位，他真的可以胜任这份工作吗？而两年后，羽飞用自己的行动说明了一切。

每周工作结束后，羽飞都会写好周报发给对接的金美姐和部门负责人。他每天做了什么，工作做了多少，全都一目了然。

2021 年 12 月 13 日—2021 年 12 月 17 日
2021 年 12 月 13 日　星期一
1. 给金美姐给我在钉钉发的 ××× 老师居家干预——第二集视频和一些 JPG 格式图片素材的百度网盘里的视频中，用 PR 处理一些视频和图片，再用剪映添加字幕（已完成）。
2021 年 12 月 14 日　星期二
1. 帮着粘万东科技文创园 15 号楼 ××× 下办公室地面的一个开的插座口，用粗胶带和剪刀，横 5 刀竖 5 刀（已完成）。
2021 年 12 月 15 日　星期三
1. 帮金美姐用 PR 和剪映纠正 ××× 老师居家干预——第二集视频中 ××× 老师出现镜头的次数和视频字幕大小（进行中）。
2021 年 12 月 16 日　星期四
1. 帮金美姐用 PR 和剪映纠正 ××× 老师居家干预——第二集视频中 ××× 老师出现镜头的次数和视频字幕大小（已完成）。
2021 年 12 月 17 日　星期五
1. 帮金美姐把百度网盘链接里柳柳老师居家干预——第一集 30 分 03 秒视频添加字幕（已完成）。
2. 我在 ××× 姐分享我们万东科技文创园 15 号楼 ××× 办公室的一些同事们的 Surprizamals 大箱子里抽取一种圣诞礼物（已完成）。

羽飞的周报，记录十分详细

被孤独症同事照顾

刚到办公室的第一天，我还不太熟悉同事们。在 Lily 的提醒下，羽飞带我和许多同事打了招呼。我心里想："羽飞好温暖！"没想到，更温暖的事还有许多。每个工作日，羽飞会定好上午 11 点 50 分的闹钟。闹钟一响，羽飞会提醒大家吃饭，错开排队高峰。

到了饭堂，羽飞会主动给我们拿盘子。楼下的饭堂有些嘈杂拥挤，我打完饭后，被推搡着往前走。我刚拿起酸奶，还没弄明白怎么结算，羽飞在一旁告诉我："这是免费的。"另一位同事小豆哥和我讲："羽飞主动给一个人拿盘子是对他的认可。被羽飞认可是件很荣耀的事。"

"之前公司来了一位新同事 Mark。我们一起吃饭时，羽飞只给我和 lily 姐拿盘子，不给 Mark 拿盘子。过了一段时间，羽飞也会给 Mark 拿盘子。我对 Mark 说，你被羽飞认可了。"

和办公室的同事熟悉之后，羽飞经常从家里带水果来公司分享。羽飞会先数好办公室有多少人，然后把自己带来的草莓或葡萄按照颗数平均分配。如果水果数量不能被人数整除，或是有磕碰损伤的水果，羽飞就会把数量少的、不好的那份留给自己。

对同处一个办公室的柴老师来说，羽飞分享水果是她和羽飞相处过程中印象最深的一幕。“羽飞每次都非常细心，准备好水果后，他会送到大家面前，说‘这是你的，祝你开心快乐！’。让人挺感动的。”

2021年寒潮造访，北京迎来了最冷的一个冬天。羽飞给办公室里的每一位同事都准备了手套。大家收下后向羽飞道谢，羽飞在一旁嘿嘿笑着：“不客气，OK！”在这个冬天，温暖大家的不仅是保暖的毛线手套，还有真诚可爱的羽飞。

羽飞就业背后是无数人的努力

相比于两年前，羽飞的工作状态进步了很多。他不再事无巨细地和同事打报告，面对工作上的小细节，他能自己拿主意。在遇到困难时，羽飞会直接求助。

有一次，羽飞电脑上的任务栏消失了，他没有着急和惊慌，而是向对面工位上的我们说：“Lily姐、小豆哥、小余妹妹，我电脑上面的任务栏消失了，你们三个选择一个人来帮我看看吗？”

我过去帮羽飞处理好问题后，告诉羽飞，如果再出现类似情况可以直接叫我。就这样，容易引起羽飞焦虑和紧张的事情被一点点化解了。

羽飞成功就业的背后，是许多人的努力。羽飞爸爸在忙碌的工作之余，还是羽飞的职业辅导员。面对工作上的难题，除了同事帮助羽飞一起解决，羽飞爸爸也会想办法。比如，羽飞在添加字幕时，听不懂一些老师的口音。羽飞爸爸就自费购买一些软件帮助羽飞。这样羽飞就不再感到为难，也知道遇到类似问题怎么解决。

在过去的两年里，羽飞共犯过3次癫痫。羽飞爸爸担心有突发情况，在羽飞被诊断为孤独症后，多年来，他的手机从未关机。在羽飞癫痫发作后，“大米和小米”公司从安全角度考虑也曾犹豫过。但经过多轮的用药、评估和检查，加上休养阶段羽飞在家办公的表现越来越好，“大米和小米”还是决定让羽飞回来工作。

重回职场，同事们是否会担心羽飞再次癫痫发作？“大米和小米”首席品牌官潘采夫说：“现在羽飞很熟悉工作环境，他身边的小豆老师、Lily 都很照顾他。还有曾经是康复师的丽丽，也会用一些康复知识帮助羽飞。现在的环境对他来说是很安全的。况且，普通人也有癫痫发作的可能性嘛。所以我不担心。”

这些来自家人、同事和领导的支持和善意，就像一张完善而巨大的网，时刻可以兜住羽飞。即便突发意外让他从生活一角跌落，他也会被稳稳地接住。

羽飞爸爸最大的担心

虽然羽飞已经成功就业，但羽飞爸爸还是有很多担心。羽飞每天通勤时间接近 3 个小时。每天下班后，羽飞要步行 20 分钟到地铁站，坐 9 站地铁，出地铁再骑 30 分钟车才能到家。

羽飞爸爸最担心的是羽飞路上的安全。羽飞认路能力很强，羽飞爸爸不担心他走错路，担心的是他癫痫发作带来危险。羽飞爸爸做了一个联系牌，羽飞每天都会挂在胸前。如果羽飞有意外情况，羽飞爸爸只能寄希望于好心人联系自己。在日常生活中，羽飞爸爸也会特别关注羽飞的身体情况，一旦感觉不对劲就会给他请假，不冒险让他上班或出门。

羽飞的癫痫不是先天性的，而是手术导致的并发症。高中时，他因脑膜瘤休学了一年。当时羽飞各方面状态都有好转，能理解规则，开始主动关心别人。可他脑部的肿瘤长到了鸡蛋大小，必须接受手术……期间，羽飞和家人经历的精神痛苦和生理痛苦无法用语言形容。所幸，这些都过去了。

现在，羽飞长大了，但羽飞爸爸还是家里的顶梁柱，他不能倒下。羽飞爸爸不仅要照顾羽飞，还要照顾脑癌术后的羽飞妈妈。羽飞基本可以生活自理。有段时间羽飞妈妈经常闹脾气，只吃羽飞做的饭。擀饺子皮、买菜、煮面条、炒简单的菜，羽飞都能应付……

虽然羽飞有工作有收入，但他并不了解钱的实质意义。羽飞知道钱可以买到自己喜欢的东西，但钱的多少对他来说只是一个数字。

谈到羽飞的未来，羽飞爸爸叹了口气："有时候故意不去想，先解决眼前的问题。只能是走一步看一步。怎么说呢，不想不可能，但也没办法。未来的政策变化不是我们可以掌控的。作为孤独症孩子的家长，我们当然希望政府出台残疾人养老方面的相关政策。"

首发日期：2022年1月6日

孤独症男孩成功就业轰动上海

——栋栋担任图书管理员的 10 年

1997 年初，刚任职不久的上海市精神卫生中心儿童青少年精神科医生杜亚松，开出了他的第一张孤独症诊断书。诊断对象是一个 5 岁多的男孩，名叫顾荐栋，小名栋栋。2012 年 9 月，经由《解放日报》和上海图书馆推动，栋栋去了上海图书馆读者服务中心做志愿者。2013 年 9 月，21 岁的他与上海图书馆的外包服务公司正式签约，成为图书管理员，也成为上海首个孤独症就业者。

10 年过去了，栋栋现在过得如何呢？

图书管理员的一天

6:45 起床，7:50 出门，换乘两次地铁后，8:25 到单位，栋栋发微信给爸妈："我到了。" 8:30 穿上蓝大褂，戴上白手套，栋栋开始了一天的忙碌工作。和往常一样，他和同事们推着小推车来到整理处，从消毒柜里接出滚落的各种杂志，不一会儿，大家再推着堆成小山似的推车回到各自分管的房间。

栋栋蹲在地上，熟练地将图书码齐，再根据书脊上的编号，把读者还回的图书按类排序，依次上架。多的时候，他需要推送六七车杂志。除此，他每天还需要巡检一次，查看是否有图书乱架、错架，及时整理，确保读者能按索引号找到所需图书。

前一阵子，刚过完年，栋栋还根据领导的安排，在阅览架上剔除一些破旧的杂志，上架新图书。这些工作对栋栋而言都没太大难度。随着疫情防控解除，来图书馆的读者越来越多，但没人发现栋栋是一位孤独症人士。

下班后，栋栋坐同样线路的地铁回家，妈妈问他累不累——妈妈的意思是希望栋栋下班后可以继续学习，但栋栋总是很有理由："我一天上班很累了。"对栋栋而言，下班后的时间极为宝贵，他可以玩手机。

准时下班、周末双休，这份两点一线的工作，栋栋已经坚持了10年。过去几年，图书馆发生了很多变化，重新修葺了，领导换了一茬，和栋栋关系最好的小颖离开了，原班组的同事几乎都走了，只有栋栋依然坚守在自己的小天地里。

他的想法很简单，对工作特别执着。有一次地铁坏了，栋栋错过了上班时间，带教老师说可以不用上班，栋栋不干，着急地说："我的杂志还没放，不去上班，我的工作没人做。"有时候他在家里不听话，妈妈故意吓唬他："打电话告诉班组老师。"栋栋立马怂了："妈妈，我表现好一点。"

10年过去，栋栋从一开始只能帮忙整理少儿绘本到现在独当一面，负责一个单独的杂志借阅室，他的进步可以说超乎想象。薪水也以每年几十块的增速，从2012年的1600元，稳步增加到2580元。"不划算，很多人都这样讲。"栋栋妈却觉得无所谓，"主要想让他融入社会。"

不是有了工作就好了

栋栋是杜亚松接诊的第一位孤独症患者。确诊时，他还不满6岁。此前，他一直被家人误认为"耳聋"，既不会说话，也不好好吃饭，不愿与人对视、无法交流。"我们那时候不懂，以为孤独症不过意味着孩子很孤僻。后来才知道，养育一个孤独症孩子的难度甚至超过养育智障儿。"栋栋爸爸说。

2012年，栋栋从特殊职业学校毕业。当时，他依然不怎么会说话，更多是鹦鹉学舌，文化也仅有普通孩子三四年级的水平。他最常接触的人，除了家人就是孤独症同伴。

成年孤独症患者就业，历来是世界难题。但根据国外的经验，他们做图书管理员、超市理货员等都是不错的选择。自从栋栋确诊以来，妈妈一直带着他做公益活动、向大众宣讲孤独症知识，为圈内的孩子争取一些就业融合的权益。

偶然一次机会，经《解放日报》成功牵线后，上海图书馆向他敞开了友好的大门。然而，“不是有了工作就好了”。栋栋妈回忆，第一天上班时，栋栋不会刷卡点餐，午饭时间他一次性点了四五个菜，旁边人都盯着他看：“这么大饭量，人家都不敢和他说话呀。”

还有一次，临出地铁站，栋栋的交通卡坏了，他不知道怎么应对，后来还是图书馆的老师给他打电话接了他出来。他还不会跟读者沟通，因为掌握的词汇量太少，他想说也说不出来。一开始，读者问他问题他答不上来，人家投诉到上面办公室，他还是没有反应。

暑假时图书馆里小朋友特别多，大家零零散散坐在地上看书。有一次栋栋抱着一叠少儿绘本想要走过去，他对小朋友们说“让一下”，大家没听懂他的意思，他也不知道怎么回答，最后东倒西歪地倒了下去，书还砸到了小朋友。最开始的那段日子，“每天都胆战心惊，生怕接到图书馆的电话”。栋栋妈说。

每个细节都要教

“几乎每个细节都要教。”但欣慰的是，这些年来，栋栋不论在单位还是在家，大家都是以鼓励为主，没有人对他说过重话。起初，爸爸每天带着他上班，一点点把栋栋介绍给同事们，直到两个月后，大家慢慢熟悉了栋栋，爸爸才撤除了辅助。

刚开始工作时，栋栋只能根据书脊上的标签颜色进行分类，无法按数字大小排列，速度也很慢。工作人员问他有什么想法时，他似懂非懂地说了句：“少儿图书……”栋栋妈很了解他，告诉工作人员：“大概他想整理少儿图书。”后来，等到栋栋可以整理有数字编号的图书，时机渐渐成熟，领导真的将整理少儿图书架的任务交给了他。栋栋开心了好一阵，闲暇之余也会自己翻看喜爱的绘本。

此前，还有人提议为栋栋贴上孤独症标识，避免与读者之间的尴尬事情发生，但同事们拒绝了。他们宁可自己多麻烦一点，在读者询问时及时为栋栋把问题接下来，并给他示范。

工作期间，栋栋偶尔也会走神，谁也不理，自说自话。但带教老师提醒一下“工作、放书”，他马上又回到状态。在这样友好的环境中，栋栋越来越放松，也渐渐学会了简单的应变。但“活络”之后的副作用也随之而来。同事小颖与栋栋年龄相仿，一直很照顾栋栋。后来小颖发现，栋栋会偷懒了，有时也学大家当低头族看起手机来。这个时候，小颖就要盯着他：“时间快到了，赶紧加油整理啦。”“整理好有奶茶喝。”督促之后，一般效果不错。

但栋栋妈也非常清楚，对于这样一个永远不可能和普通人一样的特殊孩子，不能指望他突飞猛进，他可能“终身都需要一根拐杖”。

渴望和朋友分享

除了图书馆，栋栋还在距离家门口 3 分钟路程的一家大卖场陆续做过几段小时工，周一到周五每天做 4 小时。去图书馆上班后，他偶尔周末去大卖场，主要负责为商品打码，也有同事觉得他好使唤，什么活儿都塞给他。卖场搬迁后，栋栋妈觉得离家太远，无奈让他放弃了这份工作。

“人家说我太残酷，但我是想锻炼他。”栋栋妈感慨，“工作这么久，我大概知道了工作氛围的重要性，大家理解他关心他，他才会好。”在图书馆上班间隙，栋栋偶尔会和同事们搭两句话，但交流的内容也仅限于“今天工作好”“我新理了头发”这种简单的日常。

他也会在大家闲聊的时候偶尔插话：“你们也看《一树桃花开》吗？”某天，同事们在休息的时候闲聊电视剧，栋栋冷不丁插话。见大家看着他，他来了劲，却低头回避着众人的眼神：“我在电视剧频道看这个……”工作之外，栋栋特别渴望和朋友分享自己的生活，他经常把自己出去旅游的照片发给别人，穿了新衣服也想和别人分享。

有一次他和爸爸视频通话说："我今天穿了新裤子，你让大家看看灵不灵（上海话，好看的意思）。"如果别人回应很灵很好看，他就很开心。

但他几乎没有同龄的朋友，自从小颖离开图书馆，他的交友仅限于妈妈的同事、图书馆的带教老师和孤独症圈的个别人士。对此，栋栋妈倒不强求："他能像今天这样，我们已经满足了。"

首发日期：2023 年 3 月 1 日

半年，他送出去了 70 多份快递

——当上快递员的孤独症男孩

张峻绮是谁？通常，人们会这样介绍他——戴榕的儿子，现在 ×× 岁，2 岁时被诊断为孤独症。他的妈妈戴榕是心智障碍圈里毋庸置疑的“功勋家长”，从 2008 年起，就和闺蜜卢莹率先发起并推动了广州随班就读支持计划“融爱行”，后接替心智障碍权利倡导者王晓更女士，担任中国心智障碍者家长组织联盟理事长，为更多心智障碍者家庭奋斗。

张峻绮的童年，更多是关于妈妈戴榕的报道，随着峻绮长大，我们看到了踏入成人世界的他，也开始用自己的方式闯荡江湖。

半年，他送出去了 70 多份快递

不知不觉，张峻绮进入广州的慧灵庇护工场已经一年多了，他也将满 20 岁。从 2016 年 12 月开始，张峻绮成了一名小快递员，主要帮忙运送文件资料和慧灵的面包。他的客户一般都是慧灵属下的部门和员工、家庭综合服务中心的叔叔阿姨，以及身为全国心智障碍者家长组织联盟理事长的妈妈戴榕的朋友们。周围的人评价他，交通能力较强且喜欢与人交流。

半年来，张峻绮一共送出了 70 多份快递。“一开始张峻绮会因为一些不职业的行为，如闯到客户办公室大声说话、反复问客户一些问题而遭到投诉，”庇护工场的李清老师说，“但是后来经过不断的训练，他进步较大，获得

大部分客户的好评。”得到赞扬的张峻绮自然也很开心。

“其实，张峻绮并不是真正意义上的快递员，当时的他能力还不满足一名职业快递员的要求，但因为他喜欢，所以让他提前上岗。”张峻绮的个性化辅导卓老师坦言道。为了支持儿子找到喜欢的职业，妈妈戴榕也积极配合。2017 年 3 月，戴榕特意从慧灵麦子烘焙坊定制面包送给她在广州的近 20 位朋友，挨家挨户送面包的任务就由“快递员”张峻绮负责。

戴榕的好闺蜜、广州扬爱特殊孩子家长俱乐部副理事长卢莹，也是张峻绮的客户之一。2017 年 3 月 7 日，张峻绮早早起床，这一天他的任务是把妈妈定制的法棍面包送到居住在广州市海珠区的卢莹家。早饭过后，张峻绮从家里搭乘一小时的公共汽车来到慧灵麦子烘焙坊取好面包、查好公交路线，便出发前往卢莹家。而另一边，卢莹早就发信息告诉张峻绮，必须在 13 点 30 分之前送达，因为她下午要外出。

眼看时间快过了，张峻绮还没到，卢莹不打算将就，依计划外出了。14 点 30 分左右，卢莹接到张峻绮打来的好几个电话，催促她去小区门口拿东西。卢莹无奈，指挥他将法棍放在门口信箱里，但没找到卢莹家的张峻绮回复把法棍放在了门岗，然后离开了。晚上回到家，卢莹问遍小区所有门岗都说没有见到快递。这一次的送货以货物丢失告终。

母子一起反思：为啥丢快递？

得知张峻绮没有完成送快递的任务，戴榕询问了他送快递的过程，发现了以下几个问题：第一，乘车路线选错了，导致路上耽误了时间。从麦子烘焙坊到卢莹家正常需花费一小时，但这一次他整整花了两个半小时；第二，反复打电话让客户下去取快递也是不职业的行为；第三，在客户不在家的情况下，把快递放在门岗处，却说不清楚具体是哪个门岗，拍了照但是无法辨认具体是在哪个场景。

接下来，戴榕和老师告诉了张峻绮存在的问题，庇护工场的李老师、卓老师、黄老师等对张峻绮再次改进培训。一星期后，张峻绮第二次给卢莹送面包。这一次，张峻绮的专业得到了卢莹的认可：“当时张峻绮带着一张信息单，单上提供了收件人的地址、电话等。张峻绮顺利找到了我家，敲门、送快递、签收后马上离开，整个过程非常职业。”

其实，张峻绮能够实现“送快递”的梦想，背后是慧灵庇护工场的老师们一直以来的培训支持。

李老师告诉“大米和小米”——首先，庇护工场的老师们给张峻绮做快递员培训，包含快递服务礼仪、保护货物安全、职业道德等内容。李老师坦言：一开始，我们也很担心他的安全，每次出去的时候都会提醒他带好手机，充好电。其次，在送快递前进行情景演练。一开始，李老师和卓老师会轮流陪着张峻绮一起送快递，等到他熟悉之后，老师们再渐渐退出。最后，每一次送快递回来后，老师们都要了解张峻绮送快递的情况，总结需要改进和注意的地方。戴榕感动地说道：“因为送快递的流程是先把快递单送回庇护工场再回家，张峻绮会严格按流程执行。但有时候，张峻绮送快递在路上会耽误时间，导致回到慧灵就比较晚。但即使再晚，李老师或黄老师也会等着他把快递单送回慧灵。”

送订单	20	到达送货地点，打电话给客人					
		电话中使用礼貌用语					
	21	告诉客人面包/文件已送到，询问客人在哪里收取					
	22	等待客人来收取面包/文件，不私自闯入办公室					
	23	将面包或文件交给客人					
	24	将收货单交给客人，请客人签收					
	25	不能在客人公司唠叨，影响客人工作					
	26	客人公司的物品，眼看手不动					
	27	做破坏性行为，需要道歉、赔偿					
	28	和客人告别，离开					
	29	全程使用礼貌用语					
	30	在办公场所做到轻声细语					
	31						
返程交通	32	到达公交车站乘坐指定的公交车					
	33	按时回工场，不在路边商店试吃，闲逛					
		留意羊城通余额是否充足（10元以上）					
完成任务	34	将送货单交回工场，给李清或黄主任签名					

3-自己完成　　2-语言提示　　1-暂时未能完成

慧灵庇护工场李老师、卓老师等为张峻绮设计的快递记录表除了慧灵的老师对他进行培训、实施情景演练，这当中也少不了妈妈戴榕操心。戴榕告诉“大米和小米”，张峻绮每一次外出送面包的“客户”，都是她精心安排的。她会先在微信里给对方发过去一段文字：“亲，慧灵正在训练我儿子的工作责任感，安排他送快递，我让他给你送一份快递吧（麦子烘焙的面包一份，小小心意，赠送给你品尝下午茶哈），方便把你的地址及联系方式给我？”

为了让客户可以正确看待孤独症人士在工作时可能出现的问题，并及时辅助他们，戴榕也会向客户附上以下建议——

孤独症人士送快递，需要您做以下配合：

1. 慧灵的社工老师已经有相关的训练与要求，行为准则要求包括：到达目的地后，打电话给客户，双手递送快递，说“这是您的快递，请查收”，并请客户签名后礼貌告别。

2. 孤独症人士会有一些不恰当的行为，比如：大声说话、进入办公区或者家中、与熟悉的人寒暄……需要给您的办公室或者家里相关同事和家人做一些心理建设。

遇到这种情况，请提醒他“你是快递员，必须遵守快递员的规范，不能大声说话，也不能进入办公室……快递我收到了，你可以离开了……”切记，无须过多交流，把他当成一名普通快递员。

3. 方便的话，可以拍摄一些小视频或者照片，用文字简单记录一下快递过程（可以参考附件的表格）。

4. 快递员联系方式：张峻绮，136–xxxx–xxxx，请注意接听电话。如遇问题，可以联系慧灵李老师，186–xxxx–xxxx，或者家长戴榕，136–xxxx–xxxx。

非常感谢您的支持！

李老师和卓老师都表示，张峻绮进入慧灵的这一年，发脾气的情况变少了，学会了妥协，沟通能力也得到了提高，现在的他每天生活很充实。看到儿子的不断进步，妈妈戴榕也很欣慰。

“我的两个梦想”

在2017年6月11日的守望心智障碍者家长联盟的年会现场，戴榕和儿子张峻绮也来了。张峻绮站在年会的讲台上，向眼前的人们大声念出了他的梦想：

“大家下午好！我是张峻绮，今年20岁了。而我的奶奶，她老了病了，她在今年2月的时候就离开了我。我哭了一周，眼睛都哭肿了，我很怀念她。我天天叫爸爸找新奶奶，爸爸都没找到，我很不开心。我不想老去，我不想老了生病，我不想去世。因为我喜欢生活！

“我现在是广州慧灵庇护工场的工友。我很小很小的时候就认识了慧灵，之前我一直在上学，我一直读书到职高毕业。2015年7月职高毕业后，我就来到了慧灵庇护工场工作，因为我很想工作，很想赚钱。有钱了可以买玩具，也可以去旅游！

“不过，我在慧灵庇护工场做过手工，画过油画，做过陶艺，做过家庭助理，做着做着我觉得不是很喜欢。我后来就找社工商量，我和他们一起讨论，我说我想做一名快递员，因为我身体不错，认得路线，也懂得坐公交车。

“接下来我成功地成为慧灵庇护工场的快递员，负责送资料到慧灵各个中心和送麦子烘焙的面包给客户。有时路程很远，觉得工作也有点累，当把面包送给客户时，他们说：‘张峻绮好样的，不错！’我听到别人表扬的时候，心里很高兴。

“我很喜欢送快递这个工作，因为可以认识很多新朋友，可以和他们交流聊天，帮我解释十万个为什么，这样我也不用老待在工场里很无聊。我是有很多梦想的人，小时候我想当兵。现在呢，我想去读江西赣南师范大学，因为毕业后可以当老师，就可以有寒暑假啦。

“谢谢大家！”

首发日期：2017 年 6 月 21 日

“喜憨儿洗车中心”感动一座城

——一位家长和 15 位心智障碍洗车工的故事

2014 年，为了给 13 岁的心智障碍儿子找到合适就业的方向，曹军联合其他家长，试图为这群特殊需要人群探索一条出路，通过商业手段来帮助他们独立就业，平等争取普通人该有的尊严。喜憨儿洗车中心便由此而来。8 年后，曹军探路成功了吗？

“接车！”一辆汽车远远开过来，孩子们都围了过来。大家都盯着越来越近的车子，曹洲溥一路小跑跑向顾客。“看核酸。”后面的李小李不忘提醒。“你好，请出示 48 小时核酸健康码，”交接后再问，“老板几点来取车？”然后存钥匙、登记，车子驶入洗车位。小成第一个发现副驾驶位车窗没有关，小李立即取来车钥匙，上车关窗。

穿着雨靴的小纪拿着水枪走上前，开始依次冲洗车顶、车头、车尾、轮胎……冲完后，又给车身打上清洁泡沫。一次冲水，一次打泡沫，小纪的动作娴熟麻利。

冲过水后，车子开进擦水间。刚坐下没一会儿的小李大喊一声“开工”，拿起吸尘器开始吸灰，后备厢、座椅、车盖缝隙，每一个角落都没有放过。其他小伙伴也围了过来，有人洗脚垫、有人擦车门，小凯从车头开始擦起，曹洲溥负责给汽车加水和擦水。如果不是面对面交流，很难想象这些一气呵成的动作出自一群心智障碍人士，他们分别患有孤独症、唐氏综合征、发育迟缓、智力障碍。

“这辆车是中山粤 T，那辆是粤 L，属于广东惠州。”靠在洗车间墙上休息的小宝不断评论着每一辆车的属地。“这是福特，那是江淮”，他还说最喜欢沃尔沃。

2022 年 3 月 29 日，一个普通的下午，深圳梅林喜憨儿洗车中心又正常营业了。小李念叨：“居家了一个礼拜，烦死了。”他想快点回来上班。

8 年洗车 98909 台

稳定运行 8 年，洗车 98909 台，可以同时为 15 位心智障碍者提供就业岗位，这是截至 2023 年 12 月 15 日喜憨儿交出的成绩单。98909 的红色数字，就打在洗车中心的电子屏上，这个成绩还在增长。不下雨的时候，平均每天可洗 40~50 辆车，小成会拿本子记录下每一辆洗完的车的车牌号，数据每天晚上更新一次。

喜憨儿洗车中心的显示屏

洗车这条路，是曹军精挑细选的。他当时的初衷就是为自己孩子解决将来融入社会就业的问题。因此在选择模式时，他首先就从自己孩子的角度去考虑，对男孩子来说，玩水、打泡沫本身就是一种乐趣：“洗车这样的工作，投资不大，技术含量不高，可操作性又强，关键是能让孩子们在工作中找到乐趣，那就是一件非常幸福的事情。”

曹军说，洗车工作重复性强，心智障碍孩子的某些特质反而成为他们难得的优势。比如，师傅说哪个部位擦三遍，本来两遍已经擦干净，但孩子们一定要擦三遍。“骄傲一点说，我觉得孩子们很了不起，不厌其烦地做好一件事，这不就是工匠精神？”当然，洗车中心里光有残障孩子是不行的，他还招了两名教师，在一旁辅助、培训，和他们一起工作。

经过多年摸索和实践，喜憨儿洗车中心将洗车过程流程化、标准化、模块化，已经形成了完善的职业能力测评体系和职业培训体系。曹军按实际操作标准自主研发了专供洗车使用的测评模块，即以一般车型的尺寸为标准，通过 18 宫格标线模拟出洗车所需的运动范围，训练和评测他们的观察范围和操作能力。

测评时，老师会在白板上拍满粉笔灰模拟车身灰尘，要求他们擦拭干净。等到他们认为自己完成了指令，老师再根据不同分值的宫格完成情况以及操作连贯性进行评分，通过这种方式了解他们的大运动能力，再根据能力程度进行针对性的培训和重复训练。

传统的洗车行一般是 1~2 人一台车，在喜憨儿中心，孩子们是以小组的形式来作业，1 个轻度障碍者、2 个中度障碍者、2 个重度障碍者，或者 1 个轻度障碍者、3 个中度障碍者、1 个重度障碍者。师傅会根据每个人的能力分配冲水、打泡沫、洗脚垫、拉水、吸尘等工作。比如小凯不喜欢洗车，喜欢擦车，他的工作就是负责擦干车辆。

当孩子们操作熟练以后，曹军又开始探索轮岗模式，希望让不同能力的孩子都得到锻炼。此外，每天早晨，师傅们会开晨会布置当天的工作；也会喊喊口号提提气；对于孩子们的错误，也会当面批评。“市场是什么标准，那么我们就参照什么标准。”

礼仪和规矩也是服务标准之一，比如不能抠鼻屎、啃指甲，不能脚踩凳子，不能裤腿拉在膝盖以上，等等。曹军说：“实际上恰恰就是这么简单的要求，反而是我们的孩子最受人喜爱的地方。你做好了这一点，你又靠自己的劳动挣得一口饭吃，没有人会小看你。别人都会帮助你，别人都会赞扬你，我们周围很多顾客经常表扬孩子们‘真好’。”对此，一位老顾客李先生表示：“他们服务态度挺好的，感觉和其他地方也没什么区别。”

没有“套路”也是持续经营的必要条件。喜憨儿洗车中心收费和其他洗车店一样，一次 45 元。“正常收费，谢绝小费”，曹军在洗车中心的入口处贴了这块牌子。曹军说，顾客中百分之七八十都是回头客：“我们没有主动推销过一张会员卡，都是顾客主动要求的。我们走商业路线，顾客觉得物美价廉自然愿意买单。”因此，曹军也不担心同业竞争：“2017 年，我们还把旁边的一家普通洗车店给做倒闭了。”

用劳动赢得尊重

喜憨儿洗车中心上午 8 点上班，但小李每天 7 点就到了。开门、清洗吸尘器、放音乐，为当天的工作做准备。他是喜憨儿最早的员工，已经这样工作了 7 年。

小李说，自己就想工作赚钱，每次发了工资会去吃一顿炒面，给家里人买点零食，偶尔给自己买鞋子和衣服，其他的都舍不得花，要留着将来娶媳妇用，还想考驾照，买一辆 SUV。“普通人的一生，不也是这些追求吗？”

对这些孩子，曹军只提两个要求：情绪稳定；能独立上下班。他并不考量能力和程度，孩子们分成不同的组，实行轮休制，无论前来洗车的人有多少，都朝八晚六，准时上下班。“我希望工作对这些孩子来说是快乐的，而不是一种负担。”曹军说。

在曹军心中，能让这些心智障碍人士通过工作体面地获得尊重，是自己最重要的目标之一：“仰视比怜悯的意义更重大。”“孤独症、唐氏综合征、发育迟缓、智力障碍、脑瘫，这些孩子在一起，各自还有一些优长，团结在一起对外的是大的形象，他们之间可以互相监督，互相带领，这种榜样的力量也挺好。”

曹军说：“心智障碍人士单独就业很难，但我们要看到真实的他们，找到每个人的价值点，让他们发挥出来，让每个人刚好做自己擅长的事情。他们的工作环境需要团结，工作方式需要团结，我们应该做的是给他们营造一个合适的环境。”“签合同、交五险一金，领 2360 元工资。和普通人一样，我们的孩子也每天上班拿工资，我们不比别人差。”一位家长说。

2021 年，曹军的儿子曹洲溥也加入了洗车中心，他的初心已经实现。工作一年，儿子虽然并没有太大的能力长进，但他可以走进社会和顾客交流，每天出门有一个目标，而不是漫无目的地闲来逛去。“开开心心地工作，开开心心地玩。也挺幸福，是吧？”曹军说。

全国复制 37 家，解决 400 多人就业

这几年，还有成百上千的心智障碍孩子的家长从全国各地陆续跑来，希望曹军能解决孩子的就业问题，出于经营发展的考虑，曹军说自己并不是他们的最优解。

但曹军也乐意将自己的经验无偿分享给需要的人。目前，全国通过深圳喜憨儿洗车中心的无偿帮助和支持，已有 37 家店复制成功在运营，覆盖了南京、合肥、哈尔滨，最远到新疆库尔勒，解决了超过 400 名心智障碍者稳定就业的问题。

未来，曹军希望喜憨儿洗车中心能成为心智障碍人士链接社会的窗口。一方面为他们提供一个半庇护式的就业场所，让他们的人生跟随着社会流动起来；另一方面，曹军也希望喜憨儿洗车中心的模式能成为特殊群体就业的一个启发，且能依托当地实际情况有更多的创造和结合，特别是结合当地街道办、托养中心、康复机构、社区、家长组织，甚至停车场。

他觉得：“这件事不难，可孩子们等不起，一年一年，他们长得很快……”

首发日期：2022 年 3 月 30 日

第五章 大龄生存

孤独症男孩大学毕业找工作被骗

——圈内公认恢复得好的就业也不容易

小舒，圈内公认的康复得很好的一个孩子，邹小兵教授曾说他已经达到理想稳态。小舒 2 岁 6 个月被诊断为中重度孤独症，在妈妈坚持不懈的干预下，他“潜伏”进小学、初中，又考取了高中、大学。十几年的读书生涯，写满了不易，他曾用“经常跟同学打得鼻青脸肿”来形容。

22 岁的小舒拿到了大学毕业证书。我们给小舒发去祝贺之时，也询问了他的近况。小舒只回应了“上班”“深圳”“妈妈推荐”“写文章”几个字，颇为高冷。小舒这是顺利找到工作了？“没有啊。”妈妈否认了此说，随后向我们讲述了小舒实习、就业的另一版本——

2022 年是被全网认定非常难就业的一年，仅高校毕业生就达到 1076 万人。

2021 年下半年，高校秋招时，小舒就着手寻找实习机会了。他就读的是一所专科院校。2019 年报高考志愿时，他们一家曾在去外地读二本还是在本地读大专之间做选择，最终还是决定让他留在本地。因为环境熟悉，也便于家人照料他。回头看，这是个无比正确的选择，用小舒妈妈的话说：“他这三年，简直不能更快乐了！天天吃，随便吃，没人管。”“吃货”小舒不仅吃遍了学校食堂的每个档口，还把学校宿舍楼下的几条街给吃遍了。

当然，吃不是小舒大学生活的全部。没有了高中那么繁重的学业，自由时间多，小舒加入了很多社团，经常去参加活动，聚餐、去KTV唱歌都是他喜欢的。没有了初中那样复杂的同学关系，大学生自己管自己，并不关注这个泛泛之交、独来独往居多的小舒。即使在人际交往最为密切的大学宿舍，小舒跟同学也很少产生摩擦。“他高中就开始住校，矛盾早已激发过了。”妈妈说。

在大学这条赛道上，小舒就和同龄人一样，并无差别。当同学们开始找实习单位，他也准备好了简历，每一场招聘都去。同学们一个个拿到实习offer，小舒也有了信心，觉得自己也可以。每当妈妈询问“实习单位找得怎么样”“需不需要帮助时”，小舒都会摆出一副自己能搞定，不需要妈妈插手的大人姿态。找工作的细节，他也不愿跟妈妈透露。

被骗了

2021年年底，小舒突然喜滋滋地告诉妈妈：“妈妈，你儿子我找到工作了！”妈妈自然惊喜，但想着儿子之前只字未提去面试的事，忍不住问了一连串问题：“怎么找到的？”“在哪里呀？”“公司是做什么的”“你是什么岗位？”“工资待遇咋样呀”……不承想，她这一问把小舒问生气了。“他一定觉得问东问西，摆明了是不相信他！”妈妈猜测道，但还是跟儿子确认了一下上班时间。小舒成竹在胸，答道：“跟公司说好了，年后去上班。”

小舒入职那天，由爸爸陪同，妈妈远程指导。临行前，妈妈再三叮嘱小舒：“如果公司让你交身份证，交钱，千万别交。签合同的话，也一定要先发给爸爸妈妈看。”

到了公司楼下，小舒便不再让爸爸跟着，只说公司在7楼。爸爸只好作罢，在楼下等待小舒的消息。十几分钟后，小舒发来了一个OK的表情。中午，小舒在朋友圈发了一张电脑前摆着麻辣烫的工位照片。“这是在嘚瑟：看，我也是上班的人了，也是点外卖的人了。”小舒的心思被妈妈一眼看穿。

下午，小舒在群里上传了他的合同，妈妈一看，上面清清楚楚写着“推荐就业”“交培训费”等字眼。“果然被骗了，就是个中介公司。”白纸黑字，小舒无从辩解，悻悻而归。"他说找到工作的时候，我就很怀疑，因为他连基本的职位、做什么工作都答不上来。"即使对儿子上当受骗早有察觉，妈妈也决心让他碰个壁："不然他什么也听不进去。"

此后，小舒再也没提过这件事，那条朋友圈也神秘消失了。"他当时还跟我们耍了个心眼儿，公司明明在 5 楼，他告诉爸爸在 7 楼。"说起这段经历，妈妈觉得又好气又好笑。

周六要加班

上当受骗后，小舒继续在网上投简历，又有几家中介公司找上门，被妈妈识破后，小舒开始问妈妈："什么样的公司才是正式的？"小舒妈妈找来一家公司的招聘信息作为样板，告诉他正规公司有详细的公司介绍、职位介绍和任职要求，下面还附有 HR 的联系方式。"要不你就投一下这家公司试试？"介绍完，小舒妈妈还建议小舒给这家公司投简历。

几天后，小舒接到了这家公司的面试通知。与 HR 面谈，收到实习 offer，一切来得很顺利。

上班后的小舒，整个人都笼罩着"有工作"的骄傲与优越。第一天下班后，他就略带得意和兴奋地跟妈妈说："这周六我要加班耶！"听到妈妈只回答一句"哦"，他便轻蔑地来了一句："妈妈，你有班加吗？"实实在在把加班当福报。

上班后，小舒自觉地拔高了自己的家庭地位，一到傍晚，就开始在家庭群"下达指令"：

我下班了，你该买菜了@后勤老爸

晚上吃鸭，可以吗

青菜要有

抑或是

又吃鱼@后勤老爸

不好吃吗

前天才吃

围观的妈妈忍不住吐槽："不知道的还以为给了多少家用。"

到了工作上，小舒是百分百认真、尽责，从不迟到早退，从不摸鱼，疫情期间从不利用上班时间做核酸，把公司利益放在第一位。这天下班后，小舒向妈妈汇报工作成果："我今天按要求改图片了。"当妈妈好奇地问："你改得合格不？给我看一下啥样呗。"小舒瞬间切换成严肃表情，正色道："不可以的！这是我们公司的内部资料，怎么能给外人看呢！保密你懂吗？"一通说教，将妈妈"数落"得无地自容。

到小舒自己挨批评时，态度也是相当诚恳，还在家庭群反思：

好消息：我被批评了。原因是……

我终于发现自己的不足了

这也是我欣慰的

看着儿子沉浸在打工的喜悦中，妈妈心里也偷着乐呵："这实习没安排错。"

原来，这份实习是妈妈偷偷帮小舒找的，从引导他投简历到面试、入职，安排得严丝合缝。"一直找不到怕挫伤他的自信。时间不等人，实习也是毕业的重要条件。"因着这层关系，小舒的职场氛围是包容而友好的，妈妈也便于向朋友了解小舒的实习表现。“还是存在一些问题，比如他需要帮助时，他会毫不客气地朝人喊，‘李工，过来看一下’，其实这很没礼貌。”

2022 年 3 月，深圳突发疫情，小舒的实习转为居家办公。但他没有丝毫懈怠，依旧按时上下班，直到回校准备论文和答辩，实习才终止。

拿到毕业证后，小舒重新加入了求职大军，跑人才市场，在网上投简历，一天也没落下。但在这个就业“寒冬”，小舒的简历大多石沉大海。这时，社区的残联专员建议：“可以让小舒先来社区的职业康复站过渡一下。”这也是小舒口中的“妈妈推荐的写文章的工作”。据小舒妈妈透露，深圳每个区都有相应的残疾人辅助就业政策，持有残疾证的人可以去职康站做一些简单的工作，也能拿到相应的津贴。

小舒在职康站的绘画作品

“这不是长久之计，只是暂时的。”妈妈说小舒在职康站上班的同时，也在投简历，人才市场有招聘时，他就去人才市场。“既然他自己想试一下找工作的滋味，我们就放手让他试。”

从早期干预到普校融合，一路走来，小舒妈妈已逐渐看淡，逐步放手。融入社会这条路，她想让孩子慢慢闯。

*为保护孩子隐私，本文采用化名

首发日期：2022 年 7 月 7 日

写给重度孤独症儿子凯凯的一封信

——“草根父子”的成长路

“这十几年来，我只做了三件事：一是分析我儿子的行为；二是记录我儿子的行为；三就是塑造我儿子的行为，衣食住行、社交沟通……而这些，其实就是在生活。”

在“大米和小米”平台上，来自黑龙江大庆的作者“凯爸”，分享过孤独症家庭的很多育儿故事和干预心得。这些文章很受家长欢迎，因为他总是能把行为分析的专业理论，用最真实的笔触、最直白的语言描述出来。

然而，很多人不知道的是，这位影响了很多家长的爸爸，原本只是一位只有初中学历的保安。在儿子凯凯被诊断为孤独症后，凯爸独自带着他在异地干预，他“博览群书”，十年如一日地坚持科学带娃，一步步把患重度孤独症的儿子教得能沟通、能自理，情绪稳定、生活有序，平稳地步入成年。

就让我们从凯爸写给儿子凯凯的一封信中，体悟这对“草根父子”的一路成长吧！

2002 年 5 月 23 日，一个小生命诞生了，他带给爸爸的不仅仅是初为人父的幸福，还有爸爸对未来的憧憬和希望。爸爸对你要求不高，就三条：身体健康，心理健康，有一技之长，说白一点就是希望你能幸福地度过一生。不能不说，到目前为止，除了最后一条，你已经非常出色了。

时光飞逝，转眼你已经 3 岁了，没叫过爸爸妈妈，不跟小朋友玩，也不玩玩具。叫你名字你从来都没反应，你对你的父母表现得一点感情都没有，这很伤我们的心。虽然很多人都说你贵人语迟，但是爸爸依然放不下心，因为爸爸在为你准备的一本育儿书里发现了一种以前从来没听说过的病——孤独症。里面的描述竟然和你如此相像。

于是，2005 年的初春，爸爸和妈妈领着你，登上了去往南京的飞机，只因为那里有全国最好的诊断孤独症的专家——陶国泰。在南京脑科医院，爸爸看到了和你一样的孩子，当看到他妈妈被告知孩子是孤独症而放声大哭的时候，爸爸这个东北男人竟然头一次有了头皮发麻、腿发软的感觉。

很快，陶专家就给出了答案：典型孤独症。

去评估，你又拿到了 85 分的高分，爸爸正在暗自高兴，却被当即泼了一头冷水。医生说分数越高，程度越重，满分 100 分，59 分就可以确诊孤独症，85 分是重度孤独症。于是，儿子，你的父亲失态了，泪流满面。

一路无语，回到老家。更大的问题来了，谁来看护你？爷爷、奶奶已经老态龙钟，姥姥、姥爷已经不敢再带你，你妈妈还没有做好准备。怎么办？爸爸可能做过很多错事，但是，在你的问题上，我亲爱的儿子，爸爸在痛哭了一场，狠抽了半包烟，抱怨了一下命苦以后，挺身而出了：爸爸来带你，因为你是爸爸的儿子。

那时候，大庆还没有一家孤独症康复机构，爸爸是在参加一期孤独症学习班的时候，听说山东有这样的机构。爸爸下决心要带你去。经过艰苦的斗争，爸爸终于争取到了停薪留职，领你走出了人生最关键的一步，去山东济南进行康复训练。

儿子，你可知道，爸爸是怎样被人质疑的吗？当时，爸爸只说了一句："康复没有效果，死都不会和你从济南退回半步。"在那里，爸爸经历了完全不同的人生，认识了很多家长，见证了人生百态。一个机构里，一百多号人，有借钱去的，有妈妈一个人带着孩子去的，有爷爷奶奶带着去的，我们这些原本没有任何关系的人，在异地他乡，相互帮助，彼此舔舐伤口。而说起你的康复，真的太难了，孩子，你的基础太差，就连医生都跟我说，要做好未来你没有语言，吃喝拉撒都要人照料的准备。

于是，为了你，为了读懂“火星人”的语言，爸爸这个初中学历、一看书头就痛的人，咬着牙啃起了孤独症的一部又一部相关书籍，终于让自己和你站在了同一起跑线上！

很快，康复训练有了效果。儿子，还记得吗，你6岁第一次会叫爸爸的时候，爸爸竟然泪流满面，语无伦次。当爸爸感冒烧得浑身无力，没有力气再给你做饭的时候，你竟然听懂了爸爸的话，像“好孩子”一样不哭也不闹，自己啃起了面包。当你一声声叫着“爸爸”，把你手里的面包往爸爸嘴里塞的时候，你知道吗，我亲爱的儿子，爸爸是眼泪和着面包咽下的。爸爸那时候在心里默默地发誓：你我父子，此生不离不弃。

儿子，还记得吗，当年爸爸领着你走了大半个济南城，每当你累的时候，就会很大声地跟爸爸说：“爸爸背。”爸爸一蹲下来，你就像小熊一样扑上来爬到爸爸背上，满脸都是笑。爸爸一说累了，给个奖励，你就会狠狠地亲爸爸一下，爸爸开心地大笑，你也跟着傻笑。那一刻，你快乐，爸爸更快乐。

儿子，还记得吗，每次要给你照相，你都会皱着鼻子做鬼脸，后来爸爸学会了偷拍，终于能把你照得好看了。你不在家的时候，这些照片就是爸爸的精神寄托。开心了，看看你；累了，看看你。默默地说上几句，继续陪伴你走在路上。你快乐，爸爸快乐。

儿子，你慢慢地长大了。爸爸开始思考你今后的问题，认识到你必须过集体生活。经过长时间的痛苦挣扎，在所有人异样的眼光中，爸爸把你送到了特教学校。

儿子，你知道吗，当老师跟爸爸说你一个月不好好吃饭，瘦了很多的时候，爸爸一面跟老师说没事，一面积极和老师沟通如何解决问题，一面安慰着你的妈妈。其实爸爸心里也很痛，想起你的时候，眼泪就会在眼里打转。但爸爸知道，有些路你必须自己去走，有些困难你必须自己去克服。爸爸终究有离开你的那一天，最好的选择就是，爸爸活着的时候，看着你多流泪，帮助你克服困难，爸爸离去的时候，你才可以少遭罪。大爱真的要无情！

儿子，爸爸只是换一种方式陪你在路上。慢慢地，你长大了，有了自己的生活，有了自己的伙伴，有了自己的思想，你回家时玩电脑的表情，爸爸想一想都会乐。“爸爸出去！”“你要干什么？”“我要玩电脑。”爸爸刚出去，门就被你紧紧关上，还能听到你开心的笑声。你知道吗，这一瞬间爸爸竟有些失落，你再也不是天天让爸爸背的那只小熊了。但是有一点永远不会变，那就是你快乐，爸爸快乐，爸爸永远陪你在路上。

儿子，因为你的天真无邪，夏天变得温暖而干净；因为你的笑容，爸爸感觉到发自内心的那一丝暖意，感觉生活单纯得让人想微笑。老天给了爸爸一个特别的儿子，是因为他知道，爸爸有足够的爱和能力来面对你。谢谢你，是你让爸爸变得如此坚强，是你的进步让爸爸感觉生活还有希望。

凯凯，爸爸爱你的原因只有一个——你是我的儿子，无论你以后成长为让人仰视的参天大树，还是无人欣赏的低矮灌木。爸爸从不比较，只会看你所展现出来的、所拥有的生命的翠绿。

我一直说，凯凯快乐，爸爸就快乐！同样，只有爸爸快乐了，凯凯才会真正地快乐！

爸爸要跟你说，无论今后的路多么难走，爸爸都会陪你在路上。生活很简单，就是四个字，“好好活着”，你我一定可以做到。

而如果有来生，我们再做父子。

首发日期：2021年3月11日

养老院里来了一位 18 岁孤独症少年

——一段感人至深的兄妹故事

近些天，一位托养在济南圣爱幸福家园养老公寓的孤独症青年广振引起了家长们的密切关注。

年仅 21 岁的他，没有待在家人身边，也没有去专门的心智障碍者托养机构，而是在养老院，与 18 位平均年龄超过 70 岁的老爷爷老奶奶们生活在一起。养老院院长告诉“大米和小米”，广振 2015 年就来到了养老院，他性情温和，与老人们相处得十分愉快。她也在给广振做一些生活自理的训练，广振学会了购物，还做起了养老院的小小服务员。

为什么这么年轻的广振会被托养到养老院？他是否还有其他选择？带着疑问，我们联系了广振的妈妈。她讲述了原因，也牵出了一段感人至深的兄妹故事——

我也想留他在身边，可条件不允许

这些天，我把孤独症儿子送进养老院的消息传开后，人们有感动，有赞赏，当然还有质疑。其实，送广振去养老院的无奈与辛酸，恐怕只有经历过的人才明白。我想说的是，我所有的目的还是希望我们在还有些力气的时候，为孩子争取一个更好的明天。

广振出生于1997年，到3岁还不会说话，没有目光对视，行为也刻板，被济南市儿童医院确诊为孤独症。当时我和他爸爸无论如何都不相信这是一种无法治愈的疾病，于是带着广振四处求医、到处康复训练，几乎把整个家都搞亏空了。

广振10岁那年，我们觉得再也不能这样下去了，于是重新燃起了生二胎的想法。我一开始是不敢的，但爸爸拍着胸脯说："赌一把，赌赢了就是希望，就是改变，输了我们就什么都不干，开个机构带孩子。"在他的坚持和鼓励下，2007年，年近四十的我生下了一个可爱的女儿。

当时爸爸要赚钱维持家用，老人又年事已高，我一个人同时带两个孩子，忙得白天脚不沾地，夜里12点之前从没有睡过觉，有时候脸都顾不上洗就累倒在床。这样的状态在妹妹两岁时，已经难以为继了，我的身体彻底累垮，随时都可能倒下。

妹妹还太小，我们只能忍痛将广振送去托养机构，第一次我们为他选择的是省内的一家托养机构，离家很远，我们隔好长一段时间才能去看他，每次我们离开时广振都会大哭，我们也心如刀绞。但因为无处可去，广振在那里一待就是5年。

2015年，在朋友的介绍下我们把广振送去了圣爱幸福家园养老公寓，其实一开始我是不想送他去的，专业的机构都不令人满意，养老院又怎么可能照顾好他呢？但后来我听说那里有接收心智障碍者的先例，加之离家更近了，看望和接回家都方便，于是打算试试。

这一试就是两年，广振在那里与老人们相处得很融洽，还经常帮助行动不便的老人做点小事，同时广芳院长还带他做一些购物之类的居家训练。其实当时广振一去那里我们就感觉到不一样了。他心情变好了，很平和很踏实，人也长胖了，情愿在那儿待着，再也不闹着跟我们回家。

当然，就像很多人会质疑这种做法一样，对于广振，这不是最好的安排，也不是长久之计，但综合孩子目前的情况和我们家庭的情况来看，其实已经没有更好的选择了。一直辞职在家的我，肩负照顾四个80岁老人的责任，还要顾及妹妹的学业，加之奶奶眼盲耳聋，与广振同住，我们担心出意外，所以不得不维持现状。

照顾哥哥，是妹妹与生俱来的使命

说起妹妹，她的到来让整个家庭第一次感受了真正的天伦之乐，这或许是在哥哥身上付出多少都得不到的。妹妹让我感受到了生命的奇妙，她会咿呀学语，会主动和你互动，到了一定的年龄，你感觉没怎么教，她就全会了。妹妹到来，我才真正感受到为人母的幸福。

一开始我们也想过让妹妹来照顾哥哥，这是她来到这个家庭与生俱来的使命，但这个照顾并不是给哥哥做保姆，而是给哥哥做监护人，像我一样为这个群体做一些事情。而妹妹真的不负期望，在我们的引导下，她经常跟着我去参加家长组织的一些活动，还和其他三位“二宝”组成“星星手足部”，一起参加组织里的义卖演出。

那天她看到电视里在播有关哥哥的新闻，还一直说哥哥好，很为哥哥感到自豪。

妹妹：我不怕你们知道我有个孤独症哥哥

更让我感到惊喜的是妹妹四年级时写下的一篇关于哥哥的作文。作文源于当时这样一件事：

一天，妹妹和小伙伴谈起了兄弟姐妹这个话题，妹妹说：“我有一个哥哥。”其他小伙伴就问：“你哥哥大你多少，是不是在上大学呀？”妹妹就实诚地回答：“没有，因为我哥哥有孤独症。”小朋友们都好奇地问什么是孤独症，于是妹妹就一五一十地和小伙伴们说孤独症是怎么回事，哥哥在家时有哪些表现……

一个小朋友听了就笑：“这哪是什么孤独症呀，不就是傻X症吗！”这个小朋友还和班里的其他同学说，于是其他人都跑过来问妹妹：“听说你哥哥有傻X症？”这把妹妹气得呀，她又委屈又难过，但是一直没有和我说。

几天后，老师布置了一篇题为“人间真情”的作文，妹妹就把关于哥哥的这件事写了出来，还得到了全班的最高分。老师问妹妹可不可以作为范文在全班朗读，妹妹说："可以，我就是想让别人知道我有一个孤独症哥哥。"

下面是妹妹的作文：

人间真情，我的哥哥

人间真情是各种各样的感情，但是还有一种真情就是我们家的这种感情了。

我的家庭，有一些特别。我有一个哥哥已经二十岁了，如今却住在心智障碍者机构。妈妈告诉我，在她和爸爸得知哥哥患有一种终身残疾的心理障碍疾病——孤独症的时候，整个心都碎了。

当这个病魔捆绑哥哥十年时，妈妈意外怀上了我，这对他们来说便有了一点希望。但那时妈妈已经三十八岁了，爸爸也有四十岁了，他们自然有些怕这个新的"天使"也会变成被心理病缠绕的"恶魔"。但最后他们生下了我，尽管他们做了长时间的选择。

哥哥只有过年才回来，所以在他回来的这段时间里，我就要让出父母的爱和一些场地。

首先我就要让出餐桌，因为哥哥一吃东西便弄得到处都是饭粒，但我不怨他，他心里也不想这样。每当这时我就劝自己：哥哥在外面吃的饭不好，应该让他回家多吃些。

一外出或者吃饭、活动时，爸爸妈妈首先会顾哥哥，就会"冷落"我，但是每当这时我就劝自己：哥哥也是爸爸妈妈的孩子，他应该得到父母的爱。

每当外出游玩时看着哥哥抓小朋友的辫子，乱动大人的东西，听见人们不停地骂哥哥，妈妈不停地说对不起时，我的心更是泛起了一阵痛，此时我恨不得冲上前去和那些人解释。但是他们看见哥哥的样子，一点也不像有什么病的人，就会责备爸爸妈妈把他宠坏了。

这一种真情，就是特别的兄妹感情。我相信，在不久的将来，这一种爱的真情能够感化这病魔。

其实，我是在几天之后才得知妹妹这篇作文的，我当时非常吃惊小小的她竟然可以化解这个压力，而且还公布于众，勇敢地面对。她真的很坚强。

他不能在养老院待一辈子

把广振送进养老院，是无奈之举，而我也十分忧心，养老院现阶段适合我的孩子，但他也不可能在养老院待一辈子。在广振之前，这家养老院就曾接收过四个有心智障碍的孩子，后面都送到了其他机构。

我还是和所有大龄心智障碍者的家长一样，面临“等我们走了，孩子怎么办”的问题，因为目前能够承担心智障碍者托养服务的机构少之又少，且看护费用昂贵。或许和部分家庭不一样的是，广振还有一个妹妹。有一个患孤独症的手足，她绕不开也躲不开，那只有面对。因为妹妹，我成了生二胎的坚定支持者。

常常听到有人说：“这么大的一个负担（有障碍的孩子）交给另一个孩子去承担，太不公平了。”但我并不这么认为，如果连血脉相连的手足来照顾他都不公平，那谁来照顾他公平？谁是应该照顾他的？既然出生在这个家庭，身为二胎，妹妹是有这个与生俱来的使命的。

当然，我希望政府可以加快推动出台进大龄心智障碍群体相关的服务政策，无论心智障碍孩子是否有手足，我们都需要全社会来共同减轻家庭的负担，这样也可以给心智障碍孩子双重保障。

首发日期：2018 年 7 月 1 日

17 岁孤独症少年在隔离中去世

——大儿子脑瘫二儿子孤独症，父子三人相依为命

鄢小文是黄冈市红安县华河镇鄢家村人，曾在武汉一家中学的食堂当厨师，大儿子鄢成患有脑瘫，妻子在小儿子满一岁时发现他有明显异常而崩溃自杀。小儿子后来确诊孤独症，自那时候起，鄢小文辞职带孩子进行干预。

2020 年 1 月 29 日下午，鄢小文接到村委会通知，他 17 岁的大儿子鄢成去世了。自 1 月 23 日起，鄢小文和患孤独症的 11 岁的小儿子因疫情防控被隔离，独留患有脑瘫的大儿子鄢成在家中，托付给了村委会照料。

从武汉返乡被隔离

1 月 17 日，鄢小文带着两个儿子从武汉汉口乘坐客车回到了村里老家，准备过年。

鄢小文告诉“大米和小米”的编辑，在父子三人回家后第三天，他就发起了低烧，“以为是感冒”，就在村里的卫生室输液。1 月 23 日，武汉因为疫情防控“封城”的消息传到鄢家村，仍在发烧的鄢小文就成了重点观察对象。镇卫生院通过检查，认为鄢小文疑似感染新冠病毒。1 月 24 日，鄢小文和小儿子被送到了红安县集中定点收治场所——杏花乡卫生院。

鄢小文与另外一名疑似肺炎患者同住一间病房，没有感染症状的小儿子也和他们睡在一起。“他没有床，白天就坐在旁边椅子上玩手指，晚上就睡我脚头。”

让鄢小文担心的，除了小儿子在隔离病房很可能被传染，还有独自在家的大儿子鄢成。鄢成四肢瘫痪，需要人全天照顾和喂食。为此，他向武汉心智障碍群体公益组织“蜗牛家园”求助，后者又向湖北省残联汇报了此事。

鄢小文表示，自己和小儿子被带离家时，大儿子鄢成身体健康，无发烧等异常。

脑瘫儿情况变差

“蜗牛家园”负责人朱文沁说，在省残联的过问下，红安当地的残联找到鄢家村村委会，请求村里给鄢成每天送一顿饭。她很担心鄢成的状况：“整整5天了，孩子大小便不清理怎么行？”

因鄢小文是“蜗牛家园”的骨干会员，朱文沁很熟悉鄢家父子。鄢成还曾在朱文沁家里住过一段时间。“他除了瘫痪，还不会说话，只能喊声‘妈妈’。”

据朱文沁介绍，村委会干部告诉她，从1月23日到28日，鄢成只在24日下午吃了饭，26日晚上吃了点蛋黄派，28日由两名村医喂了两杯氨基酸。

而鄢成的二姑告诉“大米和小米”，1月23日，她去看望鄢成，喂了他一顿饭。1月24日，她又回鄢家给侄子喂了一顿饭，还换了尿不湿。接下去的3天，因为身体不适，她就没去。到1月28日，她又看到侄子：“情况就很差了。”“他躺在躺椅上，头悬空着，嘴巴和脸上都是脏东西，被子里面也是。我带了开水，把他嘴上脸上擦干净，换了尿不湿，喂了半杯开水，他吃了小半杯米饭就不再吃了。”鄢成的二姑说。

1月28日，鄢小文在志愿者协助下曾发求助微博。但据医生介绍，鄢小文后来并未确诊感染新冠病毒。

村委会：孩子被抬走后死亡

“鄢成走了。”1月29日下午3点32分，朱文沁给“大米和小米”的编辑发来微信语音，转告了鄢成的死讯。

15点40分，鄢小文在电话中证实，下午2点3分，村委会通知他鄢成去世的消息。通话中一直咳嗽的鄢小文断断续续地表达了愿望，想尽快结束隔离，回家见孩子最后一面，处理后事，并且他也想把儿子的遗体进行捐献。

而就在当天中午12点35分左右，朱文沁还在微信上看到了华家河镇卫生院院长发来的几张照片，照片里，两名穿着防护服的人正抬着躺在担架里的鄢成。朱文沁还通过鄢小文得知，村委已在县城里找了一家隔离用的酒店，要把鄢成送去集中安置，这让朱文沁连连致谢。

“没想到刚过两个小时，我就又收到死讯。”朱文沁说。这些天来，她找残联、找家长组织、找她能找的一切关系，都没能挽回鄢成的生命。“一个全身瘫痪、生活无法自理的孩子，大冷天怎么撑得住？”

那几天，“大米和小米”的编辑一直试图联系鄢家村村委会的相关负责人，采访鄢家三口的隔离安置问题，但截至当晚发稿前，对方一直未接听电话。

首发日期：2020年1月29日

湖北脑瘫少年鄢成遗体火化，官方已补偿家属

在最后一刻，鄢小文放弃了司法鉴定，选择了接受有关方面的调解以及补偿方案。他选择接受调解方案的初衷非常简单，只希望鄢成走得安静、平静。

在儿子鄢成离世后的9天里，一直陪伴鄢小文并参与有关部门谈判的雷建威律师、刘玮律师、大米以及“蜗牛家园”的负责人朱文沁均表示了对鄢小文这一选择的理解。

2020 年 2 月 6 日上午，鄢成的尸体火化，有关方面的补偿款也已到账。

应大米之邀，仍然被隔离在病房的鄢小文一字一句在微信上敲下了他想对外界说的话：

今天是元宵节，祝大家节日安好，我已经连续四五天没再发烧了，各方面的症状都在减轻。宏伟的安置隔离也得到了比较妥善的安排，2 月 3 日他就被接到了另一家医院，由一名护理人员和特教老师照料。

想他的时候，我就忍不住拨通护理人员的微信视频，可不知道是不是手机的视觉提示不够明显，这小子大多数时候都不怎么搭理我，只忙着看他的动画片……

这时候，我又总忍不住想到他的哥哥——鄢成。尽管他不会说话，但只要看到他，他就会立即绽放出大大的笑容。整宿整宿，我躺在床上，睁眼闭眼脑海里都是他的笑脸。鄢成笑得越开心，就越发让我痛苦，别人都夸我是个好父亲，一直把鄢成照顾得干干净净、体体面面的，可是这哪里够呢？

如果我是个有能耐的父亲，鄢成或许可以康复得更好，可以实现一定程度的自理，那么他的生活质量可能就会更好，甚至他可能不会死在这场灾难里。

鄢成出生在非典肆虐的 2003 年，死在新冠病毒横行的 2020 年。他的多灾多难，从他出生那一刻就开始了。我爱人生鄢成的时候，遇到了难产，当时孩子是医生用产钳夹出来的。一出生，鄢成就被送进了 ICU 的保温箱。当时非典很严重，我们只能在玻璃外面守着他。在保温箱里待了 21 天，鄢成才回到了我们怀里。

那时候我们什么都不懂，只以为保住了他的命就是最好的结果了。结果，鄢成半岁了才被诊断为重度脑瘫。现在想来，我唯一无悔的就是从没放弃过鄢成，村里很多人一直劝我放弃，但我们夫妻还是坚持带着孩子康复。我当时一个月工资 1200 元，而鄢成一个月的康复费用就是我半年的收入。

我们存的几万块钱，几个月的康复就花光了，我跟爱人常常靠吃馒头配开水、咸菜过日子。一直坚持到了 2009 年，宏伟出生后，鄢成的康复治疗就几乎放下了。2015年，我又下岗了，找不到工作，只能带着他们兄弟俩靠低保和社会接济为生。

因此，这么多年来，我对鄢成只有无尽的愧疚。

鄢成走后，我向政府提的前两条要求，第一是鄢成的后事等我出院后再办理；第二是我想把鄢成的遗体捐献出来。但由于疫情严重，这两个愿望都实现不了。目前我的家乡红安，疫情严重，各方面的防治工作也都很困难，我也只能劝自己放下，换位思考，以大局为重。

这些天来，我常常失眠，我是多么希望鄢成能留下一点东西在这个世上啊！

鄢成走后，除了懊悔没能给他提供理想的康复和生活外，我懊悔的还有我一直保持沉默。这么多年，我带着孩子悄悄生活在世人看不到的角落里，等人发声，等国家政策倾斜。可经历了鄢成的死，我才深刻地看到，心智障碍者家长，甚至家长组织的力量依然很弱小，而政策也不是等来的。

无论是鄢成在世时，还是去世后，都得到了心智障碍圈里很多人的帮助，我没有能力承诺报答别人，只求以后一定站出来，尽自己最大的努力，为这个圈做更有意义的事情。鄢成在冥冥中也一定会支持爸爸，因为他对这个世界一直是感恩的。

借此机会，我也恳求家长们能够团结起来，力朝一处使，一个拳头打出去，我们发出的声音才能影响更多人，从而推动国家政策为我们的孩子和家庭提供实实在在的支持和帮助。

而如果鄢成的死能为这个体系的建立贡献一点点力量，那他也算死得有意义了。

首发日期：2020年2月8日

把心智障碍人士的下半生托付给一家机构，你敢吗？

——从慧灵的终生托养服务说起

2018年5月28日下午，广州慧灵智障人士托养中心发出了一则讣告：在广州慧灵生活了20多年、接受终生托养服务的欧阳润升先生，于2018年5月28日上午因病送医，经抢救无效于9:40去世，享年67岁。

与此同时，慧灵将微信公众号和微博头像变为黑白色以示哀悼，并于6月8日在广州慧灵智障人士托养中心为欧阳润升举办了追悼仪式。欧阳先生在慧灵一待就是20多年，衣食住行全在慧灵，离世也在慧灵，连最后的仪式也由慧灵操办，慧灵到底因何照料了他完整的后半生？

一切还要从欧阳先生接受的终生托养服务说起——

1996年，有26名心智障碍者的家长分别拿出8万元到12万元不等，先后与广州慧灵智障人士托养中心签订了“终生托养”的协议，从此把孩子托付给了广州慧灵。其中，就有何女士。

1975年，广州市供销社营业员何女士在医院早产生下还不到3斤的儿子小周。医生开玩笑说，去市场上买条鱼可能都比小周重。小周长到6岁，被诊断为智力障碍。此后，小周上学被劝退，只能留在家里。

何女士记得，1985年的一天，小周的姑姑拿着一张报纸急匆匆地跑到她家。报纸不起眼的角落里，登着一所专为智障儿童服务的民办特殊教育学校即将成立的信息。因着这条信息，小周成为这所全国第一间民办至灵学校的第一批“小学生”。

在众亲友的劝说下，何女士以第一胎有残障为理由，申请生下二胎，于是小周有了一个妹妹。小周在至灵学校的学习生活到16岁便结束了，这使何女士忧心忡忡。好在创办人孟维娜在至灵学校之后又成立了为大龄智障人士服务的慧灵机构，小周又成为慧灵第一批“大学生”。

但母亲的心事还是越来越重，随着夫妻俩越来越老而女儿一天天长大，何女士总在忧虑在夫妻俩百年之后怎么安置儿子，她实在不忍心把这个难题留给女儿。

Since 1996

广州慧灵智障人士托养中心创办于1990年，主要创办人是孟维娜。根据她的回忆，慧灵是为解决至灵学校毕业生没地方去而成立的，因此成立之初至灵给了一定的师资支持和资金资助。而老家长们经历了“从至灵转慧灵”都意识到服务的延续性有危机，谁都能看到慧灵面临很大的资金困难，租金像一座沉重的大山。

在慧灵运营6年后，也就是1996年，广州有一家机构创新性地提出“终生托养”概念，操作的方法是在一个山清水秀、交通闭塞的地方建起漂亮的康复中心。如果家长愿意就一次性交出一笔钱，机构承诺终生托养（孩子自此到离世都不用再交钱）。

很多家长一听就觉得这是他们想要的，便组团过来游说我们慧灵也照样子做一个。可刚听说终生托养模式的时候，孟维娜和团队伙伴哪敢轻易承诺一辈子呀！

孟维娜在接受“大米和小米”采访时说道：“不过，站在家长的角度考虑，慧灵要使信任自己十多年的家长将来安心闭目，也唯有做出承诺。而站在机构持续稳定发展的角度考虑，我们当时虽然已经购置了一部分场地，但服务的需求越来越大，场地、房子也要随之扩大，而租赁房子面临租金上涨和房东态度变动，慧灵只有拥有自己的房产才可使服务相对有稳定性。”

但迫使慧灵下决心的还是那家机构把终生托养宣传单发到慧灵门口的行为，这令一向在主流社会受排斥的孟维娜和团队伙伴以“愤怒抗争”的心态做出了一个连自己都没有把握的决定。

于是，慧灵在1996年开始效仿人家：接受家长一次性交一笔钱，为智障人士提供终生服务。

信息公开后，引起了巨大的热议。10万元，数目说大不大，说小不小。1996年的广州，职工年平均工资11659元。1998年，广州金碧花园第三期均价3000多元（现二手房均价5万）；广州棠利大厦（中山大道西）则只需5000元首付。那一年，北京房价均价4000元；上海的浦东房价只有两三千元。4000元一平米的价格可以买到面对深圳的现在距离市民中心不到1000米的新洲路某高层新房。

有人指责慧灵的举措是敛财，是不负责任的冒险，也有人认为为了孩子这样的冒险值得一试。第一批跟慧灵签订协议并交付10万元的，有家住顺德的小燕学员的家长。那时候小燕已经30岁。小燕的妹妹接受采访时说：“当年我的父母还在上班，听说了有这么一个项目之后，我爸爸没多想就把钱交了过去。那时候，我们觉得没有比这个更好的办法了，不管成功还是失败，我们都想赌一把！”

小燕的妹妹以悲伤但又不幸中带有万幸的心情告诉“大米和小米”：“现如今父母都已经去世，监护人也已改为自己这个做妹妹的。如果当初爸爸没有当机立断做出这个决定，我不敢想象我怎样承担起‘监护人’这个经济和责任的双重重担。”

1999年，最后一个签订终生托养协议的学员是20岁的脑瘫患者小武。小武的父亲是一位法律学者，为了小武将来有安置，他们夫妇当时去了解过其他机构的服务现状，非常慎重地在最后选择了慧灵的终生托养服务。

小武的父亲说：“我的法律界朋友当时劝我不要去做终生托养，一开始，我也很犹豫，就不断细读研究慧灵的协议书，觉得还比较靠谱。首先，有明确的承诺，比如机构一旦倒闭或者经营不善，会首先保证托养学员的安置并保证不低于双方协定的生活水平；其次，双方签订的协议还要经过广州市公证处的公证。”

3 年时间里，陆续有 26 名家长交钱签订终生托养协议，他们有经济宽裕的，也有东拼西凑的。这 26 名家长的孩子（被托养者），年龄、能力程度不一，最小的 10 岁，最大的 30 多岁，他们都有智力障碍。孤独症和脑瘫患者都有。

“当时远不止 26 个家长考虑办理终生托养，犹犹豫豫的居多。项目截止后，很多原本犹豫的家长又来请求继续，但当时我们也考虑风险太大，物价飞速上涨，我们还是坚决停止了。”孟维娜说。

10 万元干什么了？

“当时广州另一个做终生托养的机构就是收 10 万，承诺一辈子，我们就依葫芦画瓢，”孟维娜解释道，“但并不是笼统地每个家庭 10 万，26 名学员依据年龄、护理程度、残障程度的不同，额度也有所调整。其实家长对自己孩子的生命期是有估测的，并以此作为和慧灵协商的底数。”

比如因为工伤车祸变成植物人的刘大叔是一个特别护理的服务对象，日常需要 2 个人全职服务，他所在的单位一次交了 25 万，交费最多，而当时参与协商的三方都以为他会是最早离世的人。其他人交费则在 8 万到 12 万不等，但基本都是 10 万。

20 世纪 90 年代慧灵有了这样的“第一桶金”（不到 300 万元），所有人都在等着看孟维娜怎么用。

办理终生托养的家长都和慧灵签订了协议，协议书里明确规定：慧灵负责支付学员每个月的生活、娱乐、学杂费用直至学员离世，标准不低于托养中心的其他障碍人士。（以 1997 年的物价来算，每位学员每月的开销不少于 800 元，而且都是在工作人员非一般的低薪并且没有社保的情况下。也就是说，慧灵当时一次性用相当于当时孩子 10 年的生活费买断了孩子的养护权。）

据“大米和小米”了解，慧灵先用其中的一部分钱购置了房产，但中间出现了一些波折，付了钱房产商忽然不卖房了，后来慧灵通过法律途径获得了赔偿。慧灵用这笔赔偿款，加上部分终生托养费用共计 100 多万元一次性购置了目前托养中心所在的广州天鸿花园的两处房产，以及广州慧灵一校，面积共计 1500 平方米左右，产权均归慧灵。

孟维娜接受采访时说："慧灵历年的经验都在证明一个事实：有家有房就有安全感！而政府和基金会的资助向来对购置房子都是特别不愿意的。自然而然，购置房产就成为我们慧灵持续稳定发展的首选举措。在这 20 多年间，广州慧灵先后购置了 15 处房产，而早期购置房产的钱其中一部分来自终生托养的款项。"

据广州慧灵智障人士托养中心主任张老师描述，26 人每一天都在开支，慧灵肯定要有一些保值的举措来平衡照料 26 名孩子的开销。

曾经难以为继

从 1990 年代创立到现在，慧灵从最初的两处民房，逐渐扩大，如今在广州市已经星罗棋布，还有了农场和面包坊。其中大约 50% 的房子产权自有，其余为租赁。碧桂园还为慧灵免费提供了一个花园单位作为慧灵学员的居住社区。慧灵服务对象的人数也从最开始由至灵学校转过来的十几人增加到了现在 200 多人。

据孟维娜描述：当年办理终生托养的 26 名学员并没有全部住在一起，而是按照慧灵的社区化服务理念，根据个人兴趣、年龄和障碍类别，按每个人的 ISP（个别化服务计划）分住在慧灵的托养宿舍和农场、碧桂园等不同的社区家庭里，和其他的学员一起居住。

只不过他们真的是以慧灵为唯一的家，原因是，在父母年老体衰或离世后，他们慢慢变得有家归不得甚或无家可归了，而其他学员则每周或隔周回原生家庭一次。

张老师告诉"大米和小米"："托养中心为这 26 名学员的费用单独记账，从 2010 年开始账目就已经是负数了。""每一笔学员开销我们都有明细，"张老师拿出账本，报表上满是负数，“以现在来说，26名学员的开销每年超过100万，除了日常的衣食住行及看病，其中最大的支出是护理人员的人力成本。现在聘请一个护理人员的开支比过去的年代高出很多，比如缴纳五险一金及法定假日支付3倍工资都有法律规定。”

钱用完了，慧灵是怎么做的呢?

慧灵有自己的一套理想发展运营方式：家长付费1/3，政府补贴1/3，公益筹款1/3。但目前慧灵的运营还是以家长付费和公益筹款为主，政府补贴一直达不到1/3。

历史上，慧灵的运作资金一直很依赖国内外的社会筹款，慧灵赶在终生托养的钱用完之前，建立了一个名为“彩虹计划”的长期筹款项目（鉴于服务成本和服务收费不成比例，为持续有效地帮助贫困的心智障碍者获得适切的服务而设立的助养基金），终生托养学员全部列入名单。目前资助范围涉及全国12个省市的慧灵，受助者仅占全国慧灵服务人群的9%。

孟维娜说：“因为当年用终生托养的资金购买的房产是慧灵所有学员共同使用的，相对省去了服务场地租金，所以现在这些终生托养学员的一部分照料费用也来源于非终生托养学员的服务费用。”

从2012年开始，持有一二级残疾证的广州市户口学员可以享受残联每个月1000元的“长期托养服务补贴”。由于有户籍或残疾程度要求，26个学员里只有10人符合这项标准。

以上这些资源只是杯水车薪，但在某种程度上也减轻了慧灵的一些压力。纵然是这样，这26名终生托养学员依然过着跟其他学员同样标准的生活（其他学员只接受工作日的服务，每月收费两千多元）。

孟伟娜坦言：“客观上，这26人已经成为慧灵服务理念和品质的‘试金石’，因为机构对家长的‘托孤’有郑重的承诺，这26人的身心退化奇迹般地很缓慢。”例如当年交了最多特护费的刘大叔，他刚来时他的家人预估他只有3年的寿命。照料刘大叔多年的员工刘老师说：“我们这里不是医疗机构，我们提供的就是正常化生活和人与人之间的关怀，而我觉得就是这种关怀唤起了他强大的生命力。”

在2018年5月28日离世的欧阳润升曾是托养中心年龄最大的学员。张老师说：“患有智力障碍的欧阳润升在44岁的时候便来到了慧灵托养中心，他的父母在多年前就已去世，监护人早已改为哥哥姐姐，但因为哥哥姐姐的年龄也较大，近些年来也无法前来探望。”

欧阳润升去世后，慧灵托养中心第一时间通知了家人。“大米和小米”也联系到他已经年过七旬的嫂嫂。“我们以前经常兄弟姐妹一起坐摩托车去看他，就是最近十年，年纪越来越大，腿脚越来越没有力气了，没办法像以前那样去得那么多了，唯有寄望学校的老师能帮忙好好照顾他。

“小叔其实从2017年就开始生病了，但慧灵无论是饮食还是护理都给到了很好的照顾，陪伴他走完了最后一程。本来他的兄弟也说，小叔活到60岁就已经很知足了，但是他活到了67岁，说明他得到了很好的照顾。”

孟维娜告诉“大米和小米”：20年过去了，除了欧阳润升，其余25名终生托养学员每一位都健在，大致年龄在45岁~50岁，最年轻的30岁，3名超过60岁。而他们当中，父母双亲都离去的有9人，单亲离去的有6人。这些离世的亲人在临终前都表达出对托付孩子在慧灵的放心安心。

慧灵内部也有人曾在困难时期埋怨过这样不划算的协议。孟维娜说：“我们要感激这26位学员的家长，他们的信任是慧灵最好的口碑！而他们支付的钱在前期也帮助了慧灵渡过难关，我认为他们是我们的衣食父母啊！”

22年后，这些家庭后悔了吗?

慧灵的终生托养协议约定：当父母还在的时候，父母是孩子的监护人，如果父母离去，就提前指定监护人代替他们去监督慧灵的服务。一般来说，只要不是独生子女、父母已去世的学员，和慧灵保持联系的就成了他们的兄弟姐妹。

何女士当年是千方百计借了10万元，一直到女儿工作赚钱后才逐渐还清。当年她决定向慧灵交钱时，有人劝她可以自己给孩子买下一套 40 平米左右的小房子。“但如果我们不在了，孩子不能生活自理，给房子又有什么用呢？”

何女士今年 72 岁，糖尿病、高血压、慢性肾衰竭等多种疾病缠身，以前每星期她都能把儿子接回家，现在变成了几个月才能接一次。现在不需要付任何服务费，36 岁的儿子就能在慧灵生活，享受照料，何女士对现状是满意的，她不后悔曾经做下的决定：“现在轮到当年那些人羡慕我了。”

“如果这是投资，我认为自己是成功的，”她说，“当年交的钱，让慧灵有了固定的房产，给孩子们提供了保障。”

“20 年来，我看到的是慧灵在严格遵守协议内容，这期间也有服务机构倒闭，但慧灵不但没有倒闭反而升到了全国，无论物价是否上涨，慧灵始终遵守着 20 年前的约定不再额外收费，还给孩子们添置必需品，我认为值得。”小武父亲说。

在 26 名被托养者的家长中，“大米和小米”采访到了其中 6 名学员的家长，他们全部表达了对托孤项目的认可。

孟维娜告诉我们，26 名家长中途都没有反悔，但其中有家长给他们提意见和建议。这 26 名学员的家长当前面临的主要问题不再是“老了以后，孩子托付给谁”，而是“离开之前还能再看孩子几次”。有的家长表示：“我现在主要精力就是照顾好自己的身体，尽量延长和儿子相处的时间，能多看几次就多看几次。”

直到现在，依然有一些家长后悔自己当年没有与慧灵签订终生托养协议。一位在慧灵智障人士托养中心接受服务，但未办理终生托养的脑瘫学员小乐的家长叹息道：“当时我听说了有终生托养的项目，但是我没有钱呀，孩子的爸爸去世了，我要一个人养奶奶、姐姐和他，我承担不起。要是有钱，终生托养是很合算的，总共才 10 万块。现在我的孩子不是终生托养，我们交费每年都将近 6 万元，但我也没有能力接他回家。”

如果重来一次，还会承诺终生托养吗？

这 20 多年里，慧灵一直在困难中坚持。

据小武父亲说，当年他比较过的另一家曾开办终生托养的机构，也就是曾激发孟维娜发愤的那家，终生托养项目早已失败。

孟维娜说："他们的失败对我们慧灵也是一个警钟。"慧灵的终生托养项目到底应该怎么走？孟维娜是否后悔过当年开启的这项"发愤争气"项目？

"如果你问我现在还推不推终生托养，肯定不会，压力太大了。"孟维娜说。但她不为当初的协议后悔。

首发日期：2018 年 6 月 8 日

为大龄孤独症孩子建一个家
——窦一欣和他的“静语者”社区

在北京，有一个人决定搭建一个大龄特殊孩子社区，他说，这是解决孩子未来的出路之一。而他，也带着自己的实践经验出现在四叶草的年会上，和来自内地、港台的专业人员一起，深入探讨这个话题。

《三联生活周刊》一篇《窦一欣：为大龄自闭症孩子建一个家》的报道在朋友圈点击过万，窦一欣和他的“静语者”家园因此为公众所认识。“静语者”二期坐落在北京南部的大兴魏善庄，从市区开车过去大约需要 30 分钟，当时只通公交。

“静语者”二期窦一欣计划在 2016 年开始动工，它的规模和功能比“静语者”一期更庞大更完善，不仅有住房、休闲设施、养护中心，还会有社区工厂，是“静语者 2.0”。窦一欣坚信，这座社区就是解决大龄孤独症孩子未来的出路之一，他说：“不管‘静语者’社区的模式在国内是否行得通，替大龄孤独症孩子探索未来的这条路总得有人走下去。”

而“静语者”社区模式的借鉴原型是日本著名的大龄孤独症患者社区——“榉之乡”。“榉之乡”最初由 21 名日本孤独症孩子的家长发起，位于琦玉县川越市，占地 100 亩，里面包含养护中心、福利工厂、家庭式住所还有工作场所。

经过二十几年的发展，“榉之乡”接纳了超过一百名成年孤独症患者在里面生活、工作，形成了一个能自给自足的成熟社区。每一个去“榉之乡”考察过的家长、专家都对它赞叹不已，窦一欣要把这个模式搬到中国来，可行性有多少？他是怎么规划的？又面临了哪些问题？

赔掉 427 万

2007 年，没有孤独症孩子的商人窦一欣在心态训练课上第一次接触到了同学家的孤独症孩子男男，在后来陪同学带男男去机构训练的过程中他发现，机构招收老师的标准就两个：农村的、身强力壮，这让他感到震惊。

当时的窦一欣正处在对生意场感到厌倦的时期，因此当合伙人跟他提出建一所孤独症康复训练学校时，他答应了。一是为了好玩，另一点，他想为孤独症孩子在中国建立训练标准。他跟合伙人说，咱们要做，就做纯公益，不能像别人那样市场化。

建学校预算 60 万，地租一年 12 万，盖房子 150 万；请美国专家给学校老师上课，每小时 100 美金；不收贫困家庭的钱，筹备孤独症孩子合唱团……钱哗哗地流出。到学校破产的时候，窦一欣与合伙人自掏腰包总共投入了 427 万，而靠公益筹来的钱只有六七十万，合伙人退出了。

让人难过沮丧的，还有家长们因为他没有孤独症孩子产生的质疑。心灰意冷中，窦一欣决定用“孤独行走”的方式离开这个圈子。

孤独症孩子可以做什么？

2012 年 8 月，窦一欣和 20 岁孤独症孩子阿萌“孤独行走”的故事被报道后，很多人主动找到他，希望能提供帮助，这当中包括奥运冠军、国家女排前队长冯坤。

他们聊了很多孤独症的事，窦一欣描述了自己一路走来对大龄孤独症孩子未来就业生存的思考，冯坤决定赞助窦一欣 30 万，让他重新办一个针对大龄孤独症孩子的培训机构，替这些孩子找出路，并且自己也成为窦一欣机构的理事之一。

对窦一欣而言，这是一次再创业，不能再像之前那样，纯靠捐款活着。他接受了朋友找来的公益界前辈给自己做头脑风暴，还去了北京市恩派公益项目孵化中心上创业培训课，学会了两个做公益的思路：第一，必须形成个人品牌，如邓飞的免费午餐；第二，一定要市场化，能给自己造血。

“孤独行走”帮窦一欣成就了个人品牌；可是，孤独症孩子有情绪问题、行为问题和社交困难等核心障碍，什么工作才适合他们呢？

窦一欣学习台湾地区的一些做法，试着让孩子们蒸馒头、做面包卖，效果不好；他想过开洗车中心，要七八十万块，没钱；他还想过带着孩子们去朋友公司做保洁，家长们不让……为了增加收入，大冬天里窦一欣和学校其他老师去慈善市场卖手工作品，一天下来最多只能卖三四百块，杯水车薪。

在那期间，曾经在窦一欣孤独症孩子合唱团里的几名家长也计划着开工作坊，让孩子们学习做面包，用公益的名义销售，能加大利润空间。她们找到窦一欣，希望他加入。但窦一欣一方面不认可这种形式，另一方面，跟人合作难免受限，他不喜欢被人管着。

窦一欣考虑起了做“热转印”，把孩子们的画印到衣服、杯子上，接单卖。这样做利润挺高，但产品的数量上不去，即使他们接了不少单，依然无法靠这个维持运转，最后还是宣告失败。

在北京，30亩不是小数目

王老师是窦一欣理事会的秘书长，因为弟弟是一名孤独症患者，认识窦一欣之前，她就一直关注大龄孤独症孩子的发展，还和朋友在孤独症机构“星星雨”为五个大孩子拍过微电影。

因为“孤独行走”，王老师认识了窦一欣。“一个跟这些孩子没有任何关系的人，把多年做事业的积蓄投入对家人没有任何好处的事业里，陷入困境还要继续往下做。”王老师说，这是她决定相信并帮助窦一欣的理由。通过朋友，NGO终于注册了下来，慢慢地，政府相关人士、媒体人、北医六院的孤独症专家贾美香，也加入了窦一欣的理事会。

在恩派上过两次创业课后，窦一欣便提出了“静语者”的设计方案，这让恩派的工作人员刘老师印象很深刻。在刘老师眼里，窦一欣团队给出来的方案一目了然：就是要做社区。

恩派不参与社区方案设计，他们只从创业的角度评估做这件事的可行性，一看团队，窦一欣有决心，做过实事，虽然学校破产失败过，但也有过成功的经商经验，团队成员各有资源，尽管刚起步体系还不成熟；二看发展，孤独症是一个社会问题，必将成为大众未来关注发展的方向。这些都符合恩派孵化中心的创业扶持条件。

恩派建议窦一欣，土地最好能通过政府支持获批，这样后续找设计就相对容易，然后通过跟孤独症家庭间已经建立好的联系，把资源调动起来，形成自己的社会影响力。

但真做起来，却无比困难。光确定“静语者”一期的土地，窦一欣团队就花了大半年的时间。他们拿着方案四处找合作方，但由于在公益圈里还没人这么做过，人们都觉得这种做法不现实。“毕竟我们不是希望工程。”团队成员说。他们也想过找家长，但家长永远处于观望状态，没人愿意掏钱。

最后，是窦一欣的朋友免费把场地捐给了他们。团队的成员则把家人拉进来，掏钱、筹款，出设计、干活，一群人终于搭建出了“静语者”家园。

“静语者”家园一期位于国家翠湖湿地公园北部的小树林，占地600平米，一栋三个集装箱搭成的小房子阳光充足，院子里有草坪，还有瀑布、秋千和金鱼，很漂亮。窦一欣说，虽然这只是一个样板间，但它标志着我们的社区正式做起来了。

被媒体报道后，“静语者”家园火了起来，之前拒绝过他们的人，此时纷纷找上门来，问能不能去他们那儿再建一个类似的。

2015年上半年，北京一家上市建筑设计公司的CEO找到窦一欣，说正在做一个大项目，询问能否帮忙。见面后，窦一欣发现，这家公司的项目是在首都第二机场的南边做一个6000亩的月季小镇，作为2016年月季大会的主会场——果然很大。而他们愿意从这 6000 亩里划出 30 亩给窦一欣搭建“静语者”二期，前期免费使用，后期再看情况收取地租，支持公益。

社区旁边就是一座泰迪熊乐园，后期还能通地铁。“孩子们能在这里学种植、养护，甚至跟乐园结合起来提供服务，能有很多工作机会。”设想起未来，窦一欣特别开心。落实了二期的土地，社区所需要的 84 个 12 米规格的集装箱就要筹备起来了。

首发日期：2015 年 12 月 30 日

第六章
恋爱婚姻

月薪 3 万为孤独症儿子雇女友

—— 一位父亲讲述儿子的恋爱经历和他的迷茫

7 月深圳的夜晚，白天的酷热散去，正是吃大排档的时候。我和几位好久不见的四叶草老家长聚会，席间一位事业成功的企业家爸爸，给我讲了他 28 岁的孤独症儿子的几次婚恋经历以及自己的迷茫。

这是个让我久久难以忘怀的故事和命题。我也没办法找到答案，最后，我决定把它如实记录下来。

凯凯是我唯一的儿子，我有些肢体残疾，儿子患有孤独症。有儿子这 20 多年，很幸运我依然拥有一份还算成功的事业和儿子也许几辈子都花不完的财富。

凯凯 18 岁的时候，一次意外我发现他有了性的要求。我让我的一个男性朋友教会了他如何私密地释放自己的性需求，以及如何进行安全的性行为。儿子虽然语言和智商不如其他人，但他很乖，一直到现在都牢牢记得：必须用安全套才是安全的。

他 21 岁的时候，我想给他找个固定的女朋友。让儿子凯凯拥有一个健全的妻子甚至自己的孩子，曾是我内心一直想要达成的愿望。也许是因为我的要强，这几十年来我都希望别人都用平等甚至尊敬的目光来看待我们一家。

经人辗转介绍，我认识了一个从农村来的歌舞厅坐台小姐，女孩当时 18

岁。我问她你一个月可以赚多少钱？她说好的时候可能有一两万。我说，叔叔一个月给你 3 万，你做我儿子的女朋友可以吗？女孩答应了。

我还让她去医院做了体检来证明自己身体健康，从此她成了儿子固定的女友。他们一起约会，一起出去吃饭逛街，就像普通的恋爱男女。情窦初开的儿子一天比一天更加依恋女孩，什么都听她的，甚至有一天我发现儿子居然会帮女朋友洗内衣裤。

我知道儿子陷进去了。他不知道这一切都是爸爸设计和用金钱买来的，他只是单纯地享受着他的爱情。这是他最美好的一段时光。我开始希望女孩嫁给儿子，我不计较女孩的过去，哪怕她生一个孩子再离开。

我和女孩沟通了我的想法，她回答我："叔叔，我试试吧。"

妻子对我的举动没有表示支持，也没有反对。我们对女孩就像没有过门的儿媳妇一样隆重对待，给她一张信用卡，让她和儿子约会的时候刷卡，还给她买了很多衣服、鞋子，还有一块昂贵的手表作为定情信物。

然而，有一天，我们发现女孩失联了。那一天正好是女孩出现在儿子生活里的第四个月。她带走了所有的衣物，还有我给她的 10 万元报酬，但留下了信用卡、手表，还有一封信。信是写给我的："叔叔，我走了。我尽力了，可是我真的做不到，原谅我吧。"

面对因女友失联痛不欲生的儿子，看着那封信，我号啕大哭。大米问我，我到底为什么而哭？我回答她三个字："很复杂。"我即使再要强，再有钱，即使付出我所有的努力和一切，也换不来别人对儿子真正的爱和接纳。那种感觉我永生难忘，是比我得知儿子患孤独症还要痛苦的感觉。仿佛失恋和被抛弃的不只是儿子，还有我。

儿子疯了一样地四处寻找女朋友，还大病一场。我历尽千辛万苦终于找到了女孩的下落。我对她说："叔叔理解你的选择，但只有一个要求，请你不要不接凯凯的电话。"女孩和儿子保持了半年的电话联系，然后在儿子的世界里彻底消失。七八年了，儿子还是忘不了她，依然经常提起这个女孩的名字。

后来，我又费尽周折给儿子介绍过两个女朋友，甚至都到了谈婚论嫁的地步。最后，都是女孩离开了儿子。我发现，每一次最受伤害的都是儿子。

他不懂也不知道，可爱的女孩为什么愿意嫁给他，愿意和他在一起，却又总是离他而去。他只是单纯地、一厢情愿地爱着这些对他付出过“爱”的女孩。

每一次离开，对儿子都是痛彻心扉的伤害。我终于意识到可能是我犯了错。我停下了给儿子找媳妇的尝试，即使他再喊着想要女朋友，我也没有答应过给他找固定女朋友。在儿子的这些恋爱经历里，我经常怀疑自己，是儿子错了还是我自己错了？我甚至觉得，也许我的期望是病态的，才导致儿子一次次地受伤。

之所以对大米讲我的这段故事，也是希望大米牢牢记得，我们在做孤独症孩子康复训练的时候，可能首先需要康复的是家长。我的感觉是：家长心理健康了，孩子和家庭才能好好的。

首发日期：2019 年 7 月 29 日

我和我的智力障碍女儿

——中国智协前主席张宝林讲述女儿的 5 年婚姻

在我们的印象中，他是一位主席，肩负着团结、服务整个心智障碍群体的责任和重担；他同样是一位父亲，一位特殊孩子的父亲，他牵挂的1000多万心智障碍者当中，也包括他的孩子。

我的终身使命

脱去“主席”这层外衣，我只是一名普普通通的父亲。我有一个快 40 岁的女儿，她叫小春。小春是我最大的牵挂，也是我加入智协的唯一原因。

1978 年，小春出生，一切看起来都很正常，她是爷爷奶奶、姥爷姥姥和我们的掌上明珠。但坏消息就像晴空的一个霹雳，让人猝不及防。最初觉察到她异常，是在她一两岁时。普通孩子在那个年龄先是会坐，然后会爬，会说话，会走，她什么都比别人慢一两拍。别的孩子爸爸妈妈、叔叔阿姨分得很清楚的时候，她见了谁都叫奶奶，因为她跟她奶奶生活过半年。

我们带小春到全国各大医院去检查，有的说发育晚，长大就好了；有的说，上学可能会吃力点，但不会影响读书。但小春该上学了，一测智商，只有 36，重度智力障碍。当时我们还不太懂重度智障是什么，但从带她到处去诊治、到处碰壁的经历中，我们学会了承认现实。

这个孩子注定和别人不一样，她在人生道路上会走得很慢很慢，我们必须不断停下脚步等等她，因为她是我唯一的女儿。我们想让小春尽可能地和普通孩子一样经历多样的生活。小春在北京朝阳区内一所普通小学上了8年“特教班”，因为智力跟不上，她无法升学，后来只能待家里，我们继续教她识字、算术、生活技能。

我和她妈妈并不认为脱离了学校，小春就没法儿活得充实。

她喜欢特奥运动，从学校毕业后，她参加过区里、市里、全国和世界的多次特奥会，拿过田径比赛的金牌、银牌和铜牌，还获得过北京市优秀特奥运动员的称号。特奥活动让她走出家门，融入社会，增强了独立自主的能力。她不要我们陪伴，自己坐公交出门，就是从参加特奥训练开始的。

业余时间，我和她妈妈经常带她逛公园、看电影、听歌剧、看展览、参观名人故居，到外地甚至国外旅游。这养成了她关注周边世界的兴趣。她可能是北京甚至全国去过故宫次数最多的普通观众，每年都去好几次。

有一年，故宫展出《清明上河图》，她最后一天下午去，没想到人太多，她排了9个小时队才进去。因为手机没电了，她无法通知我们，把我和她妈妈急坏了，半夜打电话报了警。故宫附近的派出所警员告诉我们，故宫承诺：“只要还有一名观众在就不会关门，你的孩子可能就在最后一拨。”那天，她夜里3点才回的家。回来后她说：“你们不用担心，我会照顾好自己。”

小春的妈妈是一家影视公司的老总，潜移默化，她对影视、明星特别感兴趣。她买了很多书，除了女孩子喜欢的时尚书籍，大多与电影、电视、话剧有关系。比如，前些年清宫戏比较多，她就买了《康熙大帝》《雍正王朝》《少年天子》《孝庄皇后》等书，清朝的那些故事，她讲起来头头是道。

她还追星，有她喜欢的名人的签售会，她一定会去。我们也创造机会，让她和她喜欢的各界杰出人物接触。她是王姬、金星的粉丝，加入了多个粉丝群，在群里和朋友们互动。她和郑少秋、潘虹、赵薇、邓超、贾乃亮、辛柏青、何斌、小陶虹、于震、安以轩等许多明星合过影，她的纪念品和小本子上，有邓朴方、萨马兰奇、菲利普斯、肯尼迪·施莱佛等各界人士的亲笔签名。

通过她自己的努力，她的智商已达到 56！从重度跨过中度，直接上升到轻度，给了我们一个大大的惊喜。我不期望她有多大出息，就像现在这样，有一份工作，生活能够自理，每天做自己喜欢的事情，自由自在，陪我们聊聊天，做我们的开心果，我已经很满足了。

5 年婚姻，她有爱恨的权利

小春有着和其他女孩一样细腻的情感，她也勇于追求幸福。她有过一段婚姻。那是在 2007 年，亲戚给小春介绍了一个健全的男孩。最开始我和她妈妈不看好，因为怕她受到伤害，但又不忍干涉她这一生去爱的权利。小春自己也有这种意识。她跟我说，你们有的，我也应该有。

那个男孩很清楚小春的情况，最初也没有介意。双方见面后，小春渐渐地喜欢上了那个男孩。一年后双方家长同意他们结婚。他们一起生活了几年，但小春终归还是和健全的孩子不太一样，他们的不和谐越来越明显。5 年后，男孩提出分手。

小春最初不能接受，但最后大度地同意了。她不想给对方造成太多的困扰。离婚后的一段时间里，小春难以释怀，整日郁郁寡欢。她问我："爸，他是不是要我啊？"我只能安慰她，开导她。那一段时间，我每天下了班赶快回家，就是陪她，节假日更要陪她到外面玩，分散她的注意力。

几年过去了，虽然她的内心已经平复，但依旧不太愿意提及这一段不愉快的经历，家里所有与那段婚姻有关的东西都不会出现在我们的视线里。对她来说，则算完成了人生的一段经历。刚离婚时，她说要找一个比他还好的，但现在，她说要陪我们一辈子。

她的日常活动依旧很丰富，看书、看电影、逛街、结交新的朋友、做自己的事儿。但眼看着小春即将迈入 40 岁，我们和所有特殊家庭一样，"双老问题"敲击家门的声音越来越清晰……

古稀之年，我能做些什么？

我在中国智力残疾人及亲友协会（以下简称中国智协）工作已经是第 15 个年头了。

我是 2000 年正式到中国残联工作的，开始是创办《华夏时报》，后来到残联组建研究室。朴方（中国残疾人联合会创始人邓朴方）了解我的家庭情况后，建议我到智协兼个职。2003 年，我担任了中国残联理事、研究室主任兼中国智协驻会副主席。这真是无心插柳柳成荫，从此我和智力残疾人工作结了缘。

2008 年换届，我接任主席一职。2012 年，中国智协进行法人登记，我兼任秘书长和法定代表人。我感到肩上的责任越来越重，因为，我要去守护的不再只有小春，而是一个庞大的群体……智协是一座桥梁、一条纽带，是心智障碍群体的代表组织，理所当然要替他们发声，为他们服务，维护他们的权益，帮助他们解决现实中存在的各种问题。

从 56 岁到现在，我一直在履行自己的职责，虽然垂垂老矣，仍觉得自己该做的事还有许多没有做完。现在看来，孩子和家长双双老去，晚年的生活照料，是压在这些家长和我心上的重石。我们管这个叫“放心工程”或“闭眼工程”。在看不到孩子未来生活有保障前，我们永远不能安心地“闭上眼睛”。

我们将永不停歇地发声

随着经济和社会的不断发展，这些心智障碍孩子已经不满足于一般的吃饱穿暖，也不满足于在家里得到家庭成员的呵护，他们需要走出家庭，融入社区，需要更高质量的生活，享受各种具体的、有针对性的服务。为了让我们的孩子和他们的家长，同健全人一样，过上有尊严、有品质的生活，中国智协在不停地努力。

我们和政府部门、国际组织、社会服务机构合作，在全国各地开展服务、举办培训、设计项目；我们在国家修改法律、制定政策方面积极建言献策；我们把世界上最新的心智障碍者支持性就业模式介绍到国内，并写进“十三五规划”；我们把特奥运动嫁接到智协工作中，每年开展两次区域性“特奥联谊活动”，让特奥深入基层；我们为这个群体设计了一系列具有开拓性的项目，如和国内最大的几家保险公司合作，为他们搭建了公益性极强的意外保险“安心工程”，让他们随时随地接触社会、展示自己、促进融合的“牵着蜗牛去散步”项目，探索老龄智障家庭共同养老的“放心工程”……

目前，国家还不能一一满足这些需求，这正是“不平衡、不充分的发展”的具体体现。家长和家长组织自觉地扛起这份重担，实际也是在提醒和呼吁全社会不要忘了这个群体。但是，这个担子太重了，靠家长们柔弱的肩膀实在挑不起来。政府和社会应给予更多的支持和帮助。我们很希望媒体也来多多关心这个群体，可惜这种声音还远远不够。我很高兴“大米和小米”在这方面做了很多工作，为这个群体维权、发声。我希望它越办越好。

最近一个时期，“大米和小米”报道了多起智障家庭因为家长老迈无力照管孩子而发生的悲剧。这是当前许多智障家庭关心的最迫切最现实的问题。我的女儿小春最近也多次问我：“你们老了，我怎么办？”这个沉重的话题，许多年前，中国残联前副主席王铁成提过，近些年许许多多的家长提过，今天又从一个智障“孩子”嘴里说出来。我感到，是全社会来回答这个问题的时候了。

首发日期：2018 年 1 月 8 日

第七章
家庭奋斗

逆天的美貌，离奇的疾病

——215 万粉丝大号“蓝妮妮”的故事

要说凭借颜值出道的网红，蓝妮妮一定在其中。黑黑的头发，白白的皮肤，又长又密的睫毛下，一双眼睛像是戴了美瞳，又大又黑……然而，蓝妮妮惊人的颜值背后是一系列惊心诊断：发育迟缓，孤独症，基因缺陷，罕见病。拥有逆天的美貌，却有离奇的疾病，很多人认为妮妮是“外天空的天使”。

妈妈夏珂不甘心，她相信女儿会越来越好，于是给抖音账号起名“蓝妮妮是地球的”，用来分享妮妮的日常，没想到竟收获了 215 万粉丝，成为超级网红。

妮妮走红后，非议随之而来。有人指责，基因不好，就不该要孩子；有人质疑，妮妮爸妈拿她赚钱；有人八卦，这样的家庭会不会生二胎……

这让妮妮妈感到心酸又无奈，她曾想注销短视频账号，从此退出大众视野。但理性告诉她，不能“玻璃心”。他们只是像无数父母一样，在社交媒体上记录孩子的成长，有何不可？再者，罕见病如同碎钞机，早已榨干了这个家的全部积蓄，给妮妮看病还需要钱，而短视频是现阶段最适合这个家的谋生方式。

跑偏的直播间

“看妮妮，看妮妮。”

“为什么不拍妮妮呢？”

“妮妮现在怎么样了？”

每次直播，不论卖什么，粉丝们的关注点都是妮妮，面对网友的热情，夏珂只好在回答和妮妮相关问题的间隙顺便介绍货。“抖音不让未成年人出镜，不然会被封号。”直播中，她重复最多的也是这句话。这段时间，妮妮爸妈带着妮妮在海南做治疗，只租了一间小小的屋子，直播的频率更是降低了很多。“现在直播，爸爸得看紧妮妮，以防她不小心闯入镜头。”

虽然粉丝高达 200 多万，但夏珂并没有疯狂地接广告。她说，只是想在带孩子的同时赚点钱来负担妮妮的康复费用，她不想也不会消耗女儿。

走红靠颜值

夏珂很清楚，女儿能够走红，就是因为好看。他们一家来自安徽阜阳农村，妈妈夏珂不到 1.6 米，身材微胖，大圆脸。爸爸兰斌 1.72 米，脸型方正，皮肤略微粗糙。他们两口子做梦也没想到，长相普普通通的两个人，女儿能颜值逆天。

妮妮出生于 2016 年，还不到半岁时，爸妈就发现她不对劲儿。她浑身都软绵绵的，不仅双手握不住东西，连抬头也不会。于是，一家人赶紧带着妮妮去看医生，没想到求医之路如此漫长。

安徽省医院诊断她发育迟缓；上海医院诊断她患有孤独症；基因检测显示她患有概率低于百万分之一的罕见病——神经退行性疾病伴脑铁沉积 6 级，将来可能变成植物人。诊断结果一次比一次严重，一家人的天塌了。

“没有药，只能干预。”让妈妈更加痛苦的是，哪怕查出了妮妮的问题，也没有明确的治疗方案，“她对外界没有反应，干预的方法基本和孤独症一样。”妮妮康复需要高额的费用，为了多赚点钱，也为了随时能够抽身带女儿去外地治疗，妮妮爸爸做起了日结工资的蜘蛛人，年迈的爷爷奶奶在本该享清闲的年纪外出打工贴补他们，依旧杯水车薪。某天，夏珂无意间听到别人说，他在快手发一些孩子的视频吸引了四五万粉丝，直播带货赚了钱。她心动了，萌发了把妮妮的视频放在网上的想法。但对于这种新兴的赚钱方式，妮妮爸爸心存怀疑，他反复提醒夏珂："你解解闷儿就好，不要被骗。"抱着试试的态度，夏珂开始把妮妮的视频发在网上。

"不是别人一说，你就会了。"夏珂摸索了半年后，终于引起了一点波澜。在这条意外走红的视频中，妮妮正在做理疗，脸上像贴了两片树叶，嘴巴和眼睛都在抖动。当时，这条视频收获了 3.9 万点赞，3000 多条评论。

"可能大家觉得好玩吧。"夏珂猜测。不过，从评论区网友的互动来看，更多的原因大概还是"这小孩真好看"。那时，妮妮妈开始期盼："能涨到 10 万粉丝就好了！"她做梦也不会想到，将来有一天会拥有超过 200 万粉丝。

害怕熟人看到

夏珂坦言，即使走红后，公开分享妮妮的视频她也会纠结。前几年，夏珂发朋友圈都会屏蔽亲人朋友。"我可以跟陌生人或者这个圈里面的人讲，但不敢跟亲戚朋友讲。"后来，随着妮妮知名度不断提高，身边很多人都知道了妮妮是个不一样的孩子，夏珂也慢慢想通了，于是又对之前屏蔽的人开放了朋友圈。

"没有养育过特殊需要孩子，就不会感同身受，慢慢地共同话题就少了。"虽然不再隐瞒和逃避，妮妮妈跟旧日的朋友关系还是淡了，"还是跟有相同经历的人更聊得来。"

偶尔回老家时，夏珂也尽量避免跟大家谈论妮妮的问题，因为话题绕来绕去，最终都会绕到："你做这玩意儿能赚多少钱？"夏珂苦笑："谁愿意赚这个钱呀，还不是为了给孩子治病。"她相信，大多数人都是善意的，"他们只是不知道该聊什么吧。"

在真实生活中夏珂可以选择性逃避，网络上的恶意她却无处可逃。她时不时会收到不太友好的私信，甚至有些特别恶毒的咒骂。“孩子都这个样子了，你还给她打扮什么呀！”起初，夏珂会解释或者骂回去，后来她发现，有回应对方会更来劲。因此，后来看到类似的私信，她都直接删除。

除了要面对部分不怀好意的网民，夏珂更发愁的是分辨网络上的信息。在粉丝大概50万左右时，有家MCN公司曾找到夏珂，提出签约。这家公司承诺，帮助妮妮治疗，给他们家提供住房，每个月还有不菲的收入……面对这样的条件，夏珂一度感激不已，以为遇到了大好人。

即将签合同时，同为短视频博主的一位朋友制止了她。“如果违约，你会赔很多很多钱。”此时，夏珂才明白，MCN公司的话半真半假。一旦签约商业合作，发出的视频就不再由自己决定。“有点怕，分辨不清楚。”为了避免不必要的麻烦，夏珂决定还是自己运营“蓝妮妮是地球的”短视频账号。“本来就是想记录孩子的日常，想发就发，不想发就算了，由我们自己决定。”

善意更多

夏珂能够坚持下来，很大的原因是，大多数人都是善意的。他们关注着妮妮一点一滴的变化，看到她的进步纷纷加油打气。

“妮妮出门时，学会要爸妈先跨出去才跟着啦！”

“爸爸要亲亲时，妮妮会用嘴巴碰一下他脸蛋！”

“脱衣服时，妮妮会把手举高高，穿鞋时脚能翘起来啦！”

妮妮这些细微的变化，网友都能敏锐地察觉，并为她感到欣喜。夏珂带着妮妮出门，也常常碰到陌生人主动打招呼：“这是妮妮吧，妮妮加油！”还有很多人不断留言，私信妮妮爸妈：“多接广告多赚钱……”

此外，看到一些治疗罕见病的专家的信息、罕见病病例、好的康复治疗机构，热心的网友都会分享给妮妮爸妈。

“特别暖。”这些善意给了夏珂和兰斌极大的动力，让他们能够坚持下来。“真的很感激短视频平台，让我们这些特殊需要家庭获取了很多信息，也给我们提供了一种谋生的方式。”

二胎随缘

6 岁的妮妮仍需要人 24 小时照顾。“她的发育程度最多 1 岁。”她没有危险意识，分不清熟人陌生人，到处乱跑，晚上睡觉要旁边有人才能睡着……更让妈妈时刻提心吊胆的是，医生说，妮妮可能会退化。

“特别想要一个健康的孩子，体验一下他粘着我们，对我们笑，向我们撒娇。”夏珂和丈夫一直挣扎着想再要一个孩子，但考虑到妮妮的情况和再生一个孩子的风险，这个心愿还是一拖再拖。直到最近，再次咨询专家，检查后发现，妮妮爸妈类似罕见遗传病发病的概率下降了不少，再加上能提前做一些医学筛查和预防，可以生一个健康小孩。

他们欣喜又担心，欣喜的是，终于敢做打算了，终于敢期待生一个健康的孩子了；担心的是，妮妮还需要长期治疗，需要耗费大量的精力、金钱，如果二宝生来就要面对这样的压力，实在不公平……

要还是不要？他们在纠结，网友的观点也在打架。

反反复复中，妮妮爸妈决定随缘。他们想通了，每个人生下来就有自己要承担的责任，每个家庭都有各自的特殊性，如果二胎真的冲破重重阻碍到来，那就留下。至于妮妮，这是他们的孩子、他们的宝贝，他们会一直尽己所能照顾下去，期待奇迹到来。

首发日期：2022 年 11 月 29 日

为三个特殊儿子欠债百万

——一个特殊家庭 20 多年的苦难和奋斗

张纯璞，一位来自甘肃庆阳的父亲。

“大米和小米”曾数次采访这位父亲和他身边的人，还原了一个特殊家庭 20 多年间历经的重重困难——在支持匮乏的偏远地区，夫妇俩生下三个儿子：大儿子脑瘫，双胞胎儿子均患孤独症，为了孩子康复，家庭负债百万，为了生计，一家人南北分离……

在我的人生中，1997 年是一个分水岭，在那之前，我去新疆拓荒，回家后进工厂当技术工人，开店做生意……整个人意气风发，觉得天下之大我哪里不能去？可 1997 年之后，我所在的工厂改制，我下岗了，大儿子文斌出生之后也被诊断为轻度脑瘫，不久，文斌又因意外从楼梯上摔下来，引发了右半肢体的残疾。从此，一切都改变了。

为了文斌，我放弃了自己的事业，并搁置了生二胎的打算，把所有的积蓄都投到了文斌的治疗当中，大大小小的治疗持续了很久。一直到 2006 年，医生语重心长地和我说，孩子恢复成这样已经很好了，再怎么努力也不可能恢复成普通人。我意识到这是医生的好意：不要这么固执下去了。

的确，文斌进步很大，虽仍有障碍，但他已经可以独立去上学了，需要我们帮助的时候越来越少。我和妻子也终于可以腾出精力来想想这个家庭的未来。最终我们决定，为文斌添一个兄弟姊妹。

双份的喜悦，双份的绝望

2009 年，妻子生下了一对双胞胎，全家都欣喜若狂，我以为老天爷看到了我这些年的辛苦，终于开眼了，要给我一个幸福的未来。但孩子两岁的时候，我和家人感觉到了异常：两个孩子都不会说话，喊名字也不应，也不和任何人交流，甚至两个双胞胎之间也没有一丁点儿互动。

因为有带大儿子的经验，敏感的我立刻就带着两个儿子去了西安检查。诊断的结果是发育迟缓，医生说问题不大，回家多让他们和其他孩子玩玩就好。回到家以后，我立刻找了几个活泼的孩子带着两个儿子玩，可几个月过去效果不明显，我又把两兄弟送进了幼儿园，但是他们在幼儿园中的状态越来越差，不懂规矩、乱发脾气、大吼大叫，各种各样的情绪、行为问题都爆发了出来。幼儿园的园长有心理学的教育背景，他提醒我再去给两个孩子做个深入的检查。

我放心不下，又带着两个儿子来到西安的医院进行全面的检查，诊断的结果是两个孩子都有孤独症。从欣喜若狂到重回深渊，不过短短两年的时间。这个消息让我们全家人都崩溃了，我甚至不记得那段时间我都做了什么，只记得我写了遗书，就放在枕头底下。

还好有几个兄弟发现了我的异常，他们拿着酒菜到我家，开导我，说我不能这样消沉下去了，我是一家之主，上有老下有小，三个儿子、两个老人，还有没有工作的妻子，都要靠我来养活，我要倒下了，这个家也就垮了。大醉一场之后，我清醒了过来，偷偷地把遗书拿到野外烧掉，看着飞舞的纸灰，我下了决心，既然没死，就要给两个孩子最好的治疗。

带孩离家，走上“不归路”

但想要对孩子干预训练谈何容易？我居住的小镇乃至整个庆阳地区，都没有专门的孤独症康复机构，我去特教学校咨询，却发现特教老师都不知道孤独症是什么。我只有在网上寻找相关资料，联系了西安、兰州、北京的康复机构，走上了异地康复的道路。

让我没想到的是，孤独症康复机构的康复费用居然这么高，粗略算下来两个孩子一年的费用要十几万元，这给我的家庭造成了巨大的压力：我和妻子，一个要带着孩子离家训练，一个在家照顾老人孩子，收入本就不稳定，生活得一直很拮据，如果再加上高额的训练费用，根本无力承受。

为了不耽误两个儿子的训练，无奈之下，我瞒着家人找到了老家的放贷人，借了第一笔钱。有了这笔钱的支持，两个儿子的训练强度跟了上来，进步很明显，这让我兴奋不已。但随之而来的是，支出的费用越来越多，我知道借贷是个无底洞，可为了儿子，我还是义无反顾地跳了下去。

经济的压力算是饮鸩止渴般暂时解决了，但训练和照顾两个孤独症孩子的难度依然超过我的想象：这两兄弟虽然长得一模一样，却有着不同的行为问题和情绪问题。可能对一个孩子进行安抚的时候，就引发了另一个孩子的问题；一个孩子喜欢的玩具，结果对另一个孩子造成了刺激；一个孩子必须要吃的饭菜，另一个孩子却连味道也不能闻。

两个孩子的问题不是一加一等于二那么简单，我所有的精力都用在了这上面，每天只能睡不到6个小时。就算两个孩子都在机构训练，我也要提前把饭菜和玩具准备好，并设计如何兼顾两个孩子的家庭训练。

这样异地训练的日子坚持了3年，到2015年，疲惫不堪又身无分文的我带着两个孩子重新回到老家。此时的我已经背负了巨额债务，但因为孩子肉眼可见的进步，我还是觉得这些付出都是值得的。

心智障碍孩子被叫“傻子”的地方

回到家之后，我在亲戚朋友的帮扶下开了一家小餐馆，准备慢慢还债。小店刚开业不久，我就在街上发现了一个很奇怪的孩子，他整天脏兮兮地在闲逛，总是低着头像在嘀咕什么。跟街坊邻居打听后我才知道，那个孩子几年前被诊断为孤独症，将近10岁了还不会说话，他爸妈都不想管，每天就给口饭吃。我实在心疼得不行，想帮帮这个孩子，可孩子的父母都不管，我一个外人能做什么呢？

这时候我想到了在大城市接触到的公益组织和家长组织，这些组织曾给了我许多鼓励和帮助，我觉得庆阳也需要成立一个本地的家长组织，来对接各类社会资源，为心智障碍人群服务。于是我利用业余时间在网上发帖、创建 QQ 群，很快聚集了庆阳地区的几十位家长。

不过很多家长参与意愿都不太高，毕竟是欠发达地区，对很多本地人来说，重新生一个孩子的成本远低于带着孩子东奔西走去康复训练的成本，再加上西北本就地广人稀，各个县市区之间距离较远，组织聚会、开展活动都很困难。我也想过去民政部门注册，但是场地和章程没办法解决，同时还有一个问题，庆阳地区根本没有专业的人才，我甚至找不到年轻人来做这件事情。

没政策、没资金、没场地、没人才，加上地理阻隔，再加上家长参与意愿不高。这一切似乎成了一个死局，所有的期望都被掐死在这里，动弹不得。街上的孤独症孩子依旧漫无目的地逛着，谁家出了一个心智障碍者，会被人当成“傻子”笑话好久，连父母也觉得丢脸，放弃这些“傻子”依然是一种常态。很多时候我会久久地看着脚下这块生我养我的黄土地，难道这就是我们注定的命运？

正当我为成立组织焦头烂额之际，又一件糟心事找上了我。

一生奔忙，一家人天各一方

2015 年，我把两个孩子送进学校随班就读，不善于和人交流的两兄弟在学校很快成了被欺凌的对象。

本地的学校师资和管理都不足，而且很多孩子都是留守儿童，缺少父母的约束，校园欺凌是一种常态。为此我想了很多办法，比如申请陪读，但都被拒绝了。

两个孩子在学校的状态日渐下滑，甚至在学校连厕所都不敢上。我只好把孩子接回了家，最终在亲戚的介绍下，妻子带着两个儿子去鄂尔多斯的一所特教学校就读。刚送走妻子与两个小儿子，已经成年的大儿子文斌艰难地完成了高中学业，他主动提出去广东一个堂叔开的网吧工作，为家庭减轻负担。

转眼间，一家五口人天各一方。家里还没冷清几天，却又热闹了起来，很多债主听说我的妻儿都在外地，不放心，上门来催债。这时我才发现，当初的借款经过几年利滚利后，金额已经逼近百万。疲惫不堪的我不知道如何才能还清这笔巨款，面前只剩下一条路：卖房、卖店。

2018年暑期，我去鄂尔多斯见妻子和儿子，度过了幸福的一周，不过最终我还是向妻子坦白，家中欠款已近百万，没有别的办法，只有卖房了，这样才不会给孩子们留下脏尾巴。妻子被这个突如其来的消息吓蒙了，最终她流着泪说一切交给我来决定。回家后我开始卖房，可看着家中躺着的生活不能自理的父亲，我内心又动摇了：父亲辛劳了一辈子，年老了怎么能再让他搬出自己的房子？我又陷入两难之中。

恰逢年关将近，催债的电话一个接着一个，正在我因为债务焦头烂额的时候，大儿子文斌给我打了电话，他说："爸爸你不要那么辛苦，我已经可以赚钱了，以后我来照顾弟弟们。"听到这句话，我的眼泪唰唰地流了下来。生活再难，我还有家人，还有儿子，还有希望。

"大米和小米"的编辑曾找我要过一家人的照片，但这其实是我内心的一个痛，我虽然有三个儿子，但内心总觉得这个家庭是不完整的，所以一直没有拍过全家福。我希望今年全家团聚的时候，把这张全家福补齐，我们已经经历了太多苦难，但不管怎么样，我们都是一家人。

采写手记：

在采访的过程中，我曾数次说不出话来，张先生一家的艰辛，以及偏远地区特殊教育的落后，远超我想象。在一二线城市已经日渐被重视的融合教育、各类社会公益活动、支持性就业，等等，对西北小县城里的张纯璞一家来说还是非常遥远的。

张纯璞一家的情况不是个案，而是很多孤独症家庭都在经历的迷茫与困境，而“大米和小米”写出这些故事，就是希望更多人看见。他们也需要被看见。

首发日期：2018 年 12 月 24 日

现实版《海洋天堂》

——孤独症、抑郁症、癌症三重压力下一个三口之家的困境与努力

2018 年 4 月 2 日，我们在上海一场孤独症日活动中听到了一个现实版的《海洋天堂》的故事——癌症晚期的父亲胡先生带着患抑郁症的妻子爱萍和患孤独症的儿子，努力求生。于是，我们辗转多次联系到了这家人。

2016 年 9 月，从云南昆明某医院的窗口接过复查化验单的那一刻，我便知道，这一次我已是在劫难逃。结肠癌复发并晚期，已扩散。10 年了，命运再度轮回，更加严重的病情，更加艰难的处境，我们却更加坚定，更加相信奇迹，更加充满希望！直到今天接受“大米和小米”的采访，我们一家三口，依然好好地活着。

曾经美好的期望

回想 18 年前的我，还怀揣着创立中国 IBM 的梦想。当时，我和即将临盆的妻子爱萍在诊室里争论：到底是男孩还是女孩适合做这个伟大事业的继承人。当我们一致觉得孩子是个女孩的时候，上天给我们一个男孩，那便是多多。刚出生的他个头儿不小，但吃起东西就跟只小猫咪似的，所以我们给他取名多多，希望他多多吃，快快长。

多多没有辜负我们的期望，长得很快，每一次成长都会迸发出一些让我们惊叹的才能，我们一度觉得自己生了个“天才”：1 岁时，他每天都要按照固定的路线遛一圈，无论刮风下雨；2 岁时，不识字的他第一次摸麻将就发现了麻将牌面几乎所有的规律；6 岁时，他随手很轻松地便能用一张纸撕出篆体字，玩过三角洲突击队游戏后，随即能画出建筑和人物位置的详细平面图；10 岁时，他 10 秒内就能心算出 4 位数乘 3 位数或是 4 位数除 2 位数的正确答案……

凡是有规律可循的东西，总会被他一眼看穿，举一反三对他来说易如反掌。但离开了规律，他便不按套路出牌，一两岁时还没有咿呀学语，没有任何眼神的互动；到了三四岁也不和小朋友一起玩耍，哪怕是和他弟弟；10 岁才会叫“爸爸妈妈”，12 岁了还只会说几句极其简单的需求性语言；几乎没有任何社交能力，更没有社交的意识……

他好像生活在另外一个世界，而在我们的世界里没法独立生活。小时候，这种种不同被种种小聪明所掩盖，老师家人朋友都没有往“障碍”方面想，加之偏远地区医疗条件的限制，一直拖到 6 岁，他才得到一张诊断书——高功能孤独症。

癌症、抑郁症，都是在与生命赛跑

作为父母，孩子的异常我们早有察觉但仍心存希望，等到诊断书赤裸裸地呈现在眼前，世界的一角轰然倒塌。最先被击中的是妻子爱萍，作为妈妈，她无法想象为什么自己的孩子这么聪明却连基本的说话交流都不会，这让她感到深深的自责与痛苦。现在好不容易弄清楚了原因，面临的却是终生无法痊愈的绝望。

在痛苦中沉沦的爱萍出现了抑郁的症状，变得极度焦虑，做任何事情都提不起精神。此时，本该作为强大精神后盾的我，在精神上虽没被打倒，但在身体上遭受了重重一击：谁也没有预料到一次普通的痔疮检查，最后会以发现患有直肠癌收场。

出检查结果的那天是 2006 年 9 月 30 日，同行的弟弟看到结果后首先情绪崩溃，我只好将他先送回家，然后一个人开着车回去。那段路不远，但因为遭遇节前堵车，我花了将近 3 个小时。那几乎是我人生中最为漫长的一段路程。

坐在局促的车厢里，望着奔流不息的车流与生命，我回想着过往的一切，梦想、工作、爱人、孩子……有太多的东西等着我，我知道自己不该对癌症抱有幻想，但是我要相信奇迹，相信医学。同时，我也在心底里做好了最后的打算。

国庆长假将至，我无法预料这会是我倒数第几个假期，所以我回到家只字未提生病一事，只想与爱萍和多多度过一个愉快而完整的假期。之后，我才对爱萍坦陈她最不愿听到的消息。她数度崩溃，哽咽到说不出话。但我只能安慰她好好照顾多多，等着我手术回来。

或许是命运之神的眷顾，知道我还有沉重的责任，也可能因为癌症还没扩散，直肠癌被这次手术根治。而从小衣食无忧、凡事不用操心的爱萍，在我生病后意识到自己所要承担的责任，在自我调节和自我激励下，抑郁情况也大为缓解。

希望他有用武之地

多多的情况改变了我们一家的人生轨迹，什么伟大事业通通抛在一边，当别的父母都望子成龙时，我们却望子成“人”。机构干预、家庭干预双管齐下，虽然多多一直在进步，但还是没办法和其他孩子一样进入普通小学，他只能去特殊学校。这是爱萍最大的遗憾，她总是和我说：“要是我们早一点发现，及时给多多干预，或许他就能坐得住，他是有能力和其他孩子一样去考个大学的……”

我们不否认他或许是天才，可是因其社会性和功能语言的缺失，难成“伟人”。传统的教育他没法接受和吸收，强行灌输反而容易引起他的情绪问题，也容易让他失却灵气。于是，我和爱萍商议后，也不再要求他事事如常人，而是尽力发挥他喜欢的、擅长的方面。我们引导多多发挥的是撕字与篆刻结合在一起构造的一种独门艺术——手撕篆刻。

其实一开始多多只是简单地撕书，他不会说话不会哭，但他也会愤怒，需要发泄，他就撕书。这终究是个问题，因为多多的“撕”是破坏性的，得想个法子转变为建设性。多多对汉字非常敏感，同时空间感超强。某次多多撕书正欢的时候，我捡起一页笨拙地撕下了一个“胡”字，多多见了，沉思了一会儿开始模仿起来。

从此多多打开了新世界的大门，撕字成了多多的爱好，而且渐渐地进阶为他与这个世界沟通的重要方式，他开始通过撕字和撕物体来表达需求。多多 8 岁时，为了营造一点学书法的氛围，我给多多刻了一枚名章，以显摆自己小时候喜欢篆刻的历史。看到篆印，我突然想，用手撕出来是否能创造出柔和感?

我找了齐白石的一方篆印“白石门下”，多多一见，立即用红纸撕出，柔韧之美立现，以孤独儿特有之天然淳朴、灵性感悟创造出了线条之美。于是，多多撕字从意愿交流发展为艺术创作，并且乐此不疲，延续至今。

艰难而幸福地活着

十年弹指一挥间，我们已然历经重重劫难，因此当 2016 年复查再次接到“癌症死亡通知单”时，我们都变得坦然了许多。结肠癌晚期，扩散波及胃、肝，已经到了癌症的最晚一期——骨转移。医生当时下的定论是只有半年的时间，但经过两次手术和长达一年的化疗，两年后的我依然可以站在人群中，这意味着我再度打破预言，用最便宜的药创造了一个奇迹！

目前病情已经基本稳定，我依旧可以行走，可以和多多、爱萍一起感受这四季如春的昆明。而我抗病唯一的秘诀就是“精神比药物管用”，正如爱萍所说：“磨难越多我们反而变得越坚强，我们要更加幸福！”我们面临的是和电影《海洋天堂》里的家庭一样的困境，但结局是我们现在都活着，艰难而幸福地活着。对于未来我没有奢望，我只想此刻陪伴与照顾好多多和爱萍。

多多前一个月刚满 18 岁，让我们欣慰的是他长大了，他的“作品”开始充满人情味：

当妈妈苦心婆口劝说多多学说话，说话别人才知道多多的想法时，多多撕了一幅“默默无语”，举得高高的在妈妈面前晃来晃去；妈妈抑郁难过了，多多撕了一幅“知足常乐”；我癌症晚期住院，多多撕了一幅“爸爸加油”。

虽然他刚刚满足生活自理，只能听懂我们简单的话，只会用简单的词语表达意愿，但我仍想告诉他：“这个世界也许你不喜欢，但你不用担心有做不完的作业，也不用烦恼将来事业难成，爸爸对你的唯一要求就是平平安安、快快乐乐、幸福一生。”

至于爱萍，一个患孤独症的儿子，一个患病的丈夫，她承受了太多，我为她而骄傲，并将永远与命运抗争到底！

首发日期：2018 年 5 月 27 日

第八章
社会倡导

是著名教授，更是孤独症男孩的父亲

——复旦教授口述实录

2022年世界孤独症日，复旦大学中文系教授严锋在微博首次公开自己的孤独症家长身份。他的儿子已经确诊十几年，选择在这个时点公开，是因为“有了一个新的紧迫情况，那就是疫情”。

严锋所居住的上海，因为疫情正处于“封控”状态，很多家庭都遇上了挑战，而对于孤独症这样的特殊人群来说，这种挑战的艰难性要放大很多倍。例如很多孩子做核酸不配合，每次都大哭；有的孩子好动，却也只能关在家里；有的爸爸妈妈隔离在浦东，而孩子和爷爷奶奶隔离在浦西。

最大的挑战，可能是隔离。就在4月2日有个新消息，有多名婴幼儿被单独隔离，父母无法陪伴、照顾。一旦孤独症孩子和主要照护者分开，会怎么样？“绝大多数的孤独症患者不能自理，在集体或单独生活中，不仅不能保证自身的安全，还会给周围的环境和人带来影响。一旦孤独症患者隔离，无论是生活上还是心理上的困难和折磨，是普通人难以想象的。”

假设发生感染，严锋自己的排序是：居家隔离、自费去隔离酒店。而方舱，不是一个好的选项。严锋发微博，是希望为疫情中的孤独症家庭发声，希望这个问题引起社会和政府的关注，避免发生比奥米克戎感染更大的家庭灾难和社会问题。“我们一定要克服疫情，我们一定能克服疫情，我们也一定要在这个过程中守护好我们的孩子和我们的人性。”

带着同样的关切，“大米和小米”专访了严锋。

人物介绍：严锋教授是一位“跨界学者”，除了在大学研究、教授文学，他还喜欢玩游戏，曾最早在学术界发表从文学的角度审视游戏的研究论文；他着迷于新科技产品；他喜欢看天空，家里有天文馆才见得到的专业望远镜；他还是古典音乐发烧友，也自学了弹吉他，发表过很多乐评文章。他的父亲是著名乐评人辛丰年。

孤独症孩子不建议去方舱隔离

正如我在微博上所说，我们所在的小区已经有阳性病例了。这些天来，我目睹一些事情，已经得出结论：我们家还是不能去方舱。因为，我们在家里照顾儿子都很困难。如果去了方舱，他的生活不知该怎么过。这些困难有时很难描述。他不会见机行事，往往有很多刻板的行为。比如，他在家里会刷牙洗脸，但有时也需要提醒。牙刷和毛巾放在哪里、衣服怎么摆，都有一套固定程序。

了解孤独症孩子的人都知道。他们必须靠这种结构化的东西，才能让生活有条理。到了方舱，他们不知道怎么做，别人也不知道怎么帮他，最后就是情绪崩溃，把那里搞得一塌糊涂。这是一种最为合理的推测。我儿子还算好的，其他孩子就更糟糕了。

可以想象，去方舱那种地方，孤独症谱系孩子会成为别人的巨大负担，那个地方也会变成他的巨大负担，而这个局面也会变成家长的负担。这种生活的不便和普通人相比不可同日而语。这些困难简直是不可想象的，是无法接受的。当下有可能允许居家隔离。如果大家都去方舱，只有交叉感染，影响休息。说起来，包括婴幼儿在内，这些不能自理的弱势群体，所面对的状况都是一样的。

确诊后，大人不甘心

我儿子今年 19 岁，有很多言语，滔滔不绝。跟小时候一样，他只管自己说，不太考虑别人的想法。他说的都是自己很熟悉的东西，对方不一定理解他的主题，这就形成社交上很严重的障碍。极少数时候，正好别人对这个话题感兴趣，两个人可以谈一会儿，但他也是以自己为主，很难形成稳定的、长久的、你来我往的关系。他还有感统的问题，有小肌肉的问题，以及运动协调的问题。他现在系鞋带还有很大困难，不知教了多少次。拿筷子也教了好几年，现在他虽然能拿了，但那个样子还是不对头。

他是 6 岁左右确诊的。其实在他很小的时候，我们就发现了一些苗头，比如说行为刻板等，但我心里一直难以接受他有孤独症。我自己也在摸索，看资料，越看越觉得像，后来就带了他去做诊断。当时，他从某种意义上说，有些能力比同龄人还要强，话能说很多。起初我们觉得，他的问题可以通过教育来矫正和解决。而确诊之后，我们就感觉很不妙了，但还是认为他功能挺高，能说很多话，认知能力也可以，智商也在及格线，对他还满怀希望，希望他能读完小学、中学，最好能读个大学。

基因教会我，有些东西没法改

儿子在普通小学上完了五年级。五年级是最痛苦的一段时间，因为他很难跟上。一、二年级还可以，到了三年级，简直像登天一样。他在学校也发生过很多冲突。他对别人完全没有攻击性，但是不听指令，叫他做作业不做，叫他吃饭不吃。因为他严重拖了后腿，对我们老师是一言难尽，我们家长也有很沉重的负罪感。但即使那样，我们还是想让他拼命跟上，而且一定要在主流教育当中，甚至都没有考虑过送他去特殊学校。

那个阶段，我们有很多耻感，去做康复也是偷偷的，就怕被贴标签，和朋友也不讲。但事实上，他和同龄孩子的差距越拉越大。

我一开始不服气，后来慢慢明白，孩子的一些东西就是天生的。我是个老师，我当然相信教育的力量，相信文化和后天努力的重要性，我一开始不肯承认先天差距有多难弥补，但现实教育了我，基因教育了我。这个孩子让我知道了先天力量的强大，这个世界上有些东西真的是无法改变的。

但改变认知是个很漫长的过程，也是最痛苦的。包括努力磕磕绊绊去跟上主流，去给孩子治疗和矫正。我们接受过 ABA 训练、结构化训练、感统训练、RDI 训练。对每一种疗法，我们都是满怀希望扑上去。但是到现在，也许是我们做得还不够、找的方法不对，或者开始比较晚吧，总体来说，我觉得对孩子的帮助有限。

孩子在澳洲很快乐

儿子到了五年级，我们就知道，主流的教育道路走不通了。恰好当时我有个出国的机会，去澳洲。我想看看澳洲的学校能不能接受他。澳洲的学校有 Support Class，是特殊班，但放在普通学校里，这个比较好。在国内他上的学校，当时是一个特教老师也没有。我们在澳洲待了将近四年。一开始读了语言学校，边上就坐着一个老师陪着他，孩子学得很好。这些支持都很好，学校就非常接受这样的孩子。

后来儿子转到普通中学。我一开始觉得，小学都上得磕磕绊绊，跟大家去上中学怎么可以。他们说，没事，来吧。我发现，Support Class 里没几个孩子，却有好几个老师，几乎是一对一，关怀备至。所以，孩子在那边蛮开心的。

我在澳洲也有根本性的改变。他能放松下来，英语也学得挺好，我自己原来的焦虑也减轻了。一方面，我看到了现实，知道孩子是怎么个情况，知道了哪些事情不能改变；另一方面，我也意识到这没什么大不了，因为在澳洲没有什么歧视，老师们都很放松。但我也知道，他们也没什么办法，其实就是陪着孩子玩，你好我好大家好。这种气氛让我看到，哪怕这样，也能过得很好。当然，这背后需要社会保障等很多支持，也需要其他学生和家长的配合。但无论如何，我确实看到了另一种可能。

澳洲的项目结束，我回国后也在想，如何给他创造一个小的环境。因为我知道，让大的环境去接受他或者让他去融入大的环境，这些都很难。有没有可能找到一个类似澳洲的学校的小的空间？我确实把很多东西放下了。这样一来，我发现和他的关系也改善了。以前他在普通学校的时候，我按照某种预想的目的、自己的成长经历，以及一些教育规范来套，和孩子的关系每天都很紧张。后来我知道，按照那个根本不行，不光是对他不行，对普通的孩子也不行。

对孩子不能揠苗助长

我想，每一个孤独症家庭都需要家长和孩子能够相互理解和接受，调整彼此的关系。家长需要对孩子非常了解，弄清他们一些行为背后的原因，还要知道孩子的能力每个阶段能达到什么标准，如果揠苗助长，逼他做自己做不到的事，绝对会触发情绪。当然，这个道理适用于任何家庭，无论你的孩子有没有孤独症，都需要明白这点，只是这个问题在孤独症家庭更普遍。

在我领悟这些之后，我甚至认为，儿子对我的教育改变，比我对他的教育改变更大。可以说他完全改变了我。从消极或世俗的角度看，我们牺牲了很多发展事业的时间和可能，以及各种机会。整个生活重心转移到他身上，时间优先围绕他安排。但是，他也真的让我们看见和学到了很多东西——不光是指孤独症相关的知识、心理知识，也学到许多教育相关的知识。很多东西是相通的：你想控制他，让他按照你的意愿去发展，在普通孩子那里，这种关系也会遇到很大问题；用在特殊孩子身上，根本完全是瞎搞。大家都会很痛苦和焦虑，结果就跟你期待的完全不是一回事了。

这种认识让我产生了根本性的改变，最后让我和这个世界的关系也缓和了。

孤独症孩子很纯净

我印象比较深的一件事情可能直接促成了我的改变，那就是学习障碍。我们都是高考过来人，我原来希望他能上大学。但孩子非常偏科，数学是弱项。这里面就存在学习障碍，是基因的问题，这可以说无法改变，光有努力是不够的。

关于学习障碍，国内很少有人认识到这个问题。极少数遇到这种情况的家长，有一定的知识背景的，可能才会去了解。《新发现》杂志有篇文章讲到数学的学习障碍，在法国有非常高的比例，一个班有好几个。这让我恍然大悟，如梦初醒，有被当头棒喝的感觉。

当然，也不光是这件事，还有思维、逻辑的一些表现，都让我意识到，孤独症孩子和其他人不一样。他们有他们的优点，我遇到的孤独症孩子，非常可爱，非常纯净，完全没有功利心。某种意义上讲，真的是超尘拔俗。

我们在这个世界上看到那么多蝇营狗苟、逐名夺利、说谎造假等无耻之事，这些在孤独症孩子身上是完全没有的。他绝对不会说谎，他如果能说谎，我就很高兴了（大笑）——但他不说的。他们有情感有爱心，情感可以很强烈，只是，他们的表达方式和别人不一样。这些要非常细心才能感知到。家长或特教老师真的需要特别有爱心和细腻，才能感知和认识。

“孤独症天才多”是误导

外界对他们也有很多刻板认知。比如“雨人”和“谢尔顿”这类影视剧形象，我认为，这些十分误导人。孤独症孩子很多都是智力中下，甚至认知存在障碍，很少有所谓天才。而他们又非常执着，会专注在一个东西上学。因此，在某些方面，他们可能会掌握普通人不具备的知识。他们每个人都非常不一样，但有共同的障碍，就是社交和生活自理。这些是最要命的东西。

我儿子很小的时候，不同阶段喜欢不同的事物。一开始他喜欢恐龙等古生物，后来喜欢海洋生物，然后又喜欢地理。他一天到晚看地图，看到最后，肯定比人家懂得多。但这些知识没什么用，是碎片化的，不能结合成有机的整体，形成一个知识体系。而且过一段时间就扔掉，形不成积累。我一开始觉得，他有可能成为古生物学家或者海洋生物学家，有段时间还有意识地把他往这方面推，根据他的爱好特长去考虑，但他也在变，过一段时间，他又没兴趣了，我也不会去强迫他。

家长放下执念，日子就不难过了

孤独症孩子的家长，需要放松。这是我体会最深的。首先，放下自己的执念。所谓执念，就是按照主流的社会设定非要达到的目标。如果你是特殊孩子的家长，还要抱着这个执念，要走那条路，看人家孩子怎么样也想怎么样，可以说这就是不可承受之重。但要让一个家长一开始就明白，就放下，也是不可能的。至少我没有见过这样的人，我自己也不是。

经过那么多年，我也不能说完全放下了，只是理解了我们应该怎样做。以前一直在想怎么帮孩子提高能力，怎样去矫正行为，让功课如何更好一点。后来才发现，这些不是最重要的，最重要的是学会生存和生活的本领，比如自理，这比文化知识更重要。

另外，学习文化本来也不是为考证书之类的外在目的。而是人们需要在学习当中得到一个环境和氛围，有一些同学去感受自己在团体中被接受和包容——每个人都需要这种东西。孤独症孩子不一定会表达，但这方面大家都一样，都需要感情，需要被接受，需要包容。对家长来说，如果这个能放下，日子就不那么难过了。

2017 年，我和儿子从澳洲回来，不想去国内的学校，就想请家教。但我试了一下，感觉特别累，效果也不一定好。后来我们运气很好，遇到“天使知音沙龙”——指挥家曹鹏、音乐家曹小夏，还有曹小夏的儿子石渡丹尔一起做的一个公益组织。那里有爱课堂、爱咖啡，以及其他各种公益演出。这让我儿子的生活很充实，我也就放松了。上海有疫情，他们就在线上做活动。孩子的情绪也比较好。

家长必须学会成长

最后，我想对孤独症孩子的家长说几句心里话：第一，我在微博上公开我儿子患孤独症的事，也是我自己学习和成长的一部分，是责任和义务。一开始，我的确怀着很沉重和被动的心情，但家长们完全可以换一个角度去看这次事件；第二，家长也要有自己的生活，可以说，以孩子为中心，不管是时间上还是心理上，这些可能还是有问题的，对孩子也不一定好，不能整天被孤独症困扰。我们需要慢慢解脱开。我们自己也很重要，要有自己的生活，这样，才能和孩子有更好的关系，大家都不那么紧张。最后，我们需要找到最适合孩子成长的方式。有的孩子更适合普通学校，有的孩子更适合特殊学校，或者是其他专门的学校。大家的情况都不一样，要接受他们，这是最重要的。要从最适合他们成长的角度出发，而不是从我们的想象、社会的期待出发，这是要区分开的。

对我来说，就是希望孩子以后能够照顾自己，快乐健康。

首发日期：2022 年 4 月 3 日

52 名穷苦孤独症孩子最后的庇护所

——探访河南开封启智特殊教育中心

300 元能买什么？一个好一点的充电宝、一部老人手机，或者吃一顿小火锅？……在河南开封最偏僻的一个街区，这点钱够送一个程度较好的孤独症孩子在一家机构待一个月。

长期以来，公众对于孤独症群体的认知，大部分都来自媒体报道，而媒体聚焦的是三四线以上城市的家庭和机构。而四线城市以下包括广大农村，孩子和机构的生存状况，我们一直知之甚少。这也是我们来到河南开封探访启智特殊教育中心的原因。

第一次来到草市街，难免恍惚。如果不是路边的小汽车和行人的手机提醒，你会以为回到了 2000 年甚至 1990 年。这条街上有开封甚至河南最好吃的水煮羊肉，还有 100 多年前西方传教士留下的教堂遗址。那些传教士还创办了一所女子中学，收纳那些缠着小脚的中国少女学习新知，追寻为人的价值和尊严。

郭秋菊来到草市街已经 6 年了。2016 年，郭秋菊在朋友家第一次见到孤独症孩子情绪发作，对这个行业产生了浓厚兴趣。很快，她打听到草市街上有一家康复机构要转让，就接了过来。这家名为启智特殊教育中心的机构，先后接纳了上百名心智障碍孩子，其中 2/3 以上都有孤独症。这些孩子绝大多数家境贫困，这也极大限制了郭秋菊和同事们的运营能力。在启智特殊教育中心，收费最贵的是月托——孩子只有月底才回家住两天，收费 1400 元。最便宜的，几个走读生，管一顿午饭，每个月只收费 300 元。

启智特殊教育中心是很多孩子在这个世上最后的庇护所，他们并不知道，也很难理解，这家苦苦支撑的机构可能很难再坚持了。

最穷的那群孩子

2022 年 3 月 14 日下午，开封市祥符区西姜寨乡大李庄村一对残疾人夫妻驾驶一辆电三轮，跑了快一个小时，来到启智特殊教育中心看望他们的女儿。丈夫大勇（化名），34 岁，患有精神分裂症，只要一断药，随时都会发作。妻子玲姐（化名），35 岁，因小儿麻痹后遗症只能扶着小凳子艰难挪行。两人的各种帮扶和补贴加起来，一个月有一千元左右，主要靠家里老人种地，以及玲姐为一家淘宝店当线上客服维持生计。

3 月 21 日是女儿小慧（化名）的 8 周岁生日。她患有重度孤独症，几乎没有言语，妈妈的怀抱是她最喜欢的去处。“我生她养她太苦了。”玲姐说，女儿从婴儿时期情绪就特别不好，每天哭闹，她经常彻夜坐在床上，把女儿托抱在胸前：“这样她才能睡着。”而这段经历，几乎击垮了玲姐的身体。

女儿 2 岁多时，玲姐也曾带她去医院看过，医生说没问题。她就把女儿送进幼儿园，直到 6 岁多，小慧才在郑州确诊为孤独症。她先是被送进一家私立医院，做电疗，打小鼠神经针，送进封闭治疗室“做康复”。“医院说这病能治好。”玲姐说，当时治疗费一天两千多元，他们强撑了七八天，花光了所有积蓄，无奈地回到开封。最后她四处打听，找到了郭秋菊。

小慧办的是月托，月托一般收费在 1400 元到 1600 元之间，见她家实在可怜，郭秋菊只收 1000 元。父母并不奢望小慧能有多么好的预后，他们只想喘口气，在有生之年能为女儿攒点生活费。夫妻俩都有残疾，而家里的主劳力小慧爷爷已经 70 多岁了。

那天下午，大勇数次为我们念叨两笔钱：一笔是多年前她母亲患癌症花了八千多，最后也没治好；一笔是他去年住院，花了六千多。这让一旁的郭秋菊很是心疼。她说很难理解郑州那家医院，这家人都成这样了，为啥还骗人家的钱？这可能是底层孤独症家庭因为信息和认知的不足，都必须经历的骗局吧。郭秋菊见过很多家庭，都在确诊之初被伪科学将积蓄搜刮一空，等到孩子真正需要康复干预时，反而捉襟见肘。

童年停在确诊后

事实上，小慧并不是启智特殊教育中心招收过的家境最困难的孩子。郭秋菊说，农村和城乡接合部的很多孤独症家庭，在孩子确诊孤独症等心智障碍疾病后，都很快分崩离析，家庭的经济状况随即崩塌，孩子也随之受累。

郭秋菊见过好多起，孩子确诊后，父母一方抛弃孩子和家庭，不知所踪。“农村的好像是妈妈走得多，因为男多女少，她好找下家。城市的因为妈妈也能赚钱养家，所以也有一些男方把孩子撇给女方，自己再去结婚生娃的。”她遇到过孩子只能靠爷爷奶奶抚养的，一个月四五百元的费用，还经常拖欠。还有的家庭，打几个月工攒了点钱，就把孩子送来，过几个月再接走，再攒了钱再送来……

让郭秋菊印象深刻的还有一位单亲妈妈，她带着孩子就没法打工，只好把孩子留在启智特殊教育中心，自己去南方漂泊，每到月底，即便月托的孩子都能回一趟家，她的孩子也只能被启智特殊教育中心的老师带着。6 年来，郭秋菊经历的孩子，大概只有七八个最后顺利进入幼儿园和小学，几个情况最好的孩子还经常被郭秋菊提起。中心的办公室兼门卫室的墙上挂了十几面锦旗，都来自这些孩子的父母。

然而毋庸讳言，这里九成以上的孩子，他们的童年乃至人生似乎都在确诊后的那一刻停滞了。现在启智特殊教育中心最小的孩子 5 岁多，最大的 20 岁。他们挤在中心的 4 间大教室内，上课、吃饭、活动、睡觉。

老师们每天都在见证极端情况下的人性和亲情。一位老师告诉我她的发现：刚把孩子送来的时候，几乎所有家长都很牵挂。渐渐地，特别是那些办月托的，很多家长都对孩子渐渐冷淡，他们要么有了新的孩子，要么组建了新的家庭。启智特殊教育中心，更多成为一家托养机构。

在中心的50多个孩子中，有12个14岁以上的，最大的是一个20岁的男孩，他们被列入“阳光班”，也叫“成人班”。他们中不少人在小龄时，也曾接受过干预和康复，但进入青春期后，家人已无力照料他们，送来启智特殊教育中心至少还有个伴儿。如果不出意外，他们将在启智特殊教育中心或其他类似机构里，迎接发育、成长甚至衰老。

为了省钱，4间教室的空调都不敢使劲开，所以窗户都尽量密闭。3月14日下午，我刚跨进“阳光班”，就闻到了一股酸臭味儿。当时，墙上的电视正播放广场舞视频，里面有穿着连体健身衣的女舞者，郭秋菊嘱咐旁边的两位生活阿姨：“不能放这些，他们大了……”女舞者穿得已经足够严实了，但性意识对于“成人班”的少年们来说，可能是个大麻烦？我没有细问。

孩子，苦从何来

启智特殊教育中心的孩子，有人来回蹦跳，有人大声哭叫，有人能一整天扭曲着身体，还有人随地大小便……这些都需要12位生活老师，以及4位文化课老师随时干预照料。这些孩子们闹是闹，并不知人间的苦。苦都甩给他们的家长和老师了。在中心，16位老师的月薪从1800元到2100元不等。这点收入让中心很难找到专业的特教老师和康复师，也难以留住一部分人，这一直困扰着郭秋菊。

她又不能涨价，哪怕一个孩子一个月涨100元，都会导致一部分孩子因为付不起费用而被迫离开这里。每个孩子的“入园协议书”上都明文写着，“不按规定缴纳费用经催缴5天后仍不缴纳者”“应办理回家手续”，现实中，郭秋菊也只能允许家长拖欠：“不是山穷水尽，也不会把孩子送来吧。”

几年来，疫情、洪水、几百公里外一家武校的火灾事故……都会导致启智特殊教育中心停课。郭秋菊发现自己越来越难以坚持了。2021年年底，她将自己的雪佛兰轿车抵押给了一个亲戚，借了5万元，来为中心交房租和水电费。这意味着她每天早晨6点30分就得起床，以便赶上通往草市街的公交车。

启智特殊教育中心所在的院子，一年10万元的房租，16位员工的工资加上每度电1元、每吨水5元5角，大门得换，消防梯必须建……每一项都让郭秋菊头疼。更让她揪心的是，因为买不起床，还有15个孩子每天午休时只能在教室里打地铺。

“家里人都让我别干了。”郭秋菊说，她想等到2022年年底，实在不行就关门。至于那些孩子，她也爱莫能助了。40岁的郭秋菊毕业于师范学校，却没有在普通学校任教过。她在结婚后生了两个孩子，一直做家庭主妇，直到2016年她接触到孤独症。

她至今仍清楚记得，朋友家那个11岁的女孩情绪爆发后一家人的惊惶和焦虑。后来她听说，女孩随着年龄增长越发难以控制，就被家人送进了一家养老院，活动范围就是她的单间。“我不知道她现在咋样了。”郭秋菊说，在女孩之后，父母又生了3个孩子。这家经济条件很好，却不知道如何照料这个女孩。

郭秋菊也接过一个从养老院里转过来的孩子。那个女孩是鹤壁的，父母因为要不要为她求医而闹离婚。坚持带她的母亲为了谋生，一度只能把她放到养老院里，用一条绳子把她拴在床上以防走失，后来她来到启智特殊教育中心后，状况大为好转，跟着母亲去外地打工了。“她今年也应该有十七八岁了吧。”郭秋菊说，那个女孩是启智特殊教育中心前途最好的孩子之一。

首发日期：2022年4月1日

护士燕子之死

——值班一线突发脑出血，留下 3 岁的孤独症儿子

妈妈叫燕子，当时 31 岁，是一名护士，在中国科学院大学深圳医院光明分院工作。2021 年 6 月 21 日，燕子在一线值班时突发脑出血，抢救 8 天后宣告不治。

燕子去世后，院方给了 13000 元抚恤金、3000 元慰问金，还有住院时就申请的帮助家庭困难员工的资金 16000 元，同事们也捐了 1 万多元。家属在提交工伤认定申请后，一直到 8 月还没有结果。初步的消息是，有关部门认为脑出血并非在工作岗位上受的伤，“估计很难通过”。

生前，她非常操心儿子，他 3 岁了，连一个词都不会说，经诊断为典型孤独症。他的眼睛很少会看人，除非那人是妈妈。

两个不到 5 岁的孩子都没发觉，妈妈已经消失一个月了。

深圳的夜又闷又热。每天晚上，在光明区甲子塘大道附近城中村的一套出租屋内，风扇“嗡嗡”地把热风吹向一对小姐弟。在睡觉之前，他们总会光着脚丫在屋里蹦蹦跳跳玩耍。为了省钱，这套月租 1800 元的出租屋一直没有安装空调。屋子里，曾经挤满了三代六个家庭成员，苦是苦了点，也一度充满了希望。

但自从 2021 年 6 月 29 日起，一切都变了。两个孩子的妈妈在那一天因为脑出血并发症肺炎去世，留下一对懵懂的姐弟：5 岁的姐姐在上幼儿园，3 岁的弟弟患有孤独症，半年来一直在机构进行干预。

他不知道妈妈没了

6 月 28 日中午，“大米和小米”深圳云里中心，奶奶推着 3 岁的浩浩来到康复室门口。天太热，浩浩的衣服都出汗湿了，奶奶正要给他换备用的干衣服，他爸爸的电话打了过来：“燕子可能熬不过今天了……”老人家一听到这句话，瘫坐在地，顾不得附近人来人往，掩面痛哭。第二天下午 18 点 00 分，31 岁的燕子经抢救无效去世。

“大米和小米”跟燕子最熟悉的是浩浩的成长顾问唐老师。她刚进机构不久，认识的孩子和家长不多，但对浩浩一家的印象最为深刻。唐老师每天都会提前结束午休，一打开门，她就能见到一对祖孙：坐在婴儿车上的浩浩，背着一个大书包的奶奶。只要是晴天，祖孙两人都浑身是汗，必须换干衣服以防感冒。

他俩住在光明区，要来龙岗区的云里中心按时做康复，就不能吃午饭，11 点 30 分就得挤上地铁，赶在下午 2 点前到达机构。

康复师给浩浩干预时，奶奶就坐在门口，时不时观察浩浩的反应。由于不会讲普通话，其他家长聊天的时候，她只能独坐在角落里沉默。肚子饿了，她会去快餐店点一碗不见荤腥的米粉，垫一垫肚子。

“风雨也好，暴晒也罢，每天往复通勤 3 个多小时，坚持干预。”在唐老师的印象中，奶奶带着孙子非常能吃苦。

浩浩的妈妈燕子，唐老师也见过很多次。“她很黑，也很瘦，沟通交流中我发现她非常努力上进，对孩子也很乐观。”有时候，燕子会送儿子来康复。如果哪天是妈妈送来的，干预时浩浩的情绪就很积极，必须时不时看妈妈一眼，要是看不到就会哭闹。

进入 6 月中旬以后，唐老师发现，向来乖巧的浩浩脾气变得有些暴躁。她后来问浩浩奶奶才知道，燕子出差一周了，浩浩一直闹着要见她。他虽然不会说话，但很喜欢冲着妈妈笑。那段时间，遭受疫情反扑的深圳，在全市范围内开展新冠病毒核酸检测和防控，共调派 4.95 万人次医护人员参加一线值班，而燕子正是其中之一。

护士妈妈在工作现场倒下

燕子被送往医院抢救那天，是 6 月 21 日。出事前一天，已经离家一周的燕子告诉丈夫黄先生："忙完明天，我就能回家陪孩子了。"那天夜里，她还给家里打了一个多小时的视频电话，她一会儿教女儿搭积木，一会儿给浩浩唱歌、讲故事。

浩浩虽有孤独症，对人没注视，却也知道跟谁最亲。在此之前，燕子曾出差一个月没回家，浩浩还出现了严重的分离焦虑症。自那以后，只要燕子下班一回家，浩浩总是紧紧抱着她的腿不放手。

燕子出事并无预兆。据医院的同事介绍，6 月 21 日，她正在值班时突然晕倒，同事叫了救护车，把她送回就职的医院抢救。接到妻子同事的电话时，黄先生正在照料因车祸住院的父亲。"当时我以为，或许只是中暑和低血糖之类的问题。"

然而，急诊室初步诊断发现，燕子右侧小脑出血迫入脑室系统，情况危急，立即进行了抢救。家属之后被告知，手术成功。但是在 ICU 待了 8 天后，燕子出现并发症肺炎，病情急转直下。出事这次，不是燕子第一次参与新冠病毒防疫战。在她家里，还保存着 2021 年 5 月光明区卫健局颁发的新冠疫情防控"抗疫天使"的荣誉证书。

燕子住院时，出车祸的公公也在住院。即便这样，她的婆婆和丈夫还是坚持送浩浩到机构干预。唐老师说，浩浩家第一次请假，是燕子做开颅手术那天。第二次请假，就是本文开头，奶奶接到儿子打来报噩耗的电话后。

“将来，不会让女儿成为护士”

妻子走了一个月，黄先生还不知道怎么跟孩子解释妈妈的死亡。当5岁的女儿问起时，他只能说妈妈去了很远的地方出差，要很久才回来。毕竟，疫情暴发后，聚少离多已经成了这个家的常态。让他愧疚的是，恰恰是妻子入院的那些天，他才真正感受到护士的工作有多忙。“她跟我说过，她们两个护士，要同时负责20多号病人，病人床头闹铃一响，就要马上去照管。”

平常，一个星期三天白班三天夜班，到了下班时间，她也不能马上回家休息，还得写记录、填各种表，还有各种不定期的培训、考核……疫情期间，护士成了抗疫的主力军，燕子也不例外，常常一出去就是一个星期，甚至一个月不回家。“我有时候看她回到家，累得饭都吃不下，直接躺床上就睡着了。”黄先生说，女儿长大后，说什么也不会让她再做护士。

在他的心目中，妻子不但在工作上“很刚”，生活上也从不向磨难屈服。尽管家里有一个孤独症孩子，她依然一直努力把生活过好点。除了完成医院繁忙的工作，燕子还利用零碎时间考了驾照，又通过自学将大专学历升为本科学历。因为工作表现不错，她也成为科室里晋升的考察对象。

在两个孩子的世界里，燕子则是一个温柔的妈妈，再忙她也会抓住任何点滴时间陪伴他们。她会把女儿的成长记录成一本相册，给女儿报喜欢的兴趣班，出租屋的墙上贴满了她给孩子们拍的照片。

浩浩两岁半时，被好几家医院都诊断为孤独症。妈妈大哭了一场，擦干眼泪就去寻找康复机构，最终选择了“大米和小米”。半年下来，虽然浩浩还是不会说话，但妈妈还是坚持给他读绘本、讲故事、唱儿歌，配合康复师的计划给孩子做家庭干预……

燕子的老家在广东茂名，她2014年毕业于肇庆医学高等专科学校，后来通过成人教育考取了南华大学本科。2016年6月，她进入生前的医院工作，先在内分泌肿瘤科，2021年5月30日转至医务部。她的一生，浓缩为她房间里的一摞照片，其中有她学生时期穿着护士服的青春洋溢的集体照，也有她最近的自拍。“人到三十，就要面对生离死别。”黄先生说，“但我从来没想过，第一个离开的亲人会是燕子。”

失去了她的家庭

燕子的死，几乎击垮了丈夫。他是一个工人，沉默内敛，家里经济的顶梁柱、决策的主心骨一直都是燕子。浩浩的爷爷奶奶没什么文化，无法学会干预孙子，他们连普通话都不会说。但老两口为了这个家，也拼尽了全力。

奶奶平时主要负责家人的衣食起居，还有浩浩的接送。一路上，她只顾低着头推着孙子，从光明区赶到龙岗，中间要换乘好几趟地铁和公交，每日往返超过 3 个小时。有好几次，地铁工作人员看她一大把年纪背着大包，还带一个小孩，便主动问她去哪里，怕她坐错站，可她不会说普通话，无法应答，只能窘迫地摇摇头，匆匆离开。

浩浩爷爷 60 多岁了，为了能给儿子儿媳凑钱，一直在广州摆摊卖菜。辛苦是辛苦，他很知足：“生意好的时候，一天能赚两三百，一个月就能赚四五千。”可是 2021 年 6 月，他去批发市场进货时遭遇车祸，左边肋骨断了 8 根，左肩也摔断了。医保报销之后，他还花了 7 万多元医疗费，相当于他卖菜两年的收入。没赚到钱还花了这么多钱，他特别自责难受。儿媳几次宽慰他：“她说她工资还行，让我别发愁，好好养伤。”到了父亲节那天，在医院加班的燕子还特地给公公转钱，让他买自己喜欢的东西。

提起儿媳，浩浩爷爷就眼眶发红，声音哽咽，说不出话来。他只能举起手机，展示父亲节那天儿媳给她发的红包和祝福词。那也是燕子给他发的最后一条祝福。“真的比亲女儿还亲呀，可是她走那天，其他人怕我见了受不了，瞒着没让我见最后一面……”

燕子的后事是在老家办的。浩浩请了一个星期的假，结束后，依然每天由奶奶送到机构康复。

8 月初，唐老师带着机构督导上门探望。他们本打算做个家庭情况评估，方便以后给浩浩提供免费的家庭干预指导。无奈的是：“这个家只有妈妈文化程度高一些，有干预孩子的能力；孩子爸爸不善言辞，还要忙着打工，很少带孩子；爷爷奶奶就更不用说了，屋子里那些玩具就只能干放着……”

现在这个家里，一家人都尽量避免谈燕子，也不敢谈未来的打算。浩浩爷爷刚出院不久，手术留下的两大道疤痕好似巨大的蜈蚣，在他本就皱巴巴的皮肤上蜿蜒，疤痕下方埋着长长的钢板。医生让他好好休息，以后恐怕不能再做重活了。处理完妻子的后事，黄先生继续回到厂里上班。放暑假的女儿，只好每天跟着他待在车间。

对妻子的工伤认定和保险金等，他还在等待。生性善良温和的他，还害怕因此给妻子单位添麻烦。他现在只想一家老小平平安安，把两个孩子顺利带大。只有在父母和女儿看不到的地方，他才会摘掉眼镜，抹掉脸上的泪。他和燕子是相亲认识的，没有惊天动地的海誓山盟：“她不嫌我穷，只想和我一起打拼，过上好生活。”“一个人的时候，我就很想她。”

那一晚，当我们的采访快结束时，浩浩突然爬到茶几上乱跳，爸爸忙把他抱到怀里，小声为他念《数字歌》：“一头牛，两匹马，三只小羊找妈妈……”

这是燕子生前经常给浩浩念的一首儿歌。

首发日期：2021 年 8 月 4 日

一个孤独症孩子在训练机构的死亡

——“神奇疗法”的危害

嘉嘉的死亡

2016年4月27日晚上9点30分，辽宁丹东的小职员张巍正在准备一次职称考试，突然接到了广州的一个电话。她被告知，儿子嘉嘉发烧了，但已经在处理，不用担心。电话挂断1分钟后，老师再次来电，说明他们已经叫了120救护车，准备把孩子送往医院。这让张巍心跳加速。

不满4岁的嘉嘉是她和丈夫赖成唯一的儿子，因为患有孤独症，3月初，他们千里迢迢把儿子送到了广州一家叫“天道正气”的特殊儿童康复基地。在那里，嘉嘉和其他10个孤独症孩子一起，接受一种被基地创始人称为全新的、全封闭式的“康复”疗法。

而此时，千里之外，位于广州市番禺的广州医科大学附属第四医院儿科急诊科值班医生陈莹莹，正跟着120救护车赶往距离医院1000米的一座二层小楼。她进门上到二楼，一名男老师正抱着一个孩子匆匆准备下楼，后面跟着几个女老师，当时是21点48分。

嘉嘉在男老师怀里浑身抽搐，嘴角溢出大量血性泡沫痰。“我一看就知道这个孩子情况很严重，呈现脑疝症状，瞳孔已不对称，初步判定为呼吸道或者消化道出血。”陈莹莹询问在场的老师，他们回复孩子大概在 7 点出现了抽搐的现象，但都以为孩子是在睡觉，等到情况变得严重起来后，“没人敢动孩子”。

陈莹莹火速带孩子上救护车赶回医院，一路上不停地给孩子吸氧，清除嘴里的泡沫痰。回到医院的时候，陈莹莹抬头看了一眼墙上的钟，时间正好指到晚上 22:00，这个数字她记得特别清楚。接下来，立刻打镇静药控制抽搐，下管，“一切都处理得很迅速”。

但对嘉嘉来说，还是太晚了。陈莹莹从他小小的身体里抽出了非常多的血，体温计甚至量不出嘉嘉的发烧度数。陈莹莹在病历上写了孩子的表现：“患儿呈抽搐、昏迷状态，呼之无反应。躯干皮肤灼热，颜面青紫，口唇青紫，牙关紧闭，口腔见大量分泌物。”“可见大便失禁。”

医生们开始急救，并不断向远方的患者妈妈打电话通知病情。

22:20，“患儿自主呼吸消失”。

23:00，心电图变成一条直线，孩子彻底失去生命体征。

电话里，陈莹莹告诉嘉嘉的母亲张巍，孩子死亡。

广州医科大学附属第四医院
The Fourth Affiliated Hospital of GZMU

病人病危/病重报告（报医务科）

姓名______ 性别：男/女 年龄：____岁 ____科 ____床 住院号______

诊断：

现病情：（病危/病重）

医生签名：______ ____年 4 月 27 日 22 时 30 分

科室处理意见：

1）抢救：是/否 2）会诊：是/否（科内讨论/科间会诊/全院会诊/院外会诊）

3）

主任签名：______ ____年____月____日____时____分

医务科处理意见：会诊：是/否（科内讨论/科间会诊/全院会诊/院外会诊）

签名： 年 月 日

嘉嘉的病危报告

也正是这个时候，番禺石楼派出所的值班民警吴云（化名）匆匆走进了急诊区，在接到医院和机构报警“医院小孩有手足口病疫情”后三分钟，他就赶过来，正好看到了抢救室内一位女医生在对病床上的病人进行忙碌操作，然后医生走出来，摇了摇头，说：“孩子死了。”

吴云回忆，在现场的除了医生，还有陪同孩子的机构负责人夏德均的女儿夏玲（化名），以及两位机构老师，当晚负责人夏德均并未出现在医院。由于夏玲说他们那里还有一名发热的孩子会前来就医，吴云留在现场处理善后，和张巍电话沟通，一直等到两三个小时后才离开。

吴云看到孩子被推进了停尸间。

一个半小时不到，一部手机，四通电话，远在辽宁丹东的张巍就这样隔空经历了自己儿子的死亡。一切如此迅速，荒谬得让她不敢相信。买到大连飞广州最早班的机票，张巍第二天中午赶到广州医科大学附属第四医院，她看到了停尸间里孩子冰冷陌生的尸体。

“他变了，黑，瘦了，身上都是挠痕，就像一个瓷娃娃。”

然后，她看到了孩子急诊病历上的诊断记录：病毒性脑炎、肺出血、疑似重症手足口病。

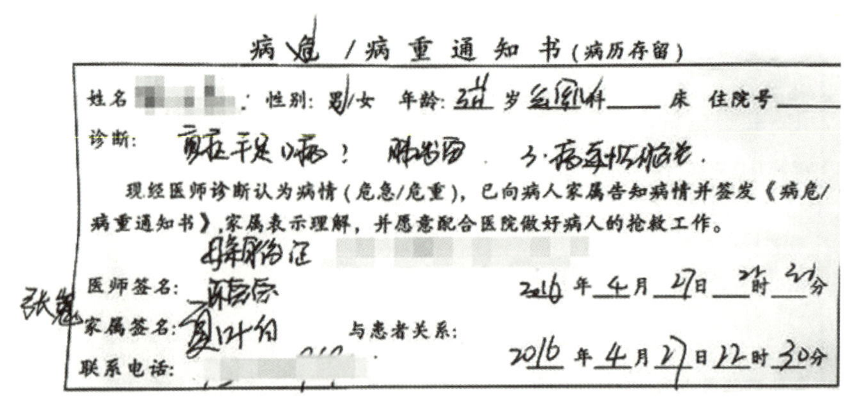
病危/病重通知书（病历存留）

姓名：　性别：男/女　年龄：　岁　　床　住院号

诊断：

现经医师诊断认为病情（危急/危重），已向病人家属告知病情并签发《病危/病重通知书》，家属表示理解，并愿意配合医院做好病人的抢救工作。

医师签名：　　2016年4月27日　时　分

家属签名：　　与患者关系：

联系电话：　　2016年4月27日22时30分

嘉嘉的病危通知书

嘉嘉的最后两日

嘉嘉妈在机构拍下了孩子死亡前一天——4 月 26 日的训练记录表，4 月 27 日则是空白。张巍看到，基地里每个孩子都有这样的记录表。

天道自闭症康复训练基地一日管理监控表（修改版）

2016 年 4 月 26 日　　姓名 [illegible]

时段、内容	记录					责任人
08:00-10:30 野外拉练	喝水量	小便次数	是否出汗	表现	拉练公里	蔺（下同）
	500	3	有	良	10	
10:30-12:00 治疗训练	发汗时间	出汗情况	按摩时间	表现	其他训练	
					[illegible]	
12:00-12:30 午餐	饭量	吃饭速度	胃口	表现	其他	
	大	快	好	一般		
12:30-14:30 午睡	睡眠时间	入睡速度	是否香沉	是否自己醒	其他	
	12:00-13:35	快	是	否		
14:30-17:30 野外拉练	喝水量	小便次数	是否出汗	表现	拉练公里	
	500	4	有	良	9	
17:30-18:00 治疗训练	吊环时间	配合程度	按摩时间	表现	其他训练	
		[illegible]				
18:00-18:30 晚餐	饭量	吃饭速度	胃口	表现	其他	
	大	一般	好	差		
18:30-19:30 自由玩耍	玩什么	是否合作玩	玩的投入否	玩的时间	其他	
	睡觉					
19:30-20:00 洗漱	自理能力	表现	其他	其他	其他	
		配合				
20:00-06:00 晚睡	睡眠时间	入睡速度	是否香沉	小便次数	是否自醒	
	18:15-6:25	快	否	18	是	
06:00-06:30 洗漱	自理能力	表现	大便	小便	其他	
		配合				
06:30-07:30 自由玩耍	玩什么	是否合作玩	玩的投入否	玩的时间	其他	
07:30-08:00 早餐	饭量	吃饭速度	胃口	表现	其他	
	粥+馒头	快	好	一般		
进步或改变难度	~~晚上~~拉练回来有点发烧，到早上已退。					

说明：每天八点收表，此表记录的时间是先天八点到当天八点的情况，此表作为八点开会研讨的主要依据。

嘉嘉 4 月 26 日的记录表

4 月 26 日这天早上，3 岁 11 个月的嘉嘉像往常一样在 6:30 和 7:30 之间起床吃完早餐，7:30，在老师的牵引下，嘉嘉和同组的另一个孩子小然（化名）一起外出接受一天的拉练。

和嘉嘉、小然一起出发的，还有另外9个孩子，他们中最小的2岁10个月，最大的7岁，平均年龄在3~4岁。这些孩子身上都像往常那样穿着厚厚的棉袄棉裤，戴着厚棉帽，背着小书包，手里拽着绑在老师腰上的布条，前后走在训练基地附近的人行道上——20公里，这是他们每天要努力达成的目标。

每个妈妈都能看到微信群里不时发上来的短视频。马路边上，老师用布索拉着两个孩子朝前走，孩子们汗流浃背，摔倒了，被拉起来继续走。26日这天上午，嘉嘉走了10公里，小便3次。而这一天，广州的气温高达28℃。12点回到基地后，嘉嘉吃了大量的饭，一直睡到下午1:35，被老师从沉睡中叫醒，继续下午的训练。

14:30~17:30，嘉嘉走了9公里。

18:30~19:30，本应是自由玩耍时间，嘉嘉直接进入了睡眠。记录表显示嘉嘉从此时一直睡到了27日早上6:25，但夜里睡得很不安稳，夜尿达18次。负责带嘉嘉的简老师在记录表里填上："拉练回来有点发烧，到早上已退。"

记录停止在27日。这天上午，张巍还能像往常一样在群里看见嘉嘉蹒跚的身影，他看起来跟平时似乎没有太大的不同。

11个孩子，分别来自深圳、河北、东北、重庆等地。父母们千里迢迢把孩子送过来，是在追寻基地创办人夏德均说的孤独症康复"第三条路"，并且夏德均向他们承诺，经过21~24个月的训练，还给他们一个"完全康复"或者"接近康复"的孩子。这些孩子都有一个共同的障碍：孤独症。而孤独症被认为是精神的癌症，传统科学认为，孤独症属于发育障碍，基本无法治愈。

"因为我是母亲，所以我要为孩子试遍所有的方法，有1%的希望我也不会放过。"噩梦醒来的嘉嘉妈这样描述自己经过半年的观望和犹豫，最后还是把孩子送到广州"天道正气"特殊儿童康复基地的原因，"夏老师就像一个神，尤其是有其他在这里训练的孩子的家长说自己的孩子取得了惊人的进步，我马上受不了诱惑了。"

小明妈也有着同样的感受，在群里观察了一段时间，她认为夏德均是一个真实的人，有话直说，爱跟家长交流自己的理念，不时分享一些正能量的语句，偶尔还会爆发幽默感，大家都把他当神一样的存在。

决定从异地来广州后，夏德均在小明妈一家抵达当晚来宾馆见了他们。第二天，经过自创的那套评测系统测评，夏德均告诉小明妈：“24 个月就能让你的孩子康复。”在树爸眼里，五十来岁的夏德均看起来是一个普通的中年男人，不容易让人记住，但是在机构里，他的气场俨然一名大家长，人非常严肃，要求家长们对他的理念和机构的军事化管理绝对服从。

父母们都在做自认为对自己的孩子最好的努力，赴汤蹈火在所不惜。但没有人知道在这里每天进行 20 公里徒步拉练的这些孩子的真实感受，也没有人知道嘉嘉小小的身体在死亡前经历了怎样的痛苦。因为这些孩子最大的障碍就是表达。

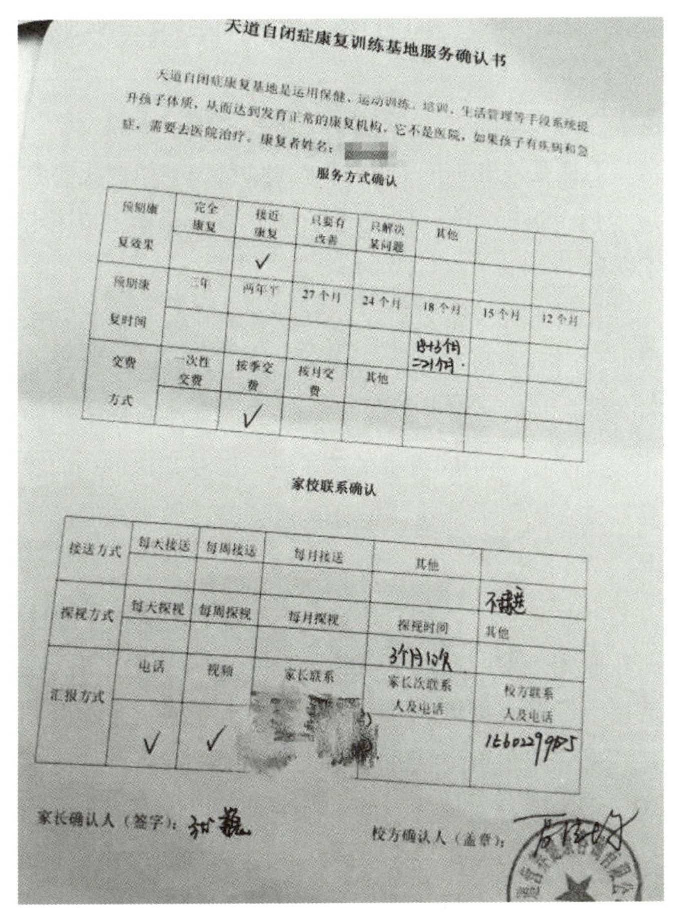

天道自闭症康复训练基地服务确认书

天道自闭症康复基地是运用保健、运动训练、培训、生活管理等手段系统提升孩子体质，从而达到发育正常的康复机构，它不是医院，如果孩子有疾病和急症，需要去医院治疗。康复者姓名：

服务方式确认

预期康复效果	完全康复	接近康复	只要有改善	只解决某问题	其他		
		✓					
预期康复时间	三年	两年半	27个月	24个月	18个月	15个月	12个月
					[illegible]		
交费方式	一次性交费	按季交费	按月交费	其他			
		✓					

家校联系确认

接送方式	每天接送	每周接送	每月接送	其他	
					[illegible]
探视方式	每天探视	每周探视	每月探视	探视时间	其他
				3个月1次	
汇报方式	电话	视频	家长联系	家长次联系人及电话	校方联系人及电话
	✓	✓			1660229985

家长确认人（签字）：

校方确认人（盖章）：

天道的康复服务书

来到“天道正气”特殊儿童康复基地

2012 年 5 月，嘉嘉出生在辽宁丹东，眼珠子黑黑，嘴巴小小，小脑袋转来转去，是一个可爱的小男孩。然而一直到两岁多，嘉嘉只会类似“吃鸡蛋”这样简单的十几个词，他会一个人看完书自言自语，却从没有主动跟人沟通的表现，再后来，还出现咬手指、打自己头的行为。

张巍带他去沈阳的大医院就诊，被诊断为孤独症。她上网四处搜索，在亚马孙连买十多本书，唯独对其中一本《儿童自闭症康复手记》动了心：“本书将对孤独症的真正成因、有效防治、完全康复做理论和实践的独到展示。我相信它对人类的意义是空前的。”其中讲述了作者如何快速使孤独症康复的案例。

张巍的心沸腾了。

她继续搜索作者“夏德均”，发现了坐标广州的“天道正气”特殊儿童康复基地，于是马上加基地老师的 QQ，进入 QQ 群。她想，我要看看在那里训练的家长反应如何。这期间张巍也分别在国内两家著名机构排队报上了名，但都要等一年到两年。

刚刚加入“天道正气”康复群时，群里有 100 名左右的家长，而在“天道正气”接受训练的只有两个孩子，夏老师经常在群里分享孩子们的进步和自己突破性的“科学”创新康复理论。“孩子是身体发育出了问题，要让孩子第二次发育。”这时候，一个叫睿睿的孩子进入康复基地进行训练，成为对张巍的巨大诱惑：睿睿妈每天都在群里分享孩子经过“天道正气”的体质训练后的各种进步。

2016 年 3 月 2 日这一天，她终于决定带孩子来广州，与她同时到达的，还有一个来自柬埔寨的妈妈。他们成为基地接收的第 5 个、第 6 个孩子。

这个基地位于广州番禺区石楼镇丰裕村，门外就是车来车往的大马路，门口挂牌为“广州特殊儿童体质训练基地”，宣称预计总投资 3000 万元，第一期工程 1000 万元，现已完成并启用。建筑面积 4000 平米，可同时容纳 300 名儿童做全天候康复。

群里那个“神一样”的人物出现在她面前。夏德均告诉她：我是唯一一个能治好你儿子的人。“这句话对我来说，就是一个致命的吸引。”张巍说，“明知道孩子不会好，但你总是抱有希望，就是愿意去相信。哪怕孩子只会好转一点点。我只要他知道我是妈妈、有一些安全意识，哪怕只为这一点点，我也愿意为之付出全部。”

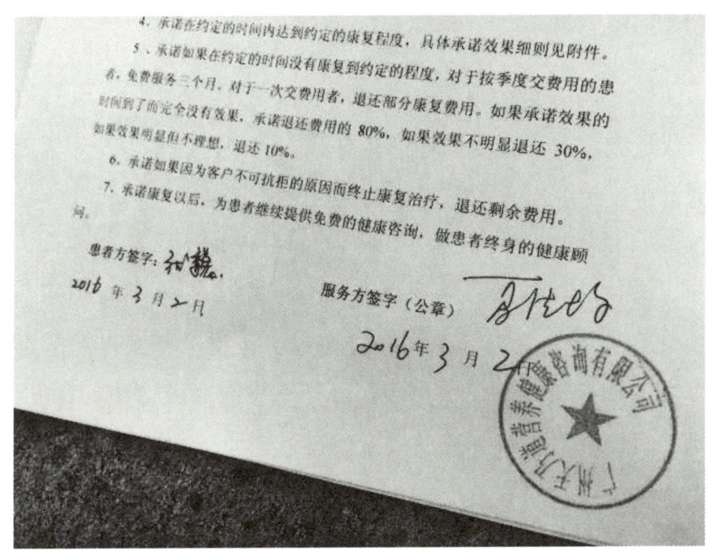

4、承诺在约定的时间内达到约定的康复程度，具体承诺效果细则见附件。

5、承诺如果在约定的时间没有康复到约定的程度，对于按季度交费用的患者，免费服务三个月，对于一次交费用者，退还部分康复费用。如果承诺效果的时间到了而完全没有效果，承诺退还费用的 80%，如果效果不明显退还 30%，如果效果明显但不理想，退还 10%。

6、承诺如果因为客户不可抗拒的原因而终止康复治疗，退还剩余费用。

7、承诺康复以后，为患者继续提供免费的健康咨询，做患者终身的健康顾问。

患者方签字：

2016 年 3 月 2 日

服务方签字（公章）

2016 年 3 月 2

合同就这么签下了

张巍交了 3 个月的学费，共 31200 元，相当于每个月要负担 10400 元的学费，这远远超出了一家人每个月四五千的收入。这笔学费，是她四处借来的。

张巍曾有过留在机构附近租房陪同嘉嘉的念头：“哪怕每天只看孩子一眼也行。”但被夏德均拒绝了，她最后“遵照安排”，给孩子买了棉衣棉裤棉帽等用品后离开。2016 年 3 月 5 日，张巍在朋友圈晒出了回辽宁的机票，发了一条朋友圈：“感谢一路上遇到的好人让我不再恐惧不再孤单，暂时就把我的爱放在这里，相信取回的那天他不再是星星的孩子。”谁也没想到，经过魂牵梦绕的 54 天后，她再次看到的，是孩子的尸体。

“天道正气”到底是怎么训练孩子的？这家康复基地“神奇”的康复模式

到底是什么？夏德均在《儿童自闭症康复手记》这本书里，提出了它的新模式："建立一个强制性的正确生活环境，进行军事化管理；回归自然，隔离现代生活对孩子的伤害。对孩子的生活进行 24 小时的管理和监控。系统运作，封闭训练，不需家长陪同。"

而"天道正气"的网站和夏德均其他几本书里，也赫然写着："康复基地不室内上课，每天室外拉练 5 个小时，室内中医调理 2 个小时，吃饭 2 个小时，洗澡等 1 个小时，自由玩耍 2 个小时，睡觉 12 个小时，共计 24 个小时。生活能力、成长教育、语言培训等都在自然生活中自然学习，不需要专门的培训。体质提升了，神经发育正常了，这些自然就学会了。

"强化运动，每天拉练 10~20 公里；不吃任何加工食品和零食，只吃饭菜和少量水果，多吃饭少吃菜；每天大量喝水，白天一个小时小便一次；多穿衣服保温，让四肢温热，头部油润；每晚 8 点睡觉，睡到自然醒；使用针对性体质训练方法如被动单杠、负重步行等；用中医高效方法如深度经络打通、发汗等来增加身体能量，排除体内毒素，提升体质……"

神秘的夏德均到底是何许人也?

他的书《儿童自闭症康复手记》介绍道："夏德均，男，湖南益阳人，1965 年生，毕业于湖南师范大学中文系。曾经从事教育、广告、编辑等工作。由于身体的原因，开始涉足医学，特别是中医和自然疗法。一连串经历和奇遇，使他另辟蹊径，建立了自己的健康事业。他的理论核心是不治病而治人，提升体质，最终达到疾病不治而愈的目的。先后出版书籍《天道康复》《天道康复 Ⅱ》《水热理论拯救孩子健康》《儿童自闭症康复手记》《未来医疗等》。"

后经"大米和小米"查询，只有《儿童自闭症康复手记》为正式出版物，其他几本均为自费印刷的内部资料。出身于中文系的夏德均，却写了四本关于慢性病和孤独症的书，他文中的观点包括："我可以承诺治愈孤独症""慢性病最首要的原因都是运动量不够。"

2010 年，天道康复中心与深圳王室养生机构合作，想打造全球首家承诺式疗养康复基地，后结果不明，留下的咨询电话均无法打通；2011 年，网站又显示“天道康复新项目——天道儿童保养中心连锁店首店正式开张营业”，它是一家“专业儿童健康服务全国连锁机构，不吃药、不打针，完全采用中医传统方法和各种自然方法，系统地解决孩子的健康问题”。但是网站早已显示打不开。

2011 年，他在博客里写下自己的梦想，天道康复中心是一家包治百病的慢性病全球中心，希望有识之士和他进行合作创建新概念医院：“一所只医治铺天盖地而来的慢性病的医院，一所重点发展住院式治疗模式的医院。”此后，他的研究方向忽然转入孤独症，并于 2013 年在光明日报出版社出版《儿童自闭症康复手记》，他宣称在治疗慢性病过程中治愈了数例孤独症患者，并逐渐接收孤独症孩子。

他的核心模式就是每天高强度的长途快走，通过大量出汗，加上健康的饮食，让孩子二次发育，自然康复。经过两年酝酿，这家“大型”的、目标为容纳 300 名孤独症孩子的康复基地建立，截至 2015 年 9 月，只有两个孤独症孩子。

后来孩子们陆续加入，经过“评估”夏德均的基地均与孩子家长签订了康复合同，包括每个月的康复费用、委托基地进行全日制康复训练，合同中包括基地“不主张精致照顾，会让孩子吃一些苦，会对孩子进行比较严厉的管教。让孩子有一些痛苦的体验，有利于成长和康复，管教最严厉的办法是关禁闭”。“家长必须承诺终身无条件为‘天道正气’做正面的宣传和推广。”

和家长们签订协议的是广州天乃道营养健康咨询有限公司，经过“大米和小米”查询，该公司在工商局网站注册的经营范围为：营养健康咨询服务。既无孤独症相关业务，更无教育培训资质。但家长们似乎并不在意这个。

广州的悠悠爸妈也去过这家康复基地，刚过春节，那里只有两个孩子在训练。他证实：“他们的康复模式确实是让孩子吃素，每天大运动量拉练，当时我们的感觉就是太不靠谱了！然后我们就逃走了。我上周去亚运城做义工，有个义工住亚运城，他说，确实经常看到几个小孩在外面拉练，是他亲眼所见。”

妈妈离开后，嘉嘉在离家 2500 多公里的广州独自开始了他的“康复训练”生活。

每天，他和其他 10 个孩子被要求穿上厚重的棉衣外套，在 28℃的广州每天拉练 10~20 公里，不能吃任何加工食品和零食，只被允许吃饭菜和少量水果。基地让这些孩子大量喝水，以保证白天每小时小便一次；同时采取针对性体质训练如被动单杠、负重步行，利用中医高效方法打通经脉、发汗来增加身体能力，以便排除体内毒素……如果孩子发烧生病，或者天凉体温下降，便被放到夏德均发明的“太空舱”里接受治疗。

“太空舱”又叫能量发汗机，根据夏德均在书里的介绍，它是一个密闭的发热仪器，通过“提高身体外部温度的方法迅速补充能量”，孩子们光着身体睡在里面，接受“能量照射”，发汗排毒，以此提升“正气”。

训练时基地禁止家长陪在孩子身边，不过允许家长自由选择探视时间，也可根据自身情况和孩子电话视频交流，节假日时可以把孩子接回去。2015 年春节，有一个孩子甚至没有回家，在基地里度过了他的新年。张巍也曾反复想过 20 公里是什么概念，但是她想，别的孩子可以，嘉嘉也可以，说不定吃苦就会好的。而且基地老师说，每天孩子们都很好，吃得也很多，很健康，也有进步。

家长们每天做的事就是看视频，看孩子走路活动的样子。当感到压力大时，他们就互相鼓励，安慰彼此孩子正在变好，坚持就是胜利。

4 月 27 日这天，和嘉嘉同晚发烧的还有一个孩子乐乐，在嘉嘉死亡后，据称他也被送往医院。当晚的出警民警吴云证实，当时机构说还有一个疑似手足口病发烧的孩子。乐乐妈也证实了这个消息，机构对她说，孩子发烧到 38.5° ，但后来退烧。乐乐父母第二天飞到广州，在番禺中心医院看到了接受治疗的孩子，并带着他离开了广州。乐乐爸对嘉嘉妈说，希望嘉嘉的死水落石出，但他不想接受记者的采访。

来自北方另外一个省的孩子东东刚满 3 岁。他是这里加入的最后一个孩子，嘉嘉出事前，东东刚刚来一个月。东东妈在群里知道了嘉嘉出事的消息，夏老师发了一条哽咽的语音：“我是个罪人。”基地老师通知家长们赶紧飞来广州领回自己的孩子，机构暂时关闭，等处理好嘉嘉的事情之后，再做打算。

嘉嘉妈说，长期处于高温下的孩子们经常发烧。嘉嘉 4 月初也曾出现过一次低烧，但第二天得以缓解并继续训练。

未来之路

2016 年 5 月 1 日午夜，张巍还在接待记者。她已经很疲倦了，但是对方的到来，还是让她有了一些方向。她感到很迷茫，警方经过初步鉴定，排除嘉嘉是外伤等因素致死，张巍已经向警方提交了尸检申请，并且聘请了律师进行维权，走诉讼程序。而夏德均和机构相关工作人员避而不见。“大米和小米”联系上机构负责人后，对方表示会根据法律判决来承担后果，拒绝接受任何媒体采访。

张巍和朋友们声讨“天道正气”特殊儿童康复基地的帖子已经传遍孤独症家长圈和微博贴吧，可是仍然没有什么记者来关注。一阵风过去，还是会有更多用更新奇疗法的机构如春笋般涌现，另一方面，她也不知道法律会做出怎样的判决。

“无知太可怕了。无知可以耽误你的孩子，甚至可以让你失去孩子。我只想用我的无知经历和悲剧唤醒更多的家长。”张巍对连夜从深圳赶来的姜英爽说。

姜英爽是《南方都市报》的原首席记者，因为女儿误诊过孤独症而一直为孤独症家长圈做事，创办了 NGO“四叶草孤独症家长支持中心”和国内最大的孤独症群体微信公众号“大米和小米”。面对嘉嘉的故事，一直很感性的姜英爽并没有掉泪：“看到太多这种悲剧，我已经麻木了。我也理解家长们的心情。只要有人说他的孩子用某种疗法好了，不管花多少代价，父母也要飞蛾扑火。”

广州扬爱特殊孩子家长俱乐部的副理事长、孤独症孩子的妈妈卢莹说，不能原谅的是那些有意无意的托儿，孩子的进步是件复杂的事，有个别家长以为对自己孩子有效的方法就去宣传甚至成为托儿，这才是人性之恶。卢莹说，嘉嘉妈妈不是第一个，也不会是最后一个。

就在嘉嘉出事后，深圳一个妈妈还跟姜英爽打电话说，她本来准备那天把孩子送到“天道正气”训练的，没想到出事了。但她仍然很“认同”“天道正气”的理论：“觉得有些道理，何况有人康复了。不试验这个试验哪个呢？传统的训练是没有用的啊！我看到机构里有好多大孩子，还是很差。”

姜英爽无奈地挂了电话。

同样痛心的还有广州中山三院儿童发育中心的主任邹小兵——他是国内儿童发育领域有名的医生。

“看过该网站介绍，第一次知道孤独症的治疗手段中又出现了一种新的‘神奇疗法’，行军运动加中医疗法。其实不怪，对于孤独症，‘神奇疗法’过去有，现在有，今后还会有。我们不排斥新疗法，但对于任何疗法，你必须有充分的证据证明有效！这就是为什么需要‘循证医学’。国家卫生监管部门的责任之一就是要监管对各类疾病的任何治疗方法是否科学。科学的，则予以推广或允许推广；不科学的，就应该予以禁止。这个网站所说的孤独症行军运动加中医疗法，我不知道他们得到了批准没有？应该没有。

“孤独症是以社交沟通障碍为核心表现的神经发育疾病，迄今，病因并不十分明确，估计与基因与环境相互作用有关。到目前为止，还没有任何特效药物，包括西医（药）和中医（药），也没有任何神奇疗法可以治愈孤独症。目前主要治疗（干预）方法还是特殊教育和康复训练。

“而特殊教育和康复训练又必须以社交训练为基本内容、以行为疗法为基本手段，坚持有组织有计划的训练，搭建教育训练的基本框架。该网站所说的行军运动显然没有认识到孤独症儿童的核心问题何在，理论上站不住脚，实践上也经不起检验。其中医疗法也需要拿出有力的证据来。

“对于孤独症孩子，像该网站所说的高强度行军（每天 20 公里）肯定存在安全问题。但网站说，他们研究过了，是安全的。那么，要让他们拿安全的证据出来！其实，我们试想一下，一个成年人，每小时走 5 公里，走 20 公里可能都要 4 个小时，让一个孩子（我不清楚训练的孩子年龄多大，2 岁、10 岁？）每天走这么长的距离，肯定有风险。即使有部分孩子可以走这么长的距离，多数还是走不了的，会导致孩子的生理机能出现问题。

“更加关键的问题在于，运动训练不改善社交能力。

“我们需要了解网站人员的资质，需要首先提出一些问题：他们有医疗专业资质吗？有运动医学资质吗？有儿童运动医学的资质吗？有儿科医学资质吗？有国家颁发或授权的治疗孤独症的资质吗？凭什么说这样的行军运动以及发汗治疗有效并且没有风险？凭什么说这些疗法对孤独症有效？”

邹小兵最后叹息道：“很难想象，孤独症儿童可以依指令每天跑步 5 小时 20 公里。”

太多问号

嘉嘉走了，他给父母、给太多人留下了疑问。张巍在尸检申请书上签下了自己的名字，希望找出嘉嘉的死因。陈莹莹医生说，她怀疑孩子是由病毒引起的病毒性脑炎和肺出血，至于是否手足口病，只暂时排除了 EV71 病毒（检验呈阴性），更详细确凿的结论要等尸检报告。

邹小兵医生说，如果是手足口病，机构有发现孩子生病和及时处理的能力吗？父母不在，机构工作人员在孩子发热生病时，规定怎么处理，还是不吃药，发汗吗……这是一连串需要解答的问题。就目前来说，提出问题可能非常重要。

2016 年 5 月 2 日的广州气温高达 32℃，嘉嘉父母和姐姐、姐夫四人在康复基地门口坐了五六个小时，他们拉起的横幅“维护孤独症儿童，还我孩子命来”在机构大门口飘荡，基地的二层小楼则锁了门。

又累又热的嘉嘉爸在大门口拿着报纸扇风，后来，他在炙热的阳光下睡着了。

也许在梦里，嘉嘉依旧笑嘻嘻的。

那天，正是嘉嘉的 4 岁生日。而他们，已经天人永隔。

首发日期：2016 年 5 月 2 日

时隔 4 年，孤独症男孩嘉嘉在康复机构训练期间死亡案件终于迎来了新进展：2020 年 6 月，广州市中级人民法院作出二审裁定，维持该案一审判决——涉案康复机构负责人夏德均的女儿夏某，犯过失致人死亡罪，判处有期徒刑一年。

第一被告人夏德均在受审期间（2019 年 11 月 18 日）病亡。

妈妈自述：拿不到赔偿，我只要说法

4 年了，我不断地问警察，问律师，找法院法官，咬紧牙关，想要为我的孩子要一个说法，为这个事要一个答案，可每次收到的消息都是夏德均又病了，又因为生病不能出庭。案件一拖再拖，直到 2019 年 11 月 18 日，警察通知我，夏德均死了！夏德均就这样死了，没有接受审判，没有任何罪名，没有任何负担地走了，我却还活着，更绝望地活着。

作为一个孤独症宝宝的妈妈，我把自己列为一个反面教材，至今，仍旧为当初的决定自责痛苦。我从来没有原谅过我自己，更找不到理由去说服自己重新开始，创伤一直都在，没有什么东西可以让我忘记这件事情。

而夏德均的死给了我更沉重的一击，不仅无法追究他的刑事责任，连法院法官，包括我的律师，都从现实的角度建议我撤掉民事诉讼，他们的理由很明确：这是一场很漫长、很困难、很复杂的持久战，就算走到最后，我也基本不可能拿到赔偿。但我不愿意，因为我一撤，对他家而言，这件事就像没发生过一样，我无法接受。即便一分钱都拿不到，我也不在乎，金山银山都换不回我的孩子，我只是想要给这件事一个结果。

首发日期：2020 年 9 月 16 日

10 岁重度孤独症女孩在一家商场混了两年

——一家孤独症友好商场长什么样?

想写，却不知如何开头，人类的悲喜，并不相通。这些年，我和闺女在荆棘密布的道路挣扎前行，看惯了人间冷漠。从闺女确诊孤独症后，我已伤痕累累。心里唯一的念想就是为闺女争取一条少点伤害、少点阻碍、少点歧视和冷漠的生存之路。

即使这个微小的愿望，我拼尽所有，也没能实现。直到两年前，我们意外走进一家体育用品零售商场。

无条件的接纳

2022 年 4 月，青岛暴发疫情，进入学校需要每天检测核酸，孤独症谱系女儿非常不配合，我们便自然而然地休学了。闺女一如既往地傻乐着，我却有种莫名的无力感——在这个世界，特殊需要孩子、特殊需要家庭，似乎寸步难行，总有或这或那的条条框框束缚着我们的脚步。

无处可去的日子里，还好有这家商场。2019 年，疫情刚刚暴发时，8 岁的女儿上小学一年级，也是那时，我们和这家商场意外结缘。

女儿出生于 2012 年，那会儿我已年近 40 岁。老来得女，我把她当做掌上明珠，给她取名“女王”。2015 年，女王被诊断为重症孤独症，各项发育指标仅为 11 个月。现在她的自理能力还差很多，我得 24 小时跟着，照顾着，真是应了名字，成了我的女王。

闺女上午上学，下午在机构，其他时间我就带着她到处溜达。有次训练结束后，我们无意中逛进了一家商店。那里有很多体育用品，而且大部分都可以免费试用，所以女王一进去就开始捣鼓各种球。刚开始我心怀忐忑，因为闺女乱摸乱碰，我们遭受了太多的白眼和冷言冷语。让我没想到的是，在这家体育用品商店，她玩了很久竟也没有工作人员前来制止。

“这跟普通的商场不一样。”这里是为数不多的无条件接纳我和闺女的地方，从此以后，我们便“赖”上了这里。蹭场地、蹭运动用品……去得多了，门口的保安大哥、打扫卫生的大姐、工作人员妹子小哥，都知道了闺女有些不一样，但他们没有嫌弃。

爸爸带女儿，最不方便的就是去卫生间。但在这里，打扫卫生的阿姨主动伸出了援手。甚至有一次，闺女贪玩，把水池子堵了，水流了一地，阿姨也没责备她，只是默默地打扫干净了。我事后才知道，心里一直过意不去。

类似的事情有很多。我清晰地记得，2021 年 9 月，闺女在拍球，我在旁边看书。半小时后，我一抬头，发现她把周围所有的价格标签都抽出来撕掉了，现场一片狼藉。店员小哥边收拾边亲切地说：“没关系，这都可以再打印，她都撕得动这些纸了，是好事！”那一瞬间，我一边尴尬着傻笑，一边默默流泪……

意外的收获

从 2020 年开始，除了上学和去机构，我和闺女几乎都混在这家商场。在这里，她妥妥地把机构训练的技能做了强化。她用 6 个月的时间学会了连续拍球；用 4 个月的时间学会了骑滑板车；用了 3 个月的时间学会了扔飞盘；用了 1 个多月的时间学会了轮滑……

虽然，这些简单的运动技能，其他孩子可能只需要几天或几小时就能学会，闺女却需要以年为单位作为铺垫，但我依旧欣喜。只是她现在还难以融入集体。体育场地有些会有开放时间，比如自行车、轮滑，可以让小朋友们一起进去尝试。周一到周五基本只有女王自己，她还能应对自如，可到了节假日，孩子一多，刹车、拐弯、超车，避让……她做不到兼顾，就频频摔跤。我知道，闺女的进步当然有她自己的努力，但门店提供的环境条件也不可或缺。

要关门了

2022 年 7 月，带闺女去商场的路上，我突然有种莫名的担心，便对她嘟囔："那儿要是没了咱咋办！"结果当天到店后，果真看到门口贴了告示：7 月 25 号闭店。那一瞬间，我的感觉如同中年男人拖家带口，背负贷款买了烂尾房，同时又失业一般沮丧。我想，没有人会像我一样，因为一家店的关门而如此伤感吧？

那段时间，闺女一遍遍地问我："几号关门？搬哪儿去？"

"XX 广场。"我回答。

她眉飞色舞起来："我们去 XX 广场！"

孩子就是天真！可惜，我的孩子，我不知道新店什么时候开业，不知道那里场地多大，不知道那里的工作人员是不是同样包容，能让你放飞自我……这一切的不确定，我该如何跟你解释？庆幸，这家店一直延期运营到了这周，让我们能够好好和它说"谢谢，再见"。

我要感谢商场，感谢那里的人，我想这段时光或许会成为闺女生命中最重要的旅程。在这里，她不仅体验了很多运动器械，还学会了很多技能，也让身心疲惫的我得以喘息，可以静静地看看书写写东西。翻看朋友圈，回忆闺女开心快乐的时刻，我笑着笑着突然想哭：我们的下一段旅程会在何处？只希望，能有更多包容孤独症孩子的环境，任他们自由成长。

我希望大家可以看到我和孤独症女儿的这样一段经历，希望我们的前路仍会有这样温馨的一站，希望有更多的人和商家愿意了解接受孤独症孩子的不同，让他们有更好生活的可能。

（2022 年 8 月 22 日，女王爸爸给“大米和小米”的编辑发来一条信息：“商场关门了，应该是昨天关的。”）

首发日期：2022 年 8 月 26 日

后记

这是一本迟到的书，书中的故事首发于大米和小米公众号，终于结集成书。自中国确诊第一个孤独症病例 42 年来，迄今已有超过 1300 万孤独症谱系家庭，但他们的故事一直缺少全景式的展现。

这又是一本仓促的书。尽管我们数易其稿，仍难以描述中国孤独症孩子的生存于万一。唯求尽心，却难以安心。

感谢本书中 50 个孤独症孩子以及他们的监护人和家庭。他们授权披露自己的故事，将更多的爱和希望广为传递。我们更会记住其他数十个家庭，因篇幅所限，他们的故事此次没有付梓面世，但他们永远值得被记住，被看到。

也感谢本书的编写团队：姜英爽（大米）、刘丹（当当）、徐婧（大八）、王吉陆、潘采夫、朱春桃、韩眉沙、孙蕾、梁雨、熊玉玲、李羲铮、陈欣、梁玉婷、朱连湖、李美玉、湘琴、王昀、麦晓晴、郑慧婕、郭兰心、李力立等。为孤独症群体服务的日夜，将是我们一生最见光芒的日子。

在本书出版过程中，华夏出版社体现了足够的专业性和社会担当，特此感谢。

书中对孤独症诊断和干预的描写，来自个体案例，不构成医学专业意见。相关家庭须向正规医院和机构咨询求助。

孙旭阳